Ha. A. Mehler
Hermann Keppler

Wie mache ich mich als Heilpraktiker selbständig

Ha. A. Mehler · Hermann Keppler

Wie mache ich mich als Heilpraktiker selbständig

**Ihr Weg zum Erfolg.
Praxistips von A bis Z.
Ein Leitfaden.**

Ha. A. (Horst A.) Mehler, geb. 1952, lebt als freier Schriftsteller und Journalist in der Nähe von Wiesbaden. Im Verlag Norman Rentrop hat er die Bestseller „Wie mache ich mich als Immobilienmakler selbständig“ und „Die Erfolgreichen - Deutschlands junge Unternehmer“ publiziert.
Hermann Keppler, geb. 1950, Studium der biomedizinischen Technik in Ulm, Berlin und Haifa. 1980 Staatsexamen in Berlin, 1983 Heilpraktikerprüfung und Übernahme einer Praxis in Mühlacker. Seit 1983 Schulleiter einer Heilpraktiker-Schule und Landesleiter eines Heilpraktiker-Verbandes. Fachartikel und Schriften zu heilmedizinischen Themen.

2. Auflage 1993

Gesamtherstellung: Rombach GmbH, Druck- und Verlagshaus, Lörracher Straße 3, 79115 Freiburg im Breisgau

Inhaltsverzeichnis

An Stelle eines Vorwortes oder Entwarnung

Um es gleich vorwegzunehmen: Sie halten kein Buch in Händen, das vor wissenschaftlichen Ausdrücken nur so strotzt. Als wir dieses Buch verfaßten, war unser Bestreben, so einfach, klar und deutlich wie möglich zu schreiben. Ohne den aufgesetzten akademischen Wortschatz, der gemeinhin in der Medizin gang und gäbe ist. Ein Leser hat nichts von einem Buch, das mit lateinischen Vokabeln nur so gespickt ist und von dem er nur die Hälfte versteht. Er wird es nach einer Weile gähnend beiseite legen oder darüber einschlafen. Es war vielmehr das erklärte Ziel der Verfasser dieses Buches, das Fachchinesisch weitgehend zu vermeiden und Fachwörter sofort zu erklären.

Darüber hinaus war es unser Bestreben, dieses Buch so praxisorientiert wie möglich zu gestalten. Auf gewisse theoretische Auseinandersetzungen mußten wir zwar zumindest im Ansatz eingehen, aber es gab keinen Grund, uns in Diskussionen zu versteigen, zu denen andere Autoren eher berufen sind. Die Auseinandersetzung über das Selbstverständnis des Heilpraktikers im Gegensatz zu dem des sogenannten „Schulmediziners“ und Arztes haben wir jedenfalls nicht unter den Teppich kehren wollen.

Da wir also zunächst die *Praxisnähe* in den Mittelpunkt unserer Betrachtung rücken, werden in diesem Buch vor allem solche Fragen beantwortet, die dem angehenden Heilpraktiker wirklich unter den Nägeln brennen. Zum Beispiel: wie rechne ich mit den Krankenkassen ab? Ist es klug, eine Heilpraktiker-Praxis (welch ein Wurm von einem Wort!) mit einer Sauna zu kombinieren? Wie erreiche ich es, daß Patienten in meine Praxis strömen? Was passiert, wenn mir ein Kunstfehler unterläuft?

Und weiter: darf meine Ehefrau mitmischen und einem Patienten zum Beispiel auch mal eine Spritze verpassen? Gibt es so etwas wie einen Bereitschaftsdienst in dieser Zunft? Und welche Geräte sind am Anfang unabdingbar?

All diese sehr speziellen Fragen werden in diesem Buch angesprochen, vom Praxisschild bis zum Rezeptblock. Des weiteren ist es unsere Absicht, auch heiße Eisen wie die Verdienstmöglichkeiten des Heilpraktikers anzufassen. Und schließlich wird auch auf die Heilerfolge, die ein Heilpraktiker erzielen kann, ausführlich eingegangen. Wichtig für den angehenden Heilpraktiker sind zunächst einmal Fragen, die die Einrichtung seiner Praxis betreffen. Braucht er einen automatischen Anrufbeantworter? Wie steht es mit der Anschaffung von medizinisch-technischen Geräten, die nicht selten eine Stange Geld kosten? Wieviel sollte man investieren - und wo und an welcher Stelle? Die „Praxis der Praxis" wird in diesem Buch also besonders unter die Lupe genommen.

Schließlich ist es für Aspiranten, die mit dem Gedanken spielen, sich als Heilpraktiker selbständig zu machen, wichtig zu wissen, wo sie eine solide Ausbildung als Heilpraktiker absolvieren können. Leider gibt es nicht eben wenige schwarze Schafe auf dem Markt, die Ihnen versprechen, daß Sie „so nebenbei" ein Studium abschließen können. Sozusagen mit der Zigarette im Mundwinkel und einer Attitude, die dem literarischen Helden Huckleberry Finn, dem Faulpelz par excellence, zur Ehre gereichen würde.

Auch auf die Ausbildungsmöglichkeiten, die Fallstricke und Fußangeln wird in diesem Buch hingewiesen.

Schließlich ist es der Ehrgeiz der Autoren, einen Weg aufzuzeigen, wie man den Sprung zum selbständig praktizierenden Heilpraktiker schaffen kann, von der Ausbildung und der Heilpraktiker-Prüfung bis hin zu einer möglichen Assistenzzeit und der Eröffnung einer eigenen Praxis. Gerade was den letzten großen Sprung anbelangt, gibt es ein großes Nachholbedürfnis an Information. Oft beißen sich Fachleute eher die Zunge ab, bevor sie wirkliches Know-how weitergeben. Und gerade am Anfang, bei der Eröffnung einer Praxis, ist man darauf angewiesen, von „gestandenen" Heilpraktikern nützliche Erfahrungen mitgeteilt zu bekommen.

Wenn wir all diese selbstgesteckten Ziele mit diesem Buch erreichen sollten, so wäre unser Anliegen geglückt: nämlich einen Berufsstand zu fördern, der weitaus mehr Beachtung in der Öffentlichkeit verdient. Eben weil die sehr speziellen Heilmethoden schon so unendlich vielen Patienten zu Gesundheit und Wohlbefinden verholfen haben.

I. Verständnis und Selbstverständnis des Heilpraktikers

Wohl keine Tätigkeit findet heute bei uns so viele überzeugte Fürsprecher und gleichzeitig solch engagierte Gegner wie die des Heilpraktikers. Für die einen ist er ein wahrer „Wunderheiler", der Patienten dort hilft, wo die Schulmedizin nicht mehr weiter weiß. Für die anderen ist er ein „Scharlatan" oder bestenfalls eine Art kauziger Pflanzendoktor.

Auch die Illustrierten zeichnen ein Bild vom Heilpraktiker, das oft wie ein modernes Märchen anmutet. Da wird vom einfachen Briefträger berichtet, der seine Fähigkeit zu heilen entdeckt und heute Unsummen Geld verdient. Ist der Beruf des Heilpraktikers wirklich ein Traumberuf oder führt er in die Sackgasse? Dies ist nur eine von zahlreichen Fragen, die Menschen bewegt, die sich in diesem Beruf selbständig machen wollen.

Was ist ein Heilpraktiker überhaupt? Ein Medizinmann und Wundertäter - oder ein Profi, der durch Sachkenntnis besticht und tatsächlich Heilungen bewirken kann, die im Grunde genommen auf einer über Jahrhunderte hinweg getesteten Erfahrungsmedizin beruhen? Ist die Stellung des Heilpraktikers in der Gesellschaft angesehen? Ist er so etwas wie ein moderner Pfarrer Kneipp - oder ist er mehr ein Seelendoktor, der die Kunst des Zuhörens perfekt beherrscht?

All das sind Fragen, die Sie vielleicht berühren und brennend interessieren, wenn Sie dieses Buch gekauft haben. Und wir versprechen Ihnen, daß wir Ihnen diese Fragen genauestens beantworten werden und kein Blatt vor den Mund nehmen - sei es was Ansehen, Prestige, Verdienstmöglichkeiten und Zukunftsaussichten dieses Berufes anbelangt. Sie halten mit diesem Buch erstmalig ein Werk in Händen, das sich aufrichtig bemüht, die verschiedenen beruflichen Aspekte realistisch einzuordnen und in dem dennoch beschrieben wird, wie man zur Spitze gelangen kann, wie man ein Top-Heilpraktiker wird. Wir haben uns bemüht, in jeden Winkel zu leuchten und die verschiedensten Aspekte zu berücksichtigen.

Aber warum fühlen ausgerechnet Sie sich angesprochen, diesen Beruf zu ergreifen? Warum spielen ausgerechnet Sie mit dem Gedanken, diesem Beruf und dieser Berufung nachzugehen? Es ist richtig: Als Heilpraktiker besitzen Sie, wie kaum in einem anderen Beruf, die Möglichkeit, Menschen zu helfen. Effizient zu helfen. Es mag richtig sein, daß einige Zeitgenossen Sie auf einen Sockel, auf ein Podest stellen und zu Ihnen aufblicken werden wie zu einem Heiligen oder Wundertäter. Es ist auch völlig korrekt, wenn Sie vermuten, daß Sie sich selbst, Ihren Körper und seine Funktionen besser begreifen lernen können, daß Sie sich selbst und andere schneller einzuschätzen vermögen, manchmal mit einem einzigen Blick!

Und natürlich können Sie gut, können Sie sogar ausgezeichnet verdienen. Wie, wird Ihnen im Laufe des Buches vorgestellt. Darüber hinaus handelt es sich ganz ohne Zweifel um einen Beruf mit Zukunft: Die Statistiken beweisen ganz unbestechlich, daß immer mehr Heilpraktiker Praxen eröffnen. Daß die Naturheilkunde und Erfahrungsmedizin, wie sie von den Heilpraktikern angewandt werden, sich ständig zunehmender Nachfrage erfreuen. Auch in bezug auf die konkreten Zukunftsaussichten und die Kombinationsmöglichkeiten mit anderen Berufen werden wir Ihnen genaues, statistisches Material vorstellen und Sie rundum informieren.

Nun gut! Für viele Menschen ist der Beruf des Heilpraktikers ein Traumberuf. Viele Menschen haben durch den Heilpraktikerberuf tatsächlich ihre Idealvorstellung verwirklichen können. Die Gründe, warum gerade dieser Beruf so ausfüllt, sind von Fall zu Fall unterschiedlich.

Wir kennen das Beispiel einer 22jährigen Frau, die im vierten Semester Medizin studierte und bereits ihr Vorphysikum absolviert hatte. In ihrer Nachbarschaft lebte eine brustkrebskranke Frau. Die Ärzte gaben ihr noch zwei bis drei Monate. In äußerster Not wurde schließlich ein Heilpraktiker, der 100 Kilometer entfernt lebte, hinzugezogen. Mit den Naturheilmethoden dieses Heilpraktikers überlebte die Frau weitere fünf Jahre, wie sich im nachhinein herausstellte. Die unmittelbare Hilfeleistung und offensichtliche Kompetenz überzeugten die Medizinstudentin so sehr, daß sie ihr Medizinstudium aufgab, nach München zog und dort eine dreijährige Heilpraktiker-Vollzeitausbildung absolvierte. Zunächst assistierte sie mehreren Heilpraktikern, bevor sie sich im norddeutschen Raum selbständig machte. Heute, nach fünf Jahren

Praxiszeit, kann sie von sich behaupten, daß sie im Verhältnis zu ihren ehemaligen Kommilitonen, den Medizin-Studenten von damals, bestens abschneidet. Und zwar weil sie die Gewißheit besitzt, durch ihre natürlichen, ganzheitlichen Therapien vielen Menschen geholfen zu haben. Obendrein konnte sie sehr viel früher gutes Geld verdienen und dadurch einen entsprechenden gesellschaftlichen Status aufbauen.

Ganz davon abgesehen ist die Befriedigung, die ein Heilpraktiker aus seinem Beruf gewinnen kann, ungleich höher als bei den meisten anderen „Jobs". Sie können in Pflegeanstalten und Beratungsstellen Hilfe leisten, können Vorträge halten und Sachartikel veröffentlichen. Als Heilpraktiker beschäftigt man sich mit gesundem Leben, gesunder Nahrung und aktuellen Umweltfragen in positiver, konstruktiver Weise. Aber auch mit modernster Technik kann man sich auseinandersetzen, wenn das Interesse hierfür besteht.

Der Heilpraktiker kann sich auf Sportmedizin, auf „Sportnaturheilkunde" spezialisieren und hier erstaunliche Erfolge erzielen. Dennoch gibt es nicht eben wenig zu wissen, wenn man wirklich ein Könner in diesem Beruf werden will. Trotz all der positiven Seiten dürfen Sie von diesem Buch keine kritiklose Lobhudelei erwarten. Wir waren bemüht, eine unparteiische Bestandsaufnahme der Branche zu Papier zu bringen. Wo Kritik angebracht war, haben wir mit ihr nicht hinter dem Berg gehalten.

Definition und Standortbestimmung

Zunächst einmal: Was bedeutet der Begriff „Heilpraktiker"? Das Wort selbst setzt sich aus „Heil" und „Praktiker" zusammen. „Heil" hieß in mittelhochdeutscher Zeit (ca. 12. bis 15. Jahrhundert) interessanterweise auch „Glück", nicht nur „Gesundheit" und „Heilung". Es bedeutete darüber hinaus „Rettung" und „Beistand". In althochdeutscher Zeit (ca. 810 bis 1100) und im altenglischen (500 bis 1100) bezeichnete „hael" sogar „günstiges Vorzeichen", aber auch „Glück", „Gesundheit". Das Adjektiv „heil", vermuten Sprachwissenschaftler, stammt aus dem kultischen Bereich, war also eine Vokabel, die auch die Priester benutzten, wie überhaupt die Berufe des Priesters und Heilers nicht nur in unseren Breiten früher oft identisch waren.

Das Wort „Praktik" (= „Ausübung", „Verfahrensart", „Handhabung") entstand am Ende des 15. Jahrhunderts und geht auf den griechischen Begriff „praktiké téchne" zurück, was soviel wie „Lehre vom aktiven Tun und Handeln" bedeutet. „Praktikoś" heißt „tunlich", „tauglich", „durch tätige Übung erfahren", „geschickt".

Es ist schon erstaunlich, was man mitunter alles in Erfahrung bringen kann, wenn man Ursprünge und Herkunft eines Wortes eruiert. Ein Heilpraktiker heilt also mittels bestimmter Methoden und Techniken. Das Wörterbuch verrät, daß der Heilpraktiker ein „nicht staatlich geprüfter, meist auch nicht wissenschaftlich ausgebildeter Heilkundiger ist, der mit behördlicher Erlaubnis praktiziert". Und weiter: „Heilpraktiker behandeln überwiegend nach homöopathischen und naturheilkundlichen Grundsätzen". Die „Homöopathie" bezeichnet ein Heilverfahren, bei dem der Kranke mit kleinsten Dosen bestimmter Mittel behandelt wird, die beim Gesunden die gleichen Krankheitserscheinungen hervorrufen würden, nach dem Grundsatz: Ähnliches durch Ähnliches heilen (griech. homoios = „gleichartig" und pathos = „Leiden").

Das Gegenstück zur Homöopathie ist die „Allopathie". Hier werden gegen Krankheiten Mittel eingesetzt, die eine den Krankheitsursachen entgegengesetzte Wirkung haben (zu griech. allos = „anders" und pathos = „Leiden"). Die Allopathie ist heute weitaus verbreiteter als die Homöopathie. Man wird von Kopfschmerzen geplagt - und schluckt eine Spalttablette *gegen* die Kopfschmerzen (Allopathie). Der Homöopath ist jedoch darauf bedacht, die natürlichen Abwehrkräfte des Körpers zu stärken und sozusagen den Körper sich selbst heilen zu lassen. Bei einem Hautekzem verordnet er ein Mittel, das zum Beispiel den Hautausschlag *unterstützt* und unter Umständen stärker zum Ausbruch bringt, woraufhin sich die natürlichen, körpereigenen Abwehrkräfte mobilisieren und das Ekzem gänzlich zum Verschwinden bringen. *Das Ziel der Naturheilkunde besteht ebenfalls darin, durch Steigerung der den Menschen innewohnenden Selbstheilungskräfte den Patienten genesen zu lassen.* Medikamente im schulmedizinischen Sinne (chemische Präparate) lehnt der Naturheilkundler ab. Er bedient sich sogenannter natürlicher und naturgemäßer Heilverfahren. Dazu zählt die Behandlung durch richtige Ernährung, Wasser, Licht, Luft, Sonne, Bewegung, natürliche Mineralien, organische Stoffe und Heilpflanzen.

Der Heilpraktiker bringt also vor allem homöopathische und naturheilkundliche Mittel und Methoden zur Anwendung, um den Kranken von seinen Leiden zu befreien. Die Erfahrungen und Fallberichte zeigen, daß der Heilpraktiker mit diesen Methoden oft erstaunliche Erfolge erzielt.

Damit das ganze nicht abstrakt bleibt und ein wenig mit „Fleisch" gefüllt wird, ein Beispiel direkt aus der Praxis: Frau *K.* stürzte in einem Reformhaus über einen Einkaufsständer. Umgehend rief sie einen „normalen" Arzt an, der ihr eine Schmerzspritze gab und sie danach ins

Krankenhaus zum Röntgen bringen ließ. Das Röntgenbild förderte keinen Befund zu Tage, obwohl sich die Schmerzen wieder einstellten. Zufällig hatte sie von einigen spektakulären Erfolgen durch die Homöopathie gehört und suchte als nächstes einen Heilpraktiker auf. Frau *K.* berichtete über ihr Malheur, und der Heilpraktiker verordnete ihr Arnika (eine Gebirgspflanze, normalerweise als Wundheilmittel verwendet) in homöopathischer Darreichungsform. Die Beschwerden gingen tatsächlich zurück. Später ließ die Wirkung des Pflanzenpräparates nach, und der Heilpraktiker verabreichte ein tiefergreifendes Mittel, nämlich Kalzium. Innerhalb von zwei Wochen war Frau *K.* absolut beschwerdefrei. Sie konnte wieder wandern und Garten- und Hausarbeit verrichten. Normalerweise dauert die Genesung von einem Unfall dieses Ausmaßes bis zu einem halben Jahr und länger! Um Frau K.'s Geschichte jedoch gänzlich wahrheitsgemäß zu schildern, sei hinzugefügt, daß der Arzt eine Kombination von homöopathischen Medikamenten und schulmedizinischen Medikamenten (ein Schmerzmittel) verordnet hatte, um Beschwerden zu beheben, die die Patientin beim Atmen hatte. Bei solchen Verletzungen besteht immer die Gefahr, daß der Kranke nicht richtig durchatmet und er sich eine Lungenentzündung zuzieht. Dennoch war der rasche Heilerfolg eindeutig auf die homöopathische Behandlung zurückzuführen. Dieser Fall ist dokumentiert und belegt.

Ein anderes Beispiel, direkt aus dem Alltag des Heilpraktikers gegriffen: Bei dem Patienten handelte es sich um ein gerade ein Jahr altes Kind, das an einem Hautausschlag im Gesicht litt. Die Eltern hatten zunächst den Hausarzt konsultiert, später diverse Hautärzte und verschiedene Hautkliniken. Aber selbst ein bekannter homöopathischer Arzt, der nach einigen Monaten eingeschaltet wurde, konnte keinen Heilerfolg erzielen. Die „Schulmedizinmänner" wiederum hatten nur mit Cortison und Sulfonamiden behandelt - wobei erwiesenermaßen die Gefahr besteht, daß der Patient in späteren Jahren Asthmabeschwerden bekommt. Schließlich suchten die Eltern einen Heilpraktiker auf, der zunächst die Vorgeschichte der Krankheit eruierte. Das ganze dauerte etwa eine Stunde. Danach verabreichte er ein Medikament. Zwar besserte sich der Fall zusehends, aber im Laufe der Behandlung verursachten jene Medikamente, die die Schulmediziner eingesetzt hatten, Schwierigkeiten; sie konnten schließlich mit sogenannten „Blockademitteln", ebenfalls homöopathischer Natur, neutralisiert werden. Auf diese Weise zog sich der Fall über ein halbes Jahr hin. Zu guter Letzt war jedoch Erfolg beschieden; das Kind ist heute vollständig von dem Hautauschlag befreit!

Die Reihe solcher Heilerfolge ließe sich beliebig fortschreiben. Kennzeichnend ist, daß der Heilpraktiker auf Grund seiner Einstellung oft einen Gegenpol zum Schulmediziner bildet. Nicht immer kämpft er gemeinsam mit ihm, Schulter an Schulter, manchmal betrachtet er in ironischer Überzeichnung den Arzt sogar als Teufel, dem eigentlich nur der Pferdefuß fehlt. Wir wollen uns im Rahmen dieses Buches einer Wertung enthalten, müssen aber doch die Argumentation der „Branche" und die gegensätzlichen Meinungen darstellen.

Abgesehen von aller Polemik, die in den meisten Fällen weitgehend überflüssig ist, sei jedoch nicht verschwiegen, daß der Heilpraktiker aus seinem konträren Standpunkt zur Schulmedizin zu einem gewissen Grad sogar seine Existenzberechtigung bezieht. Vielleicht enthält das folgende Statement unangenehm viel Wahrheit: Ärzte und Heilpraktiker kämpfen auch um Patienten! Gerade auf Grund der gegensätzlichen Behandlungsmethoden werden demzufolge auch Argumente für oder wider den Heilpraktiker vorgebracht. Der Heilpraktiker sollte also auf jeden Fall um die Vorteile seines Berufes wissen, denn daß mit Pillen allein heute nicht mehr viel Staat zu machen ist, ist eine Erkenntnis, die mehr und mehr durchdringt.

Was Sie von den erfolgreichsten Heilpraktikern lernen können

Aus den geschilderten Praxis-Beispielen läßt sich einiges ersehen. Wenn Sie zwischen den Zeilen lesen können, so ist Ihnen nicht entgangen, daß der gute Heilpraktiker sich mehr Zeit für seine Patienten nimmt als der Arzt. Dem erfolgreichen Heilpraktiker ist zunächst und vor allem am Wohl seiner Patienten gelegen, wohl wissend, daß Heilerfolge durch „Mund-zu-Mund-Beatmung" ihm weitere Patienten bescheren. Nichts ist wichtiger, auch in finanzieller Hinsicht, als ein guter Leumund und *Ergebnisse.* Nichts ist erfolgreicher als der Erfolg – dies gilt auch für den Gesundheitsbereich. Heilerfolge werden selbst die schärfsten Kritiker mundtot machen. Was man auch immer dem angehenden Heilpraktiker an guten Tips und Ratschlägen geben mag – er muß Ergebnisse zeitigen. Heilerfolge werden letztlich dafür verantwortlich sein, ob seine Praxis floriert und sich Patienten um ihn scharen.

Es gibt Beispiele in der Bundesrepublik Deutschland, daß Spitzenleute ihres Fachs bis zu 25.000 DM im Monat verdienen. Und es gibt Beispiele, daß Heilpraktiker mit 2.000 bis 3.000 DM in Kümmerpraxen mehr schlecht als recht zurechtkommen müssen. Auch der Heilpraktiker steht unter Erfolgszwang. Ein Automechaniker, der ein Auto nicht oder unzulänglich repariert, wird Kunden verlieren. Verzeihen Sie uns, wenn wir ein Gebiet, das normalerweise mit ungeheuren Emotionen beladen ist, in diesem Zusammenhang säkularisieren und den menschlichen Körper mit einem Auto vergleichen.

Nichts ist schädlicher als der Glaube, daß man seine Patienten nur lange genug an sich fesseln müsse, um sich ein gutes Einkommen zu sichern. Das ist so gewiß wie das Amen in der Kirche. Trotz des zweifelhaften Witzes über den Arzt, dessen Sohn Medizin studiert, und der sich eines Tages von ihm vertreten läßt, da er Urlaub auf Ibiza machen will. Nach dem Urlaub kommt der Herr Doktor braungebrannt von seiner spanischen Insel zurück und fragt den Sohn, wie die Praxis und die Vertretung gelaufen seien. Freudestrahlend entgegnet ihm der Filius, daß sogar ein Patient, den er, der Vater, zwanzig Jahre lang vergeblich behandelt habe, geheilt sei! Darauf fragt ihn der Arzt entsetzt, ob er des Wahnsinns sei! Jener Patient habe schließlich sein ganzes Studium finanziert …

Solche Witze legen durchaus den Finger in eine Wunde! Zugegeben, auch der Arzt (und Heilpraktiker) muß wirtschaftlich denken. Die Anzahl seiner „aktiven“ Patienten bestimmt natürlich sein Einkommen. Aber die Erfahrung zeigt doch immer wieder, daß nichts falscher sein kann, als die heimliche oder offene Absicht, seinen Patienten eben nicht zu helfen - mit dem Hintergedanken, dadurch „Kundschaft“ zu erhalten.

Der Erfolg eines Heilpraktikers wird bestimmt durch die Anzahl der Patienten, die geheilt worden sind oder denen er merklich geholfen hat, im Verhältnis zur Anzahl der Patienten, denen er nicht Beistand leisten konnte. Hieraus ergeben sich zwei Konsequenzen, die der angehende Heilpraktiker unbedingt beherzigen sollte:

1. Nehmen Sie nie Patienten, denen Sie nicht helfen können, selbst wenn Sie unmittelbar auf ein paar Mark verzichten müssen. Akzeptieren Sie nicht jeden Patienten!
2. Beschließen Sie, nur Heilmethoden zu erlernen, die ein Höchstmaß an Effizienz zeitigen und die Ihnen persönlich gut von der Hand gehen. Und: Werden Sie ein Meister in diesen Methoden!

Die bessere Medizin: Erfahrungsmedizin contra Schulmedizin

Traditionell bedingt liegen der Heilpraktiker und der Schulmediziner in einem Dauer-Clinch, obwohl viele approbierte Ärzte längst eingesehen haben, wie wichtig die Methoden der Naturheilkunde sind. Die mehr chemisch-mechanisch orientierte Schulmedizin verordnet bei Kopfschmerzen, salopp ausgedrückt, Aspirin. Der Heilpraktiker, ebenfalls überspitzt formuliert, einen Kräutertee.

In unserer Zeit ist kaum ein Beruf so ins Gerede gekommen wie der des Arztes. Noch vor einiger Zeit war er der Halbgott in Weiß, vom Nimbus der Allmacht umwittert. Ein Mann, der zwischen Stethoskop und Brillenblick seinen Block zückte, um ein Rezept zu schreiben. Im Film trat der forsche Chirurg, gekleidet in das weißeste Weiß, umgeben von einem Schwarm Assistenten und Schwestern, in den Lichtkegel der Operationslampe. Um ihn Masken und Apparate, die das Leben des Patienten garantierten, und hinter ihm nur noch der Herrgott. Von Literaten wie Konsalik und TV-Serien wie die „Schwarzwald-Klinik" werden uns der fesche Frauenarzt, der dämonische Psychiater oder der Saisonlöwe der Kurorte vorgegaukelt. Dieses uralte Klischee vom Arzt wird jedoch zunehmend in Frage gestellt. Von vielen Seiten sieht sich der Arzt mehr und mehr einer Verurteilung ausgesetzt, welche den Makel mangelnder Sachkunde mit dem Vorwurf der unberechtigten Bereicherung verbindet.

Abgesehen von diesen Mißtönen, die sich in das Konzert der üblichen Lobeshymnen mischen, wird speziell dem Schulmediziner aber noch mehr angelastet. So wird beanstandet, daß er zum Beispiel seine Patienten mit zu vielen Pillen füttere. Zum Teil sind diese durchaus berechtigten Kriterien von Deutschlands berühmtestem Heilpraktiker, Dr. jur. Manfred Köhnlechner, in seinem ausgezeichneten Buch „Gesundheit - eine Utopie?" (Droemer Knaur Verlag) zusammengetragen worden. Dabei ist die mittlerweile unhaltbar gewordene Situation in den Krankenhäusern, die mit Pflegesätzen zwischen 150 und 200 DM aus Kostengründen ihre Bettenburgen belegt halten müssen, nur ein Punkt. Hinzu kommt, daß die Jahreseinkünfte der praktizierenden Ärzte sich in den letzten 15 Jahren rund verdoppelt haben - auf circa 200.000 DM per anno. Und schließlich gibt es die „pharmazeutische Industrie, die den Ärzten ungefähr 50.000 Spezialitäten anbietet, von denen allerdings vom durchschnittlichen Arzt nur ungefähr 150 verschrieben werden" (Köhnlechner).

„Contergan" ist ein weiteres Stichwort, das keiner näheren Erläuterung bedarf. Und Antibiotika, Analgetika (Schmerzmittel) und Psychopharmaka (zum Beispiel Beruhigungsmittel und antidepressiv wirkende Medikamente) werden von zahlreichen Ärzten heute in einem Ausmaß verschrieben, das „in einer Vielzahl von Fällen längst nicht mehr mit dem Argument der Angemessenheit gerechtfertigt werden kann"

(Köhnlechner). In einem anderen Buch „Vermeidbare Operationen" führt Köhnlechner den Nachweis, daß etwa jeder siebente operative Eingriff vermieden werden kann. Diese Zahlen sind abenteuerlich, und der Heilpraktiker tut gut daran, sie sich einmal wirklich zu Gemüte zu führen.

Den Autoren dieses Buches ist selbst ein bezeichnender Fall (unter vielen!) bekannt, wo eine 45jährige Frau die Bewegungen ihres linken Unterschenkels nicht mehr kontrollieren konnte, also die Bewegung des Fuß- und Kniegelenkes. Die Folge: sie stürzte ständig und konnte kaum mehr richtig gehen. Vom Nervenarzt wurde ihr empfohlen, sich den Fuß abnehmen zu lassen. Glücklicherweise suchte sie einen Heilpraktiker auf, der zunächst eine genaueste Bestandsaufnahme machte. Sie wurde vom 8.5. bis 13.9.1984 behandelt, erst einmal wöchentlich, später im Abstand von ein bis zwei Wochen. Zunächst wurde das Knie „baunscheidtiert", ein Verfahren, das noch erläutert werden wird. Zusätzlich mußte ein Medikament entsprechend ihren Symptomen verabreicht werden. Die Folge: das Bein mußte *nicht* amputiert werden! Am Anfang berichtete die Patientin von einem Kribbeln, Jucken und Zukken im Bein: es begann wieder zu leben! Wochen später konnte sie schon wieder auftreten. Schließlich fing sie an, die Zehen zu bewegen und im Februar 1985 berichtete sie dem Heilpraktiker, daß sie an Karneval wieder getanzt habe.

Es soll mit diesem spektakulären Beispiel keineswegs suggeriert werden, daß es nicht zahlreiche Operationen gibt, die den Zustand des Patienten verbessern oder den drohenden Tod verhindern. Die eitrige Blinddarmentzündung ist nur ein Exempel. Ohne die Unfallchirurgie stiege die Zahl der Verkehrstoten auf unseren Straßen um ein Vielfaches. Dennoch darf man die Tatsache nicht unter den Tisch kehren – und der Heilpraktiker tut gut daran, dies zu betonen –, daß bestimmte Operationen vermieden werden können.

Darüber hinaus argumentiert der Heilpraktiker wie folgt: Jede Symptombehandlung – also jede Therapie, die nicht den ganzen Menschen einbezieht – birgt die Gefahr der Gewöhnung und des Arzneimittelschadens in sich. Schlafmittel sind ein Beispiel. Über ihre Nebenwirkungen könnte man Bände füllen. Fast noch problematischer scheinen die Beruhigungsmittel „neuer Art", die sogenannten Tranquilizer, zu sein. Es gibt Anzeichen, daß sie den Menschen zwar „beruhigen", aber auch apathisch, lustlos und kraftlos machen. Ganz davon abgesehen kann sich aus der Einnahme über längere Zeit eine Abhängigkeit, eine regelrechte Drogenabhängigkeit entwickeln. Daß die gebräuchlichsten

Tranquilizer wie Librium, Valium, Adumbran und Tavor in der Größenordnung von Tonnen produziert werden, müßte eigentlich erschrecken. Dabei gibt es gewisse Indizien, daß legale Drogen genauso schädlich und gefährlich wie illegale sind. Die hohe Zahl der Verkehrsunfälle infolge des Einflusses von Medikamenten ist mittlerweile ebenfalls erwiesen. Wegen ihrer unbestrittenen Wirkung werden diese Mittel auch bei banalen Schlafstörungen verordnet, über die Nebeneffekte schweigt man.

Alle diese Schwächen im herkömmlichen System sind Argumente für den Heilpraktiker - und für den Arzt, der auf homöopathischer und naturheilkundlicher Basis arbeitet. Speziell was die Nebenwirkungen von Medikamenten anbelangt, sind die besseren Argumente auf seiten des Heilpraktikers. Aber auch was etwa Hautprobleme angeht, besitzt der Naturheilkundler gute Karten.

Ein konkreter Fall: Patientin, 29 Jahre, Hautproblem. Zunächst gab sie dem Heilpraktiker zu verstehen, daß sie an einer „Neurodermatitis“ leide. Ein herrliches Wort! Auch ein Arzt kann kaum etwas damit anfangen, aber der Begriff ist beeindruckend (bedeutet wörtlich so viel wie „Nerven-Hautentzündung“). Zur Heilung taugt er nichts. Diese „Neurodermatitis“ plagte die Patientin im Gesicht, in den Ellebeugen, in den Armbeugen, am Kinn und am Hals. Die Patientin kratzte, bis das Blut kam. Bei Wärme verschlimmerte sich der Zustand, etwa beim Schwitzen oder in der Sonne. Sie war bei verschiedenen praktischen Ärzten, Hautärzten und selbst bei Psychotherapeuten gewesen, alles ohne Erfolg. Selbst Dr. Bruker, einer der populärsten (und tatsächlich besten) Ernährungsberater konnte nicht helfen. Die Umstellung auf vegetarische Kost war ebenso vergebens wie das Studium der Eurythmie (Ausdruck durch künstlerische Bewegung), das sie in ihrer Verzweiflung begann. Auch die ersten homöopathischen Behandlungen bei Ärzten zeitigten keinen Erfolg, wobei hinzuzufügen ist, daß Ärzte meistens tatsächlich weniger von der Homöopathie verstehen als Heilpraktiker.

Der Heilpraktiker, bei dem sie zuletzt vorsprach, erstellte zunächst eine eingehende Anamnese (Krankheitsvorgeschichte). Dauer: eine Stunde. Die Auswertung beanspruchte nochmals drei Stunden Zeit. Danach leitete er eine weitere homöopathische Behandlung ein ... der Hautausschlag ging endlich zurück. Nach fünf Monaten waren sämtliche Beschwerden verschwunden. Kostenpunkt der Behandlung und der Medikamente: 480 DM.

Ein anderer, ähnlich gelagerter Fall: Patient - ein zwei Jahre altes Kind männlichen Geschlechts. Es kratzte sich ständig, vor allem im Gesicht, an den Oberschenkeln, in den Kniekehlen und den Arm- und Handbeugen, speziell wenn es ins Schwitzen geriet, aber auch am Abend, wenn es ins Bett sollte. Der kleine Patient war zum Hausarzt, zum Hautarzt, zu Spezialisten und zu Professoren geführt worden - bis die Mutter es schließlich bei einem Heilpraktiker versuchte. Zunächst wurde das Kind mit Sulfur (Schwefel, homöopathisch potenziert) behandelt. Das Kratzen ließ nach. Unglücklicherweise wurde der kleine Patient Tage später von seinem Bruder mit Keuchhusten angesteckt. Fälschlicherweise verabreichte der Heilpraktiker trotz des Keuchhustens das homöopathische Mittel weiter, eine Todsünde in der Einzelhomöopathie. Daraufhin verschlechterte sich der Zustand stark. Des Nachts rief die Mutter den Heilpraktiker aufgeregt an, er möge sofort kommen. Das Kind kratzte zwanghaft, ohne aufzuhören, und blutete förmlich am ganzen Körper. Der Heilpraktiker fuhr umgehend zu dem Patienten, im Koffer eine kleine homöopathische Notfallapotheke. Er verabreichte Arsenicum (in einer bestimmten Potenz), und das Jucken ließ nach. Am Anfang verordnete der Heilpraktiker Arsenicum in halbstündigem Abstand, später dreimal täglich. Das Ende vom Lied: der kleine Patient wurde vollständig geheilt.

Diese Beispiele dienen auch dazu, Sie direkt mit der Praxis und dem Alltagsleben des Heilpraktikers vertraut zu machen. Nicht selten hat es der Heilpraktiker mit Fällen zu tun, da der Patient sich an ihn wendet, weil alle anderen Heilkünstler versagt haben. Bei Fällen, die beim „normalen" Arzt nicht geheilt werden können, wenden sich die Kranken oft in ihrer Verzweiflung an den Heilpraktiker - als letzten Strohhalm. Alles, was dem Patienten hilft, sollte erlaubt sein, argumentiert der Heilpraktiker. Gleichgültig, ob für eine Behandlung eine „naturwissenschaftliche" Grundlage existiert oder nicht.

Auf der anderen Seite ist der Heilpraktiker gut beraten, wenn er sich mit der Schulmedizin so weit arrangiert, daß er sich auch die (positiven) Entdeckungen zunutze machen kann - soweit es ihm erlaubt ist. Zweifellos schritt die Medizin mit Siebenmeilenstiefeln voran, als die naturwissenschaftliche Denk- und Arbeitsmethodik ihren Einzug hielt. Voraussagbare, wiederholbare Ergebnisse waren gefragt - ein Postulat, gegen das man nicht das geringste einwenden kann. In Deutschland war es der Arzt Rudolf Virchow (1821–1902), der mit der „Zellularpathologie" 1859 diesen Schritt vollzog. Virchow entdeckte (vereinfacht ausgedrückt), daß eine Erkrankung des Organismus als eine Erkrankung der Zelle angesehen werden müsse. Vor ihm beherrschte die sogenannte „Humoralpathologie („humores" = „Säfte") das Feld, die lehrte, daß die „Säfte“ des Körpers die Ursachen für die Krankheiten darstellten. Auch im alten Griechenland ging man davon aus, daß die Säfte des Körpers für den körperlichen Zustand des Menschen verantwortlich wären. Man betrachtete also den Menschen in seiner *Gesamtheit.* Nicht das *Symptom* war von ausschlaggebender Bedeutung, sondern der ganze Mensch.

Damit hat man die grundlegend verschiedenen Betrachtungsweisen zwischen Natur- und Schulmedizin auseinanderdividiert. Obwohl beide Richtungen mit Zähnen und Klauen verteidigt werden, gibt es jedoch auch längst Zugeständnisse und Überlappungen auf beiden Seiten. Herausragende Figuren wie Sebastian Kneipp (1821–1897) oder Maximilian Bircher-Benner (1867–1939) sind mit ihren Beiträgen zu Wasserheilkunde und Ernährung heute im Prinzip unangefochten. Bestimmte Erkenntnisse können auch von überzeugten Schulmedizinern nicht vom Tisch gewischt werden, wie umgekehrt viele Entdeckungen der Schulmedizin ebenfalls nicht abgeleugnet werden können.

Sofern man nur *eine* Grundlagentherorie für die Medizin und die Heilkunst akzeptiert, verschließt man automatisch die Augen vor funktionierenden Methoden. Aber warum sollte eigentlich nur *eine* Theorie Gültigkeit besitzen? Weshalb können sich traditionelle Medizin und Naturheilkunde nicht gegenseitig ergänzen? Warum können nicht mehrere Entdeckungen und Prinzipien nebeneinander existieren, sofern Ergebnisse in der Praxis vorliegen? Die Theorie sollte immer an zweiter Stelle stehen und an erster Stelle der Patient.

Obwohl es für Sie als angehenden Heilpraktiker unumgänglich ist, sich mit den akademischen Scharmützeln vertraut zu machen, die bis heute die gesamte Diskussion um den Heilpraktiker beherrschen, sind Sie jedoch unseres Erachtens gut beraten, sich *nicht* allzu viel um den Streit der Gelehrten zu scheren. Der Heilpraktiker sollte den Kranken helfen, den Patienten, den Menschen. Viele Heilpraktiker dehnen ihren Verantwortungsbereich sogar noch weiter aus . . .

Spektakuläre Heilerfolge bei Tieren und Pflanzen

Da der Heilpraktiker im allgemeinen genauer und besser zuhört als sein Kollege, der Arzt, erzählen ihm Patienten auch oft von Problemen, in deren Mittelpunkt ihre Pflanzen und Tiere stehen. Eigentlich ist es nicht sein Metier. Ein krankes Tier sollte vom Tierarzt behandelt werden. Aber wir haben dennoch von Beispielen aus der Praxis gehört, da Heilpraktiker in solchen Fällen halfen - und Patienten gewannen.

So sah sich der Heilpraktiker H. eines Tages einer Frau gegenüber, die mit der größten Selbstverständlichkeit der Welt ihre *Katze* vorführte. Sie beklagte sich, daß ihre Katze nichts mehr fressen würde, dem Tier die Haare ausgingen und es Flöhe hätte. Tatsächlich bestand die Katze nach dem Bericht des Heilpraktikers nur noch aus Haut und Knochen. Es stellte sich heraus, daß das Tier *vegetarische* Kost verschmähte. Seit einigen Wochen gab die Dame ihrer Katze kein Fleisch mehr - woraufhin das Tier streikte. Der Heilpraktiker H. verabreichte der Katze daraufhin ein Medikament. Das Tier fing tatsächlich wieder an zu fressen, das Fell wurde seiden und die Katze nahm zu. Aber auch die Pointe sei nicht verschwiegen: eines Tages entlief das Tier der Besitzerin. Unser Heilpraktiker konnte sich der Vermutung nicht erwehren, daß es mit der vegetarischen Kost zusammenhing, die zwar nunmehr akzeptiert wurde, aber der feinschmeckerischen Katze möglicherweise nicht gut genug war.

Ein anderer Fall: der Hund einer Patientin sollte eingeschläfert werden, weil er nichts mehr fraß. Der Heilpraktiker verabreichte ein Medikament, woraufhin der Hund wieder Nahrung aufnahm, zu Kräften kam und sich völlig normal entwickelte. Ein Tierarzt, der den Fall verfolgte, wurde stutzig und fragte den Heilpraktiker, was er angestellt habe. Die Folge: der Tierarzt einschließlich Familie begab sich später selbst in homöopathische Behandlung . . .

Selbst ein Tierschutzverein wird Sie manchmal ansprechen! Und Sie sind gut beraten, wenn Sie auch Katzen, die von Flöhen befallen sind, behandeln können. Heilpraktiker gehen davon aus, daß Flöhe verschwinden, sobald die Darmflora in Ordnung ist. Flöhe können sich nur auf einem ungesunden Nährboden (Haut) halten und verschwinden bei Anwendung bestimmter homöopathischer Medikamente.

Selbst die Therapie von Bäumen ist möglich! Uns ist ein Fall bekannt, da ein Heilpraktiker Olivenbäume in Oberitalien kurierte. Nach seinem Bericht teilte ihm ein Freund (aus Oberitalien) mit, daß seine Olivenbäume bei der letzten Kälte Schaden erlitten hätten und fast erfroren wären. Der Heilpraktiker sandte ihm daraufhin Camphora C 200 (ein homöopathisches Medikament) und bat ihn, davon pro Baum fünf Tropfen ins Gießwasser zu geben. Obwohl der Freund den Rat beherzigte, wollte er die Bäume dennoch nach einiger Zeit herausnehmen. Aber eine Überprüfung der Wurzeln nach sechs Monaten ergab, daß die Wurzelstöcke tatsächlich wieder zu treiben anfingen -

im Gegensatz zu den Gewächsen seines Nachbarn. Dessen Olivenbäume starben ab und mußten erneuert werden.

Ähnliche Berichte gibt es über Zimmerpflanzen. Erfrorene Zimmerpflanzen und Gartensträucher können homöopathisch behandelt und wieder zum Leben erweckt werden. Desgleichen gibt es nachweisbare Heilerfolge bei wachstumsgestörten und milieugeschädigten Pflanzen. Auch Pflanzen, die mit Ungeziefer befallen sind, können homöopathisch „geheilt" werden. Der Heilpraktiker versäumt nicht, in diesem Zusammenhang hinzuzufügen, daß die Homöopathie funktioniert und keine Einbildung ist. Denn wer könnte behaupten, daß die Pflanze sich etwas einbildet oder daß bei einem Säugling die Gesundung auf Grund eines Placebo-Effektes (unwirksame Scheinmedikament-Behandlung) eintritt?

Abenteuerliche Stories? Ja und nein! Diese Grenzfälle sollen unter anderem zeigen, daß der Heilpraktiker, wenn er zuhört, sich wirklich um die Belange des Patienten kümmern kann. Daß er wirklich die Möglichkeit hat, auch auf die ganz speziellen Probleme des Patienten einzugehen, mit denen sich der „normale" Arzt nie und nimmer (oder nur in den seltensten Fällen) beschäftigen würde.

Was zählt, sind Erfolge. Konkret nachweisbare Heilerfolge. Davon abgesehen ist es natürlich wunderbar, auch für Pflanzen Verantwortung zu übernehmen. Was Tiere angeht, so sollten Sie sich zunächst die entsprechenden Absätze des Kapitels XI genauestens zu Gemüte führen, damit Sie nicht mit dem Gesetz ins Gehege kommen. Die oben genannten Beispiele dienen im übrigen auch dazu, das Bild des Heilpraktikers abzurunden. Die gleichen Fälle oder Anforderungen können Ihnen jeden Tag in der Praxis widerfahren. Und genau das ist Ihre Chance!

Der Heilkundige als Phänomen in der Geschichte

Es gibt wohl kaum ein faszinierenderes Thema als das des Heilers und Heilkundigen. Abenteuerliche Geschichten und Legenden ranken sich um das Leben und Wirken dieser Figuren. Ursprünglich verkörperte der Heiler gleichzeitig den Priester, Zauberer oder Magier des Stammes. Er konnte „mit den Göttern Zwiesprache halten" – und besaß fast immer eine erstaunliche Beobachtungsgabe. Er wußte über die Wirkung bestimmter Heilpflanzen Bescheid, und auch das Wissen um das geistige, das psychologische Moment dürfte zum Repertoire vieler Zauberheiler gehört haben.

Fest steht, daß allein durch die Kenntnis der menschlichen Natur sowie des Pflanzen- und Tierreiches schon vor Jahrtausenden Heilungen erzielt wurden, die als absolut erstaunlich bezeichnet werden können. Selbstredend gab es auch Aberglauben sowie Pseudo-, Halb- und Falschwissen. Autoritätsgläubigkeit verhinderte viele Heilungen, aber von einigen Auswüchsen abgesehen, existierten viele hilfreiche Methoden.

Wollte man wirklich die verschiedenen Therapiemethoden nachzeichnen, so müßte man die tibetanischen Gebetsmühlen ebenso erwähnen wie die Heilpflanzen der Indianer und die Reliquiengläubigkeit im Mittelalter. Dem Pfarrer von Ars, der heiligen Bernadette von Lourdes, den Schriften des Hippokrates oder den Lehren Galens - allen müßte man Referenz erweisen. Es wäre eine eigene Enzyklopädie wert, die verschiedenen Heilmethoden der Vergangenheit aufzulisten. Mit schier unglaublichen „Wunderheilungen“ (die wohl zumeist auf einer erstaunlichen Kenntnis der Natur beruhten) könnte man ganze Bände füllen.

Aber schauen wir uns ein konkretes Beispiel an: in der japanischen Kultur wurden schon vor Jahrtausenden Arzneimittel in Form von Pillen, Pulvern, Extrakten, Tinkturen und Salben verabreicht. Auch eine gesunde Lebensweise wurde gepredigt, Reinigungsgebote und Hygienevorschriften standen hoch im Kurs - Wissen, das bei uns erst später (wieder) entdeckt wurde. Darüber hinaus kannten die Japaner sogar schon die Blutegelbehandlung.

Akupunktur, Massage, Pharmakologie, Wasser- und Bäderbehandlungen gehörten zum Standard-Repertoire jedes angesehenen japanischen Arztes. Die Akupunktur schloß sogar kleine Operationen ein. Konkretes Wissen um Arzneimittel aus dem Pflanzenreich war ebenfalls vorhanden - kurz, Methoden und Lehren, die Ihnen heute beim Heilpraktikerstudium wieder begegnen.

Wir können auch einen Sprung in einen ganz anderen Kulturbereich wagen. Wenn man einmal unvoreingenommen das Wissen der Griechen hinsichtlich Gesundheit, Krankheit, Hygiene oder Diät betrachtet, so kann man nur staunen. Die alten Griechen entwickelten eine vollständige Körper-Kultur, ein Umstand, der weitaus weniger bekannt ist als ihre Leistungen in der Philosophie etwa. Baden, Mahlzeiten, Diäten, Bewegung, Sport - all dies wurde strikt beobachtet und war Teil einer gesundheitsorientierten Weltanschauung, die Abhärtung, Wettkämpfe und ein naturgemäßes Leben ebenso einschloß wie Pflanzenkuren oder Wasserbehandlungen.

Heilungen durch Wasseranwendung, die auch der Heilpraktiker empfiehlt und die durch die Kneipp-Kuren wieder in das Bewußtsein der Öffentlichkeit gerückt sind, gab es auch in der römischen Welt, wie die Existenz zahlreicher Thermalquellen bezeugt. Auch auf dem afrikanischen Kontinent und in der islamischen Kultur waren sie bekannt. Die Anwendung von Wasser ist eine nahezu überall verbreitete, uralte Methode, Kranke zu heilen.

Auch die Volksmedizin oder Erfahrungsmedizin, wie sie uns aus dem Mittelalter überliefert ist, bildet eine Quelle, aus der der moderne Heilpraktiker schöpfen kann. Aus der mittelalterlichen Literatur wissen wir von der großen Bedeutung, die etwa heilkundigen Frauen zukam. In den frühmittelalterlichen Klöstern fanden die medizinischen Lehren eines Hippokrates oder Galen Anwendung. Die vorhandenen Lehrschriften wurden immer wieder neu kopiert. Darüber hinaus existierten Einflüsse aus dem arabischen Raum. Die eigentliche Bedeutung dieser Klöster bestand jedoch in ihren Heilkräutergärten und Kräuterkammern.

Ansonsten handelte es sich aus medizinischer Sicht um eine verhältnismäßig barbarische Zeit: Wund- und Schneideärzte (ehemalige Schmiede und Barbiere) waren alles andere als kompetent. Feldscher (Wundärzte für die Truppe), Zahnbrecher und herumziehende Händler brachten vernünftiges, anwendbares ärztliches Wissen in Mißkredit. Zu den Quacksalbern zählten beispielsweise auch die Bader, deren Geschäft das Schröpfen und Aderlassen war. Den Badestuben waren oft Bordelle angeschlossen, die Bader selbst traten als Zuhälter auf. Nicht zuletzt dadurch gerieten das Schröpfen und Aderlassen, wirksame Techniken ursprünglich, in Verruf. Der Aderlaß galt als das Heilmittel schlechthin. Schröpfköpfe wurden angesetzt bei kalten und bei warmen Füßen. Wen nimmt es wunder, daß dadurch überlieferte Methoden, die durchaus Ergebnisse gezeitigt hatten, scheel angesehen wurden. Aber solche Fehlgriffe änderten nichts an der Wirksamkeit der Techniken und verschleierten höchstens die Tatsache, daß im Altertum und im Mittelalter in den verschiedensten Kulturkreisen hochwirksame Therapien existierten.

Zu allen Zeiten gab es also Heiler, die mit intuitiven, persönlichen Fähigkeiten und einer außerordentlichen Beobachtungsgabe am Werke waren. Während langer Epochen der Geschichte übten ausschließlich sie die Heilkunde aus. Entsprechend wurde die Medizin überwiegend von Menschen ausgeübt, die man heute als „Laien“ bezeichnen würde. Speziell die Phytotherapie oder Pflanzenheilkunde blickt auf eine stattliche Tradition zurück. Die Behandlung kranker Menschen mit Heilkräutern aus „Gottes-Apotheke“ ist so alt wie die Menschheit selbst. Hirten und Schäfer, die Gelegenheit hatten, die Wirkung mancher Pflanzen an Tieren zu beobachten, besaßen oft spezielle Kenntnisse.

Auch ausleitende und ableitende Verfahren gehören mit zu den ältesten Behandlungsmethoden. Die wissenschaftliche Forschung hat sie bisher vernachlässigt. In der Volksheilkunde gehören die ausleitenden Behandlungsmethoden selbst heute nach wie vor zu den überragenden Mitteln bei rheumatischen Krankheiten. Aber auch bei Asthma, chronischen Entzündungen, Schmerzen, Neuralgien und Hauterkrankungen haben sie sich bewährt. Die Volksheilkunde und Erfahrungsmedizin sind der eigentliche Boden, auf dem der Heilpraktiker auch heute noch steht. Natürlich haben auch naturwissenschaftliche Betrachtungsweisen in die Heilpraktiker-Ausbildungsstätten Eingang gefunden, aber das Fundament bilden nach wie vor zweifellos die Erfahrungsmedizin und die Naturheilkunde.

Einige historische Gestalten verdienen in diesem Zusammenhang besondere Erwähnung. So zum Beispiel Hildegard von Bingen (1098–1179), Äbtissin der von ihr gegründeten Klöster Rupertsberg und Eibingen. In ihren Schriften, deren bekannteste der „Liber Scivias“ ist, legte sie ihre außergewöhnlichen medizinischen und naturwissenschaftlichen Kenntnisse nieder. Sie gilt heute noch als Markstein im Geschichtsbuch der Naturheilkunde.

Der Name Paracelsus ist ebenfalls aus der Geschichte der Erfahrungsheilkunde nicht wegzudenken. Paracelsus (1494–1541) hieß eigentlich Philippus Aureolus Theophrastus Bombastus von Hohenheim. Als Naturforscher, Philosoph, Kabbalist, Mathematiker – und Arzt drang er auf das naturwissenschaftliche *Experiment*, das er über der Tradition ansiedelte und über die blinde Gefolgschaft stellte. Er legte größten Wert auf den „inneren Arzt“, wie er die Naturheilkräfte bezeichnete, und ging mit dieser Forderung ebenfalls in die Geschichte der Naturheilkunde ein.

Ein weiterer bedeutender Heiler war Franz Anton Mesmer (1733-1815), der die nach ihm benannte Behandlungsmethode „Mesmerismus“ oder „tierischen (animalischen) Magnetismus“ erfand. Seine Lehre umfaßt 27 Artikel. Er glaubte an eine gegenseitige Beeinflussung von Himmelskörpern, der Erde und den belebten Körpern durch ein universell verbreitetes Fluidum, „dessen Feinheit keinen Vergleich zuläßt und das durch seine Natur fähig ist, alle Eindrücke der Bewegung aufzunehmen, zu verbreiten und mitzuteilen.“ Aus diesem Einfluß ergeben sich laut Mesmer alternative Wirkungen, die als Zu- und Rückfluß betrachtet werden können. Er erregte zu seiner Zeit immenses Aufsehen. Die Geister schieden sich an ihm schon im 18. und 19. Jahrhundert. Bis heute ist er einer der markantesten Outsider-Figuren unter den Heilkundigen, dessen Thesen immer wieder von neuem diskutiert, in Frage gestellt - und angewandt werden.

Ein weiterer wichtiger und bedeutender Meilenstein in der Geschichte der Naturheilkunde ist der Begründer der Homöopathie, Samuel Friedrich Christian Hahnemann (1755–1843). Hahnemann galt zu seinen Zeiten als kauziger Einzelgänger. Er schrieb eine Dissertation „De curatione per Similia" („Über die Behandlung mit ähnlichen Mitteln"), wodurch er die Grundlagen der Homöopathie legte. Wir werden später noch ausführlicher darauf zu sprechen kommen.

Auch die Homöopathie wird im weiteren Sinne als Erfahrungsmedizin gewertet und ist jedenfalls in den Rahmen der Naturheilkunde einzuordnen. Nicht vergessen sei schließlich Vincenz Prießnitz (1799–1851), der vielleicht bekannteste Laienbehandler. Prießnitz ging als „Wasserdoktor" in die Geschichte der Naturheilkunde ein. Erfahrungen schon im Kindesalter im Umgang mit Tieren belehrten ihn, daß Wasser bei inneren und äußeren Verletzungen zu helfen vermag. Seine Wasserheilkuren blieben bis in unsere Tage berühmt.

Noch mehr Zulauf als Prießnitz erhielt der katholische Pfarrer Sebastian Kneipp (1821 - 1897), der ähnlich wie Prießnitz mit Wasserkuren behandelte. Zahlreiche Nachfolger traten in seine Fußstapfen. Der Name „Kneipp" ist heute aus der Volksheilkunde nicht mehr wegzudenken. Unvergessen bleibt auch Erdmann Leopold (Emanuel) Felke (1856 - 1926), ein Augendiagnostiker und Naturheilbehandler, der vorzugsweise mit Lehmanwendungen („Lehmpastor"), aber auch mit Wasser und homöopathischen Mitteln seinen Patienten half.

Viele illustre Gestalten wären noch aufzuzählen, aber wir wollen es mit den genannten zunächst genug sein lassen. Allen diesen Heilern ist gemein, daß sie mit Hilfe der Erfahrung der im Volk überlieferten Heilmethoden und mit Hilfe der Natur Krankheiten begegneten. Natürlich können diese Schlaglichter nicht den ganzen Umkreis ausleuchten. Aber vielleicht vermögen sie einiges zu erhellen. Von den ursprünglichen Techniken der Schamanen, Zauberpriester, Magier und Beschwörer hat sich die Naturheilkunde längst gelöst. Aber auf den Spuren von Paracelsus, Hahnemann, Prießnitz und Kneipp bewegen sich Heilpraktiker auch heute noch.

II. Anforderungsprofil und Voraussetzungen für den Heilpraktikerberuf

Es ist eigentlich selbstverständlich und kann doch nicht genug betont werden, daß ein Heilpraktiker den Wunsch hegen sollte, zu helfen und zu heilen. Die Tätigkeit des Heilpraktikers besteht letztendlich darin, in eigener Verantwortung Krankheiten und Leiden an Menschen festzustellen und sie zu behandeln – oder durch beratende Tätigkeit Krankheiten vorzubeugen. Normalerweise bedient er sich dabei natur- und volksheilkundlicher Methoden. In der einschlägigen Literatur wird immer wieder betont, daß die individuelle Begabung, Krankheiten und Leiden zu heilen oder zu bessern, von Bedeutung sei.

Bei vielen Menschen, die sich mit dem Gedanken tragen, als Heilpraktiker eine Selbständigkeit anzustreben, liegt diese Begabung manchmal seit Generationen in der Familie. Überlieferungen und Erfahrungen werden mitunter buchstäblich über Jahrhunderte in einer Sippe weitergegeben. Oft wird ein spezielles Talent auch durch besondere Erlebnisse entdeckt. Auch reife, ältere Menschen fühlen sich deshalb manchmal angesprochen und „berufen". Bei unseren Recherchen nach dem beruflichen Hintergrund konnten wir feststellen, daß dieser sich nicht auf einen gemeinsamen Nenner bringen ließ. Erich A. Ausmeier, der ehemalige Präsident des DH, des Deutschen Heilpraktikerverbandes, erzählte uns, daß für ihn insofern eine optimale Ausgangssituation gegegeben war, als sein Vater bereits eine Heilpraktiker-Praxis führte. Dies als ein willkürliches, prominentes Beispiel. Er wuchs in der „richtigen Luft" auf und kam von Kindesbeinen an mit Patienten in Berührung. Andererseits kennen die Autoren auch Heilpraktiker, die nach einem gänzlich anders gelagerten akademischen Studium sich in einem bestimmten Alter noch dazu entschlossen, den Beruf des Heilpraktikers zu erlernen. Der Vollständigkeit halber sei auch erwähnt, daß es durchaus Heilpraktiker gibt, die vorher nicht weniger als 20 Berufe ausgeübt hatten – bevor sie sich endgültig in dem Beruf des Heilpraktikers etablierten. Ein uns bekannter, heute gut frequentierter Heilpraktiker war zuvor Taxichauffeur, Lokalpolitiker, Journalist, Jäger und Reisebürobesitzer. Aber er hatte sich immer schon brennend für den Heilpraktikerberuf interessiert, bis er sich nach einigen Fortbildungslehrgängen und dem Besuch einer Heilpraktiker-Schule entschloß, die Prüfung abzulegen und eine Praxis zu eröffnen.

Wenn man also die Berufshintergründe recherchiert, entsteht nur bedingt ein einheitliches Bild. Die optimale Ausgangssituation besteht in einer echten Neigung und einer gewissen Begabung, denn auch das Heilen ist bis zu einem bestimmten Grad eine Kunst und keine seelenlose Technik, obwohl das Fachwissen beileibe nicht nebensächlich ist. Von Vorteil ist es darüber hinaus, wenn der angehende Heilpraktiker sich bereits mit Gebieten beschäftigt hat, wo ein gewisses medizinisches Grundwissen Voraussetzung ist. Allerdings sind medizinische Vorkenntnisse gesetzlich nicht erforderlich, wenn auch wünschenswert. Denn der Aspirant benötigt später sowohl Kenntnisse in der Anatomie, Physiologie, Pathologie und klinischen Diagnostik als auch Wissen über solche Heilmethoden, die er selbst nicht zu praktizieren gedenkt. Bedingung und Voraussetzung sind solche Erfahrungen allerdings nicht, wenn auch solche Spezialkenntnisse durchaus förderlich sind. Wenn man sich an einigen guten Heilpraktiker-Ausbildungsstätten umhört, erfährt man jedoch immer wieder, daß Zeitgenossen, die nur einfach einen „Job“ suchen und sich schnell ein finanziell attraktives zweites Bein aufbauen wollen, fast immer scheitern.

Zwar ist es nicht zu leugnen, daß man in diesem Beruf Geld, unter Umständen auch sehr viel Geld verdienen kann, aber die günstigen Verdienstmöglichkeiten als alleinige Motivation sind gewiß unzureichend, wenn man erfolgreich praktizieren will. Voraussetzung ist des weiteren eine gute Allgemeinbildung. Nicht wenige Heilpraktiker-Anwärter haben Abitur, wollten Medizin studieren, sind aber dann am Numerus clausus gescheitert oder haben während des Studiums aufgesteckt. Auch Ärzte schicken ihre Söhne gern auf eine Heilpraktiker-Schule, wenn einem Medizin-Studium zu viel entgegensteht.

Persönlichkeit und Qualität X

Grundsätzlich notwendig für den Heilpraktikerberuf ist zunächst ein solides Basiswissen. Eine gewisse Ethik und ein Ethos, obwohl dies immer bezweifelt wird, sind für diesen Beruf ebenfalls unabdingbar. Denn Sie als Heilpraktiker beantworten auch Fragen der allgemeinen Lebensführung. Alkohol- und Zigarettenkonsum müssen dem Heilpraktiker ein Greuel sein. Er wird von der Promiskuität, also von dem Verkehr mit ständig wechselnden Geschlechtspartnern, abraten, auch wird er eine biologische Ernährung in den Mittelpunkt seines Gesprächs stellen - alles Punkte, die er tunlichst selbst praktizieren sollte. Im Idealfall ist der Heilpraktiker nicht weniger als der Arzt auch *Vorbild.* Und schließlich sei nicht verschwiegen, daß es ein Gefühl der Freude und zugegeben auch der Macht ist, wenn man einem Kranken, der leidet, wirklich helfen kann. Ohne jede Übertreibung und ohne jeden Preis gehört auch diese Stimmung, dieses mögliche Erfolgserlebnis zum Bild des Heilpraktikers.

Ein Heilpraktiker, der heute eine ausgezeichnete Praxis führt, erzählt uns, daß er tatsächlich erst die endgültige Entscheidung für diesen Beruf traf, als er das erste Mal einen richtigen, wirklichen Erfolg mit der Homöopathie verbuchen konnte - an einer älteren Dame, die zwei Jahre im Bett lag, zusehends abmagerte, kaum mehr aß und glaubte, an Magenkrebs zu leiden. Der angehende Heilpraktiker sprach mit ihr ausführlich und verabreichte homöopathische Mittel. Eines Tages stand die alte Dame wieder auf, fing an zu essen, gewann Interesse an den täglichen Dingen zurück - und freute sich wieder des Lebens. Nach zwei Jahren stand sie vom Krankenlager wirklich und wahrhaftig auf. Dieses Erlebnis beeindruckte den Heilpraktiker-Aspiranten so sehr, daß er sich endgültig entschloß, diesen Beruf zu ergreifen. Heilpraktiker zu sein bedeutet auch, eine Tätigkeit auszuüben, die bei aller Kritik und bei allen Auswüchsen, denen man hierbei wie bei dem Arztberuf mitunter begegnet, Glücksgefühle vermitteln kann, wie sie wohl in kaum einem anderen Beruf zu erreichen sind. Ohne pathetisch zu werden - aber ein Heilpraktiker *besitzt* eine gewisse Macht. Er ist eine *Persönlichkeit,* zu der andere Menschen aufblicken, weil er wirklich helfen und Leiden mindern kann. Seine Stellung *ist* geachtet. Obwohl es an allen Ecken und Enden von Verboten wimmelt, Heilerfolge nicht zu sehr an die große Glocke zu hängen, um Scharlatanen ihr Handwerk nicht noch zu erleichtern, lassen sich natürlich spektakuläre Heilerfolge nachweisen. Es *gibt* zahllose Beistände, die der Heilpraktiker leisten kann, wodurch Kranke gesunden und Leiden gemildert werden. Und diese Leistung darf nie unter den Teppich gekehrt werden - und dies macht vielleicht die wirkliche Faszination dieses Berufes aus.

Daß ein Heilpraktiker bereit sein muß zu helfen und am Heilen überhaupt interessiert sein sollte, ist fast selbstverständlich. Daß er darüber hinaus aber auch bereit sein muß, Tag und Nacht, an Feiertagen und im Urlaub für den Patienten da zu sein, ist eine Einstellung, die den guten Heilpraktiker ebenfalls auszeichnet. Einer der von uns interviewten (nebenbei bemerkt, höchst erfolgreichen) Heilpraktiker gab an, daß er nicht weniger als drei Telefone braucht, um den Anrufen seiner Patienten gerecht zu werden. Darüber hinaus muß der Heilpraktiker bereit sein, sich in das öffentliche Leben der Stadt oder der Gemeinde zu integrieren. Nach Feierabend darf er nicht in der Anonymität verschwinden. Umgekehrt sollte er nicht alle Kneipen am Ort abklappern und mit einer dicken, stinkigen Zigarre im Mund zwischen Korn und Bier Skat dreschen. Man erwartet von ihm, daß er ein Vorbild ist, was vollwertige Ernährung und gesunde Lebensweise anbelangt. Schließlich muß er stets auf dem neuesten Stand bleiben und über die Entwicklungen auf seinem Gebiet rundum informiert sein.

Sicheres Auftreten ist für den Heilpraktiker, den immer auch ein bißchen der Nimbus des Arztes umgibt, fast überlebenswichtig. Es ist erstaunlich, aber ein Patient „riecht“ Unsicherheit, Unwissenheit und Zweifel! Eng damit im Zusammenhang steht eine gewisse persönliche positive Ausstrahlung, die man nur sehr schwer erlernen kann. Daß man gerne mit Menschen und etwa auch mit Kindern Umgang pflegt, ist ebenfalls zu erwähnen. Und schließlich muß er Wert auf eine blitzsaubere Praxis legen und auch auf sein Äußeres achten.

Ein Heilpraktiker braucht darüber hinaus ein Gefühl für den Patienten, für den Körper und die Person. Er muß erkennen können, was den Patienten bewegt, wie man ihn „anfassen“ muß und wie man am besten Zugang zu ihm findet. Psychologische Kenntnisse können hier recht nützlich sein. Vielfach wird die Meinung vertreten, man müsse sich nur mit dem Patienten unterhalten, der Patient müsse sich lediglich aussprechen – und alles sei in Butter. So wichtig dieser Aspekt ist, so wenig beschreibt er die gesamte Wirklichkeit. Bis auf wenige Ausnahmen stehen dem Patienten gewöhnlich Gesprächspartner zur Aussprache zur Verfügung. Er wird kaum lächelnden Gesichts 50 DM oder mehr bezahlen, nur um sich aussprechen zu können! Außerdem offerieren hierfür Sozialpfleger, Pfarrer, Psychologen und Beratungsstellen ihre Dienste. Allein durch das gesprochene Wort, so wichtig es im Einzelfall sein mag, wird er in der Regel nicht geheilt.

Je nach Behandlungsweise braucht der Heilpraktiker schließlich ein Gefühl für Injektionstechniken, für die Akupunktur und Informationen über die Anwendung der verschiedenen Geräte. Er muß sich in den Patienten hineinversetzen können und mit diesen Geräten am Menschen, am Körper arbeiten. Auch hierfür ist eine gewisse „Begabung“ oder zumindest eine glückliche Hand erforderlich.

Ein Übermensch also? - werden Sie nun fragen. Nicht ganz. Aber der Heilpraktiker ist Vorbild und besitzt Befähigungen, die ihn über den Durchschnitt herausheben. Das bedeutet nicht, daß er all dies nicht lernen kann. Der statische Intelligenz-und Begabungsbegriff der Psychologie ist ohnehin passé. Man kann sowohl seine Intelligenz erhöhen wie seine Fähigkeiten ständig verbessern - wenn man an sich arbeitet. Und genau das muß man von einem angehenden Heilpraktiker erwarten, der, wie die gesamte Geschichte der Heilkunst beweist, immerhin ein Leiter, Lenker und Erzieher der Gemeinschaft ist.

Auf dem Boden der Tatsachen: öffentlich-rechtliche Bestimmungen

Üblicherweise sind Heilpraktiker-Anwärter Menschen im Alter zwischen 20 und 60 Jahren. Berufsinteressenten, die jünger als 20 Jahre sind, kann man empfehlen, zunächst einen Heilhilfsberuf zu ergreifen, also eine Krankenpflege-, Massage- oder Bademeister-Ausbildung, nicht zuletzt im Sinne einer Selbstprüfung für den anspruchsvollen Beruf im Dienste der kranken Menschen.

Nach oben ist formal das Alter für den Studienbeginn nicht begrenzt. Die Erfahrung hat jedoch gezeigt, daß Berufsanwärter über 55 Jahre überdurchschnittliche gute allgemeine Voraussetzungen für einen Erfolg mitbringen müssen. Teilnehmer, die älter sind als 60 Jahre, sollten speziell was das Lernvermögen und die persönliche Einsatzbereitschaft betrifft, zusätzlich besonders engagiert sein.

Eine Heilpraktikerschule veröffentlichte folgende Graphiken und Statistiken, welche die Frage nach Alter, Vorbildung und vorherigem Beruf am besten demonstrieren:

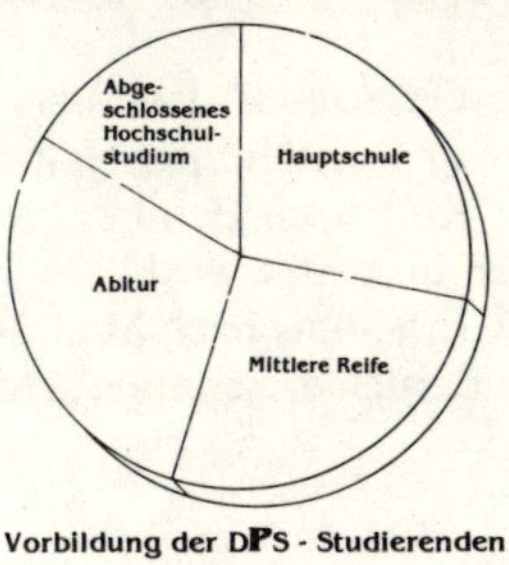

Vorbildung der DPS - Studierenden

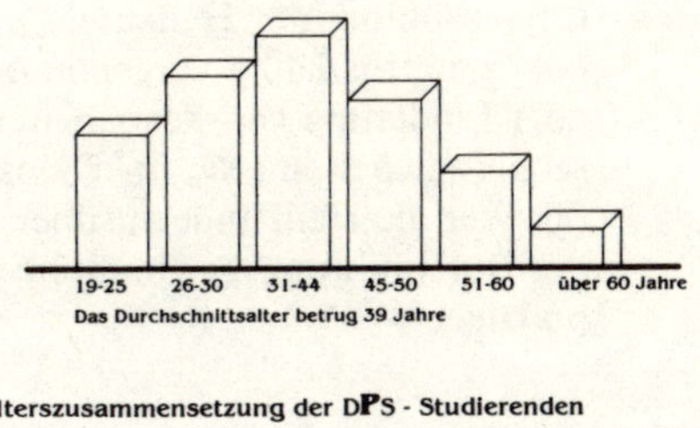

Alterszusammensetzung der DPS - Studierenden

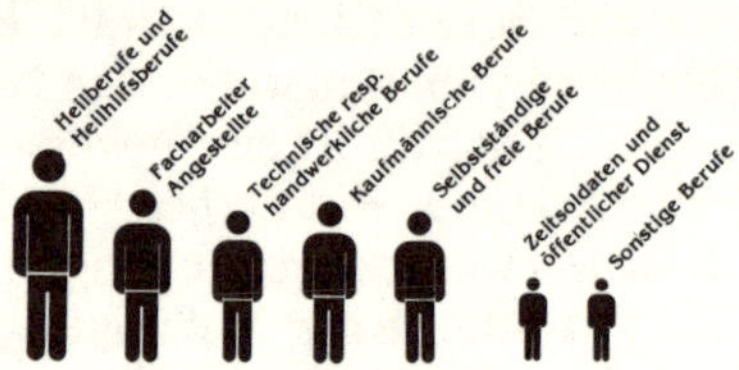

Berufsgruppen der Studierenden.

Quelle: Deutsche Paracelsus Schulen, München

Neben dem Ziel, später einmal eine eigene Praxis zu eröffnen, führen zum Studium der Naturheilkunde im übrigen auch der Wunsch nach allgemeiner Weiterbildung sowie das Interesse an der eigenen und familiären Gesundheitspflege. Darüber hinaus weist das Heilpraktiker-Studium wertvolle Wege zur Verbesserung der Menschenkenntnis und zur weiteren Entfaltung der eigenen Persönlichkeit durch bewußtere Lebensführung auf.
Lateinkenntnisse oder medizinische Vorkenntnisse sind zum Studium nicht erforderlich. In den Schulen setzt man jedoch ein mindestens durchschnittliches Auffassungs- und Lernvermögen voraus, eine gute Allgemeinbildung, Fleiß und Liebe zur Heilkunde. Die Frage ist nicht, ob man zum Beispiel Blut sehen kann oder nicht. Nach Auskunft vieler Heilpraktiker gewöhnt man sich an den Anblick von Krankheiten und Blut. Aber: all dies sind nicht die *gesetzlichen* Voraussetzungen! Führen wir uns also zunächst einmal zu Gemüte, was Vater Staat dazu zu bemerken hat:

Auszüge aus dem Heilpraktikergesetz vom 17.2.1939
(noch immer gültig!)

§ 1 (1) Wer Heilkunde, ohne als Arzt bestallt zu sein, ausüben will, bedarf dazu der Erlaubnis.
(2) Ausübung der Heilkunde im Sinne dieses Gesetzes ist jede berufs- oder gewerbsmäßig vorgenommene Tätigkeit zur Feststellung, Heilung oder Linderung von Krankheiten, Leiden oder Körperschäden bei Menschen, auch wenn sie im Dienste von anderen ausgeübt wird.
(3) Wer die Heilkunde ausüben will, erhält die Erlaubnis nach Maßgabe der Durchführungsbestimmungen; er führt die Berufsbezeichnung „Heilpraktiker“.

§ 3 Die Erlaubnis nach § 1 berechtigt nicht zur Ausübung der Heilkunde im Umherziehen.

§ 5 Wer, ohne zur Ausübung des ärztlichen Berufes berechtigt zu sein und ohne eine Erlaubnis nach § 1 zu besitzen, die Heilkunde ausübt, wird mit Freiheitsstrafe bis zu einem Jahr oder mit Geldstrafe bestraft.

§ 5 a (1) Ordnungswidrig handelt, wer als Inhaber einer Erlaubnis nach § 1 die Heilkunde im Umherziehen ausübt.

(2) Die Ordnungswidrigkeit kann mit einer Geldbuße bis zu fünftausend Deutsche Mark geahndet werden.

Lassen wir es damit vorderhand genug sein. Gesetzestexte sind trokken genug. Was hier so gestelzt im Juristendeutsch formuliert ist, bedarf natürlich noch einiger Erläuterungen. Also andersherum: wann kann die Erlaubnis verweigert werden beziehungsweise welches sind die unabdingbaren Voraussetzungen zur Ausübung des Heilpraktikerberufes. Das Gesetz (die Durchführungsverordnungen) sagen dazu folgendes (in Auszügen):

Die Erlaubnis wird nicht erteilt,

- wenn der Antragsteller das 25. Lebensjahr noch nicht vollendet hat,
- wenn er nicht mindestens eine abgeschlossene Volksschulausbildung nachweisen kann,
- wenn sich aus Tatsachen ergibt, daß ihm die sittliche Zuverlässigkeit fehlt, insbesondere, wenn schwere strafrechtliche oder sittliche Verfehlungen vorliegen,
- wenn ihm infolge eines körperlichen Leidens oder wegen Schwäche seiner geistigen oder körperlichen Kräfte oder wegen einer Sucht die für die Berufsausübung erforderliche Eignung fehlt,
- wenn sich aus einer Überprüfung der Kenntnisse und Fähigkeiten des Antragstellers durch das Gesundheitsamt ergibt, daß die Ausübung der Heilkunde durch den Betreffenden eine Gefahr für die Volksgesundheit bedeuten würde.

Man könnte das ganze natürlich auch salopp formulieren und sagen, ein Heilpraktiker muß ein Profi sein, gesund sein, sich pudelwohl fühlen, darf kein Ganove und Spitzbube sein, sollte sein Handwerk verstehen, darf nicht einfältig sein, sowie kein junger Spund, und dazu Deutscher. Aber die Juristensprache ist zugegebenermaßen genauer. Belassen wir es also dabei.

Wie verhält es sich nun mit ausländischen Staatsangehörigen? Nun, ausländische Staatsangehörige (ausgenommen EG-Angehörige) können nach den Bestimmungen des Heilpraktikergesetzes und der 1. Durchführungsverordnung eine vorgeschriebene behördliche Erlaubnis zur Ausübung der Heilkunde in der Bundesrepublik Deutschland erhalten. Sie sind auch nicht gehindert, an einem Lehrgang einer Heilpraktiker-Fachschule teilzunehmen, um sich später in ihrem Heimatland nach den dort gültigen Rechtsbestimmungen als Heilpraktiker oder in einem verwandten Gesundheitsberuf zu betätigen.

Im übrigen müssen sich Ausländer bei der zuständigen Polizeibehörde rechtzeitig um eine Einreise-Einwilligung und/oder eine Aufenthaltserlaubnis für die Dauer des Lehrgangs bemühen. Auf Anforderung hin wird der Polizeibehörde gewöhnlich von der Schule eine Bestätigung über die Einschreibung in die Schülerliste zugeschickt. Um noch präziser zu werden, ein Auszug aus der Ausländerpolizeiverordnung: „Eine besondere Aufenthaltserlaubnis ist (...) erforderlich, wenn der Ausländer sich länger als drei Monate oder, falls ihm von einer deutschen Vertretung im Ausland in einem Sichtvermerk eine kürzere Aufenthaltsfrist vorgeschrieben ist, über diese Frist hinaus im Bundesgebiet aufhalten will oder aufhält. Die Fristen beginnen mit dem Tag der Einreise in das Bundesgebiet."

Ein schöner Schachtelsatz, aber so heißt es nun einmal. Die große Ausnahme bilden die EG-Angehörigen, die zur amtsärztlichen Überprüfung zugelassen sind, demnach nicht. Andere ausländische Staatsangehörige können also ebenfalls eine behördliche Erlaubnis zur Ausübung der Heilkunde bei uns erhalten! Im Klartext: ein Franzose darf, ein Jugoslawe darf. Sie sind keine Ausländer in dem Sinn. Très bien!

Aber noch ein (gesetzliches) Wörtchen zu der Bezeichnung „Heilpraktiker". Lauschen wir noch einmal den Herren Juristen: Das Heilpraktikergesetz schreibt die Berufsbezeichnung „Heilpraktiker" ohne Ausnahme vor. Falls ein zugelassener Heilpraktiker zusätzlich besondere Ausbildungen oder Erfahrungen nachweisen kann, so darf er eine solche Fachbezeichnung nur neben der obligatorischen Berufsbezeichnung „Heilpraktiker" anführen.

Folgende Zusatzbezeichnungen dürfen (bei Befähigungsnachweis) geführt werden:

a) Naturheilpraxis
b) Naturheilverfahren
c) Biochemie
d) Akupunktur
e) Chiropraktik
f) Neuraltherapie beziehungsweise Elektroneuraltherapie

g) Homöopathie
h) Psychotherapie

Maximal dürfen drei Zusatzbezeichnungen (Heilverfahren) angegeben werden. Diese Regelung ist für Sie von enormer Bedeutung, wenn es um Ihr Praxisschild geht. Sie dürfen also nur drei Zusatzbezeichnungen (neben dem „Heilpraktiker") „im Schilde führen".

Da wir uns nun schon einmal mit dem Gesetz herumschlagen, in aller Kürze auch noch die wichtigsten restlichen Bestimmungen. Die Berufsausbildung ist gesetzlich nicht geregelt und daher keine Voraussetzung für die Zulassung zur Berufsausübung. Auf welche Weise also ein Antragsteller sein Fachwissen und seine Fähigkeiten erworben hat, ist nicht entscheidend. Ausschlaggebend ist nur, welche Kenntnisse und Fähigkeiten er bei der amtsärztlichen Überprüfung demonstrieren kann. Das 1939 in §4 des Heilpraktikergesetzes ausgesprochene Verbot der Einrichtung von Heilpraktiker-Ausbildungsstätten wurde durch Art. 7 und Art. 12 des Grundgesetzes der Bundesrepublik Deutschland außer Kraft gesetzt.

Fachschulen beziehungsweise Ausbildungsstätten gibt es in der Bundesrepublik Deutschland nicht eben wenige. Ihre Abschlußprüfungen sind im Hinblick auf eine Erlaubniserteilung zur berufsmäßigen Ausübung der Heilkunde nach dem Heilpraktikergesetz ohne Rechtsbedeutung. Da die Prüfung an einer Fachschule ohne Rechtsbedeutung ist, existiert auch keine einheitliche Prüfungsordnung. Mit anderen Worten: wo und wie Sie studieren – darüber schreibt der Gesetzgeber nichts vor. Entsprechend gibt es auch keine Prüfung nach „Schema F". Soviel also zu den Voraussetzungen zur Ausbildung des Heilpraktikerberufes.

Wer die Hürde der Zulassung genommen hat, entkommt damit noch nicht dem Paragraphengestrüpp. Denn jeder, der Heilkunde betreibt, muß sich über die Haftungsrisiken seiner Tätigkeit bewußt sein, die ihm der Gesetzgeber auferlegt. Das gilt für Heilpraktiker übrigens ebenso wie für Ärzte. Behandlungsfehler erfüllen einmal den Tatbestand der Körperverletzung und können daher unangenehme strafrechtliche Konsequenzen nach sich ziehen (Verurteilung zu einer Geldstrafe oder in schweren Fällen sogar Verhängung einer Freiheitsstrafe und Berufsverbot). Außerdem verpflichtet eine fehlerhafte Behandlung zum Schadensersatz gegenüber dem Patienten. Dabei reicht unter Umständen schon leichte Fahrlässigkeit aus, um diese zivilrechtliche Haftung auszulösen. Kein Heilpraktiker kann daher auf eine Berufshaftpflichtversicherung verzichten, die für ihn im Ernstfall Schadensersatzzahlungen übernimmt.

Wenn man den Paragraphen-Dschungel einmal etwas entlaubt, so wird man feststellen, daß der Gesetzgeber keine unüberwindlichen Hindernisse aufgestellt hat. Die Hürden, die genommen werden müssen, sind im Gegenteil recht niedrig. Diese Einstellung ist zu begrüßen, denn es gab und gibt Menschen, die eine Berufung zum Heilberuf führen *und* Talent und Befähigung haben – ohne eine ärztliche Ausbildung an einer Universität absolvieren zu können. Diese doch recht leicht erfüllbaren gesetzlichen Anforderungen sollten als eine Ermutigung aufgefaßt werden, zumal auch die Heilpraktiker-Prüfung (beim Gesundheitsamt!) durchaus bestanden werden kann.

III. Die Ausbildung zum Heilpraktiker

Jetzt wollen Sie sich also mittenmang ins volle Vergnügen stürzen? Und wieder die Schulbank drücken? Hervorragend!

Der Gesetzgeber schreibt bemerkenswerterweise keine Ausbildungsart oder Ausbildungsdauer vor. Theoretisch wäre es möglich, sich ohne Besuch einer Heilpraktiker-Schule zur Prüfung beim Gesundheitsamt anzumelden. Die Amtsärzte legen jedoch Wert auf eine solide Heilpraktiker-Ausbildung und prüfen entsprechend. Aber nicht nur auf Grund der Prüfung, die nur Zwischenstation auf dem Weg zum Heilpraktiker ist, ist der Besuch einer Heilpraktiker-Schule unabdingbar. Sie können das Wissen nicht nur aus einigen Büchern saugen. Ohne entsprechende Vorkenntnisse und ohne praktische Übungen sind Sie nämlich hoffnungslos verloren - spätestens wenn Sie eine Praxis eröffnen. Damit stehen Sie vor dem Problem, die „richtige“ Schule zu finden, also eine Schule, die bestmögliche Ausbildung liefert - und nicht nur abkassiert.

Sie müssen also die Guten ins Töpfchen sortieren und die Schlechten ins Kröpfchen, wie es im Märchen so schön heißt. Welche Arten und Typen von Schulen gibt es nun überhaupt? Man unterscheidet:

- Vollzeit-Schulen
- Wochenend-Schulen
- Abendschulen
- Video-Schulen
- Fernlehrgänge
- Kombinationen der verschiedenen Arten.

Die Dauer der Ausbildung beträgt durchschnittlich ein bis drei Jahre. Die Kosten belaufen sich auf 3.000 DM bis 15.000 DM, abhängig von der Schule. Es gibt Schulen, die nur auf die Prüfung vorbereiten, im Gegensatz zu Ausbildungsstätten, die bis zur Praxisreife hinführen. Dies drückt sich entsprechend in der Länge des Studiums und in den Kosten aus.

Wenn jemand genauestens weiß, daß er zu guter Letzt lediglich Psychotherapie oder Akupunktur anwenden will, so genügt es für ihn unter Umständen, sich nur bis zur Prüfungsreife ausbilden zu lassen und später spezielle Kurse zu besuchen. Das gesamte Praxis-Programm der Schule wäre für diesen Kandidaten ein Ballast. Aber: wie finden Sie heraus, welche Schule gut und geeignet für Sie ist?

So finden Sie die beste Schule

Wir raten Ihnen,

- sich nicht auf Werbe-Aussagen zu verlassen
- mit dem Leiter der Schule zu sprechen
- sich den Ausbildungsplan geben zu lassen
- Probevorlesungen zu besuchen und mit den Studenten zu sprechen
- Absolventen der Schule aufzusuchen
- den Schulleiter über Vor- und Nachteile der eigenen Schule *und* die der Konkurrenz zu befragen.

Und noch ein Hinweis: Heilpraktiker-Schulen, die extensive Werbung treiben und ihre Anzeigen oder Broschüren mit wunderschönen Versprechungen garnieren, sind besonders zu prüfen. Denn irgendwie muß man hier versuchen, die immensen Werbekosten wieder hereinzuholen. Verlassen Sie sich lieber auf Mund-zu-Mund-Propaganda und persönliche Empfehlungen erfolgreicher Schulabsolventen.

Normalerweise teilen Ihnen die Sekretariate der Schulen mit, daß hinsichtlich der Schulausbildung ein Hauptschulabschluß reicht, sofern „gesunder Menschenverstand" vorhanden ist. Aber: seitens des Gesetzgebers gibt es zwar keine Aufnahme-Bedingungen, eine gute Schule führt jedoch vorher ein persönliches Eignungsgespräch durch und macht einen kleinen Test. Auch das ist mitunter ein Hinweis auf die Qualität der Schule. Es ist nicht immer leicht, nach der Ausbildung und selbst nach der Prüfung eine Assistentenstelle zu finden. Abgänger von qualifizierten Heilpraktiker-Schulen tun sich jedoch hier unter Umständen leichter. Auch aus diesem Grund sollten Sie keine faulen Kompromisse eingehen, wenn es um die Qualität Ihrer Schulausbildung geht!

Sie sollten sich also vor dem Besuch einer Heilpraktiker-Schule genau über deren Leistungen und die Befähigungen der Dozenten informieren. Gerade in letzter Zeit haben sich eine ganze Reihe sogenannter Heilpraktiker-Schulen und Ausbildungsstätten etabliert, die mit „besonders günstigen" Preisangeboten und „attraktiv" erscheinenden kurzen Ausbildungszeiten auf sich aufmerksam machen. Als wichtigstes Kriterium sollte Ihre zukünftige Ausbildungsstätte unbedingt die Bindung an einen Heilpraktiker-Berufsverband aufweisen. Denn die Verbände sind eher in der Lage, die Richtlinien für eine zeitgemäße Ausbildung festzulegen und für deren Einhaltung Sorge zu tragen. Es ist deshalb dienlich, wenn Sie schon jetzt eine Übersicht über die verschiedenen Berufsverbände gewinnen. Alle Heilpraktiker-Schulen aufzulisten ist auf Grund der unglaublichen Vielzahl nicht möglich - und auch kaum wünschenswert. Aber die wesentlichsten Verbände sollten Ihnen ein Begriff sein.

Es gibt also den Bundesverband Deutscher Heilpraktiker e. V. mit seinen verschiedenen Landesverbänden. Sitz des Bundesverbandes: Bonn. Schließlich werden Sie bei Ihrer Suche dem Verband Deutscher Heilpraktiker in Hannover begegnen und der Union Deutscher Heilpraktiker e. V. (Bundesverband) in Schorndorf, die beide ebenfalls mit diversen Landesverbänden in der Bundesrepublik Deutschland vertreten sind. Diese drei Verbände decken rund 80 bis 90 Prozent des gesamten Marktes ab und haben sich zur Kooperation Deutscher Heilpraktiker e. V. in Bonn zusammengeschlossen. Die Adressen der Verbände haben wir für Sie im Anhang aufgelistet. Dazwischen und daneben gibt es noch andere, nicht eben wenige Institute. Einige versuchen, Ihnen weiszumachen, daß Sie „nebenbei" im Spaziergang eine Ausbildung zum Heilpraktiker absolvieren können. Es gibt also leider auch schwarze Schafe in der Branche, denen zunächst einmal an der Kursgebühr gelegen ist - und nicht an einem echten Service.

Die obengenannten Verbände unterhalten bundesweit Zweigstellen. Aber, um Sie wirklich optimal zu beraten, sei gesagt, daß Sie auch bei den einzelnen Schulen, die in einem Verband eingegliedert sind, sich sachkundig machen und eine kleine *Checkliste* (betreffs der Qualität) durchführen müssen. Mit anderen Worten: die Zugehörigkeit zu den „Großen Drei" bedeutet nicht automatisch, daß Sie der Verantwortung enthoben sind, individuell die Qualität zu prüfen. Die Zugehörigkeit zu einem Verband *ist* ganz klar ein Plus, aber überzeugen Sie sich dennoch. Umgekehrt bedeutet dieser Tip nicht, daß jede Heilpraktiker-Schule, die nicht in einem Verband eingegliedert ist, von Scharlatanen betrieben wird. Auch hier gibt es selbstredend rühmliche Ausnahmen.

Eines der wesentlichsten Kriterien für die Güte einer Schule ist zweifellos, inwiefern Sie dort mit der *Praxis* vertraut gemacht werden. Wenn den Schulen nur daran gelegen ist, Sie an die theoretische Prüfung heranzuführen, damit Sie diese mit Ach und Krach bestehen, so ist Ihnen wenig gedient. Denn wenn Sie einen Wassertopf voll einzelner Fakten haben, so nutzt Ihnen das im Zweifelsfall nicht das geringste, wenn der Patient dann tatsächlich mit seinem schmerzenden Kniegelenk vor Ihnen steht. Und wie gesagt: ein Patient merkt sofort, wenn der Heilpraktiker unsicher ist!

Falls Sie beispielsweise in der Homöopathie ein fundiertes Wissen erlangen möchten, eignet sich der 1-Jahres-Kurs „Klassische Homöopathie" (einmal im Monat, jeweils sonntags). Der Kurs kann auch als Fernlehrgang belegt werden (Kontaktadresse: Bahnhofstr. 96, 75417 Mühlacker, Tel. 07041/42233).

Einen vollständigen Überblick gibt die Staatliche Zentralstelle für Fernunterricht (Peter-Welter-Platz 2, 50676 Köln, Tel. 0221/235538), wo Sie eine Liste aller möglichen Fernkurse bestellen können. Das Werbematerial, um diesen Punkt noch einmal zu wiederholen, ist nie und nimmer eine Garantie für eine vernünftige Ausbildung. Es nimmt sich fast immer verführerisch aus. Prüfen Sie also selbst! Eine Empfehlung können wir aus begreiflichen Gründen nicht geben. Aber mit Hilfe der genannten Punkte sollten Sie in der Lage sein, selbst zu entscheiden, welche Schule wieviel taugt. Das Verhältnis der Ausbildungsinstitute untereinander ist verständlicherweise von einer gewissen Rivalität geprägt. Deshalb sollten *Sie* Ihr eigener, bester Ratgeber sein.

Ausbildungsordnung und Lehrplan

Anbei einmal ein Beispiel eines Curriculums (Lehrplans) einer Schule, die wir gut kennen, ohne daß wir deren Namen nennen. Die Ausbildung ist in „Trimester" (= Zeitraum von drei Monaten; Dritteljahr eines Unterrichtsjahres) unterteilt. Die Hinzufügungen in Klammern sind von den Autoren dieses Buches eingefügt, um zu vermeiden, daß Sie über bestimmte Fachbegriffe stolpern. Dieses Curriculum bietet Ihnen Einblick in das Studium des Heilpraktikers.

Beispiel: Ausbildungsordnung einer Heilpraktiker-Fachschule

Die Ausbildung

1. Die Ausbildung dient dem Erwerb ausreichender Kenntnisse und Fähigkeiten zur Ausübung der Heilkunde nach dem Heilpraktikergesetz vom 17. Februar 1939.
2. Die Ausbildung ist eine praktische Heilkundeausbildung mit entsprechender Vermittlung theoretisher Kenntnisse und Grundlagen.

3. Für den praktischen Teil der Ausbildung ist der Schule eine Lehrambulanz (= Lehrpraxis) angeschlossen.
4. Die Ausbildung dauert drei Jahre, sie ist in neun Trimester unterteilt und umfaßt circa 3.000 Unterrichtsstunden. Der Unterricht findet in einer Tagesschule mit fünf Unterrichtsstunden täglich fünfmal in der Woche statt.

Ausbildungsinhalt

1. Die besondere Bedeutung der volksheilkundlichen und naturgemäßen Behandlungsmethoden für die Heilpraktikerpraxis bringt es mit sich, daß die theoretischen Kenntnisse des Heilpraktikers sich insbesondere auf die Kenntnisse der Volks- und Naturheilkunde, der natürlichen Abwehrsysteme des Menschen, der naturgemäßen Ernährungslehre, Diätetik (Ernährungs- und Diätlehre) und Fasten erstrecken müssen. Dazu gehören Kenntnisse in: Zytologie (Wissenschaft von der pflanzlichen und tierischen Zelle) und Histologie (Gewebelehre, mikroskopische Anatomie pflanzlicher, tierischer und menschlicher Körper), Embryologie (Lehre und Wissenschaft von der vorgeburtlichen Entwicklung der Lebewesen), medizinischer Biochemie und Physiologie (Lehre von den Lebensvorgängen im Organismus, die besonders die einzelnen Organe, die Gewebe und die Zellen betreffen), Anatomie, Pathologie (Lehre von den Krankheiten und ihren Ursachen), Diagnostik und Therapie.
2. Weiter muß der Heilpraktiker die Erscheinungsformen der ansteckenden Erkrankungen nach dem Bundesseuchengesetz sowie der Geschlechtskrankheiten kennen, um die Patienten gegebenenfalls an einen Arzt zur Behandlung überweisen zu können.
3. Der Heilpraktiker muß ausreichende Kenntnisse über Hygiene und Sterilisation besitzen sowie allen einschlägigen, den Beruf des Heilpraktikers tangierenden und die Berufsausübung einschränkenden Gesetze kennen (Gesetzes- und Berufskunde).

Schulprüfungen

Die Schule ist verpflichtet, Zwischenprüfungen sowie eine Schulabschlußprüfung durchzuführen. Die Schulabschlußprüfung gilt als bestanden, wenn mindestens 61 Prozent der Prüfungsaufgaben richtig erbracht werden. Bei Nichtbestehen kann die Prüfung wiederholt werden, jedoch nicht mehr als einmal. Der Zeitpunkt für eine Wiederholung wird von der Schule festgelegt. Die Regeln für die Durchführung der Prüfungen sowie die Zusammensetzung der Prüfungskommission sind in der Prüfungsordnung festgelegt.

Ablauf der Heilpraktikerausbildung (Curriculum)

1. Teil: Grundausbildung in einer Berufsfachschule
Gesamtdauer: drei Jahre, circa 3.000 Unterrichtsstunden
1. Jahr: I., II. und III. Trimester
Basisausbildung: I: „Medizinisches Grundwissen"
Einführung in die medizinische Biologie und Chemie, Zytologie, Histologie, Embryologie, Anatomie und Physiologie, Allgemeine Pathologie, Stoffwechsel, Ernährungsbiologie und Diätetik,
Erste Hilfe

Berufskunde: Geschichte der Volks- und Naturheilkunde

2. Jahr: IV., V. und VI. Trimester
Basisausbildung II: „Pathologie, Diagnose, Therapie"
Spezielle Pathologie mit Infektionskrankheiten und Geschlechtskrankheiten, individuelle Pathologie mit Berücksichtigung individueller Reizbeantwortung, konstitutioneller Anlagen und Diathesen (=besondere Veranlagung für eine Krankheit), Diagnose und Differentialdiagnose (gegen ähnliche Krankheiten abgrenzende Diagnose)

Diagnosemethoden des Heilpraktikers:
- Augendiagnose, Harndiagnose, Labor, Semiotik (Lehre von den Krankheitserscheinungen, von den krankhaften Veränderungen und ihrer Bedeutung für die Erkennung einer Krankheit), visuelle Diagnostik, thermische und bio-energetische Verfahren
Volks- und Naturheilkundliche Therapiemethoden
- Haut-, Reiz- und Ableitungsmethoden, Humoralpathologische Verfahren (humoral: die Körpersäfte betreffend), Ausleitung über Darm, Nieren und Haut, Hydrotherapie (Wasserheilkunde, Wasserheilverfahren), Schröpfbehandlung (eine Therapie, bei der Blut örtlich abgeleitet oder gleichzeitig entzogen wird), Baunscheidt (darunter versteht man die Reizung eines Hautbezirkes mit Hilfe eines Stichlers - Stechgerätes - und einer in die Stichporen eingeriebenen Flüssigkeit oder Salbe) und andere.

Homöopathie und Phytotherapie (Pflanzenheilkunde), Psychosomatische Therapie, Einführung in die Chiropraktik (manuelles Einrasten verschobener Wirbelkörper und Bandscheiben), Einführung in die Akupunktur (Heilmethode, bei der durch Einstich von Nadeln aus Edelmetall in bestimmte Hautstellen die den Hautstellen „zugeordneten" Organe geheilt werden).
Berufskunde: die soziale Stellung des Heilpraktikers

3. Jahr: VII., VIII. und IX. Trimester
Praktische Ausbildung: „Diagnose, Therapie und Praxis"
Therapeutische Übungen und Demonstrationen:
Akupunktur, Chiropraktik, Massage und Reflexmassagen, Hydrotherapie, Baunscheidt-Methode, Cantharidenpflasterbehandlung (das Pflaster besitzt die Eigenschaft, binnen 24 Stunden eine hochgewölbte Brandblase zu erzwingen und damit eine tiefreichende Einwirkung auf das Lymphsystem auszuüben. Lymphe: bestimmte Körperflüssigkeit, die für den Stoffaustausch der Gewebe wichtig ist), Blutegelbehandlung, blutiges und unblutiges Schröpfen, Segmenttherapie (Therapie eines Teilstücks)

Diagnostische Übungen und Demos:
Auskultation (das Abhören von Geräuschen, die im Körperinneren, besonders im Herzen - Herztöne - und in den Lungen entstehen), Perkussion (Organuntersuchung durch Beklopfen der Körperoberfläche und Deutung des Klopfspiels), Palpation (Untersuchung durch Abtasten und Befühlen von dicht unter der Körperoberfläche liegenden inneren Organen) und Inspektion, Reflexprüfungen, Herz- und Kreislaufuntersuchungen und Funktionsproben, EKG, Ultraschall-Gefäßdiagnostik, Labor: Blut und Harn, bio-energetische und thermische Verfahren.

Injektionstechniken:
... und Venenpunktion (Punktion: Entnahme von Flüssigkeiten aus Körperhöhlen durch Einstich mit Hohlnadeln)
Hygiene, Desinfektion und Sterilisation

Notfälle in der Praxis:
Diagnostik und Erste-Hilfe-Maßnahmen, Allgemeine Pharmakologie.
Praktische Übungen: Fallbesprechungen aus der Schulpraxis, teilweise mit Vorstellungen, Beteiligung an der Sprechstunde in der Schulpraxis und im Schullabor, praktische Übungen und Demonstrationen.
Berufskunde: die Rechte und Pflichten des Heilpraktikers, Gesetzeskunde.

2. Teil: Abschlußprüfung
Schulabschlußprüfung
- schriftliche Prüfung
- mündliche Prüfung
- praktische Prüfung
Inhalt und Durchführung der Prüfungen sowie die Zusammensetzung der Prüfungskommission sind in der Prüfungsordnung (der ...) festgelegt.

Ausbildungszeiten
Die Ausbildung dauert drei Jahre. Der Schulbetrieb gliedert sich in drei Trimester pro Jahr (= neun Trimester gesamt). Die genauen Termine werden jeweils bekanntgegeben. Die Schule wird als Tagesschule geführt mit täglich fünf Stunden Unterricht, Montag bis Freitag.

Kosten der Ausbildung
Das Schulgeld beträgt jährlich 4.500 DM (pro Trimester 1.500 DM). Nach Abschluß des Schulvertrages ist jeweils die Summe für ein Jahr im voraus zu zahlen. Außerdem ist bei Abschluß eine einmalige Einschreibgebühr von 150 DM zu entrichten (nach Absprache kann eventuell eine andere Zahlungsweise vereinbart werden).

Bewerbung
An unserer Fachschule kann nur zugelassen werden, wer über eine ausreichende Schulbildung verfügt (Mittlere Reife, Fachschulreife oder Abitur).

Aufnahme
Mit der Unterzeichnung des Schulvertrages werden die Schulordnung und die Ausbildungsbedingungen anerkannt. Vor Abschluß des Schulvertrages sollte jedoch ein persönliches Gespräch mit der Schulleitung stattfinden, bei dem Sie sich auch einen Eindruck über die gebotenen Möglichkeiten verschaffen können.
Aufgenommen werden Berufsanwärter, die das 21. Lebensjahr vollendet haben (über Ausnahmen entscheidet die Schulleitung). Das erste Trimester gilt als Probezeit. Während dieser Zeit ist beiderseitig eine Auflösung des Vertragsverhältnisses möglich. Selbstverständlich können Sie sich auch nach Abgabe der Bewerbung unverbindlich die Schule ansehen und mit der Schulleitung ein Informationsgespräch führen. Wir sind gerne bereit, Sie über alle Fragen betreffs der Ausbildung zum Heilpraktiker sowie über spätere Berufschancen zu informieren.

Wo können Sie Ausbildungsbeihilfen beantragen?

Mit einem solchen sehr seriösen Ausbildungsprogramm haben Sie bereits einen guten Überblick über den Lehrstoff gewonnen. Aber, so werden Sie vielleicht fragen, gibt es auch Ausbildungsbeihilfen? Und wie kann man sie beantragen?

Im allgemeinen gibt es keine Stipendien für die Heilpraktiker-Ausbildung, wie es auch keine Ermäßigung von Fahrkarten für öffentliche

Verkehrsmittel (Stadt, Bahn, Post) gibt, weil Heilpraktiker-Schulen nicht staatlich anerkannt sind.

Auch eine Förderung nach §9 BAFöG ist nicht möglich. Aber: immerhin gibt es einige rühmliche Ausnahmen: Fachschüler, deren Eltern Geschädigte nach dem sogenannten „Lastenausgleichsgesetz" sind (Vertriebene und Kriegsgeschädigte sowie Flüchtlinge mit Existenz- oder sonstigen Vermögensschäden), können bei dem für ihren Wohnsitz zuständigen Ausgleichsamt einen Antrag auf Ausbildungsbeihilfe stellen. Dafür müssen sie die bei den Lastenausgleichsämtern vorrätigen Antragsvordrucke verwenden.

Eine Förderung der Ausbildung an der Heilpraktikerschule ist unter Voraussetzungen, die in jedem Einzelfalle zu prüfen sind, auch durch das Bundes-Sozialhilfegesetz möglich. Anträge sind an die Kreis-Verwaltungsbehörden zu richten. Auch die Bundeswehr übernimmt für lang gediente Soldaten (Soldaten auf Zeit) die Ausbildungskosten für den Unterricht der Fachschule. Die finanzielle Förderung ist auf die Dauer der Dienstzeit abgestimmt. Auskünfte erteilen die Berufsförderungsdienste der Bundeswehr bei den Kreiswehrersatzämtern. Wenn Sie als Heilpraktiker als Arbeitnehmer tätig werden wollen, kann das Arbeitsförderungsgesetz (AFG) zutreffen. Dieser Umstand tritt allerdings selten ein, es sei denn, Sie planen, später etwa als Außendienstmitarbeiter in einem Pharmazie-Vertrieb tätig zu werden. Genaue Auskünfte erteilen hier die Arbeitsämter.

Die Studiengebühren sind im übrigen bis zu 900 DM jährlich pro Person nach §10 Abs. 1 des EStG bei der Lohn- oder Einkommensteuer absetzbar, bei auswärtiger Unterbringung bis zu 1.200 DM pro Jahr. Heben Sie also die Quittungen für Übernachtungskosten, Fahrtkosten, Prüfungsgebühren, Büromaterial und Kursbeiträge auf!

Soweit zu dem finanziellen Rahmen. Ein bescheidener Preis sollte im übrigen nicht das Kriterium für die Wahl einer bestimmten Heilpraktiker-Schule sein. Unter Umständen ist hier auch der Service bescheiden. Und glauben Sie keinen Versprechungen, daß Sie in ein Land geführt werden, wo Milch und Honig fließen und wo alles herrlich einfach ist. Entscheiden Sie sich für eine gediegene Ausbildung, die Sie vor allem an die Praxis des Berufes heranführt.

Halten Sie deshalb die Augen auf, denn bei Ihrer Ausbildung zum Heilpraktiker gibt es durchaus Möglichkeiten zu sparen!

IV. Der Mensch unter dem Vergrößerungsglas: Die Diagnose

Hippokrates schrieb vor rund 2400 Jahren lakonisch: „Drei Dinge machen die Medizin: der Kranke, die Krankheit und der Arzt." Und Karl Kraus, der spitzzüngige Wiener Kritiker, meinte: „Eine der am meisten verbreiteten Krankheiten ist die Diagnose."

Ganz aus der Luft gegriffen sind solche Kommentare nicht. Wenden wir das ganze ins Positive, so bleibt festzuhalten, daß Sie als angehender Heilpraktiker auf keine Disziplin soviel Sorgfalt legen sollten wie auf die Diagnose. Wie diagnostizieren Sie nun einen Patienten? Schauen wir uns zunächst ein Beispiel aus der Praxis an, bevor wir uns den Details zuwenden:

Ein Heilpraktiker nimmt sich auf jeden Fall *Zeit* für ein ausführliches Gespräch mit dem Ziel, ein genaues Bild zu erhalten. Er forscht auch und vor allem nach *Symptomen*, die mittels eines „Repertoriums" (= Verzeichnis, Register, Nachschlagewerk) ausgewertet werden, um die zu verabreichenden Medikamente herauszufinden. Ein „Repertorium" ist also ein Buch, in dem Symptome katalogisiert sind. Zu den jeweiligen Symptomen sind exakte Medikamente angegeben, die zu verabreichen sind. Zuvor wird – jedenfalls bei der Aufnahme des Falls – eine „Anamnese" erstellt, das heißt man eruiert die „Krankheitsgeschichte". Außerdem nimmt der Heilpraktiker gewöhnlich die Augendiagnose zu Hilfe, mit der vererbte Anlagen, sowie akute und erworbene Erkrankungen diagnostiziert werden können. Wenn der Heilpraktiker im Irismikroskop eine Erkrankung feststellt, wird diese Diagnose noch durch weitere Diagnosen erhärtet. Dies können eine Blut-, Urin- oder eine Röntgen-Untersuchung beim Arzt sein, der zum Beispiel den Magen-Darm-Trakt unter die Lupe nimmt. Es ist unklug, die Erwartungshaltung des Patienten danach völlig zu enttäuschen. Einige Kranke erwarten, daß man ihnen eine Spritze verpaßt. Andere schwören auf die Akupunktur. Sofern die Diagnose eine gewünschte Behandlungsmethode zuläßt, sollte man ruhig auf den Patienten eingehen. Aber damit sind wir bereits mitten in der Therapie - und wissen noch nicht einmal, wo den Patienten der Schuh drückt.

Handwerkszeug

Es gibt Zeitgenossen, die im Handumdrehen im Geschäftsleben *die* Fehlerquelle finden können - und es gibt Menschen, die im Umgang mit Kindern eine außerordentlich glückliche Hand haben. Obwohl also auch hinsichtlich Diagnostik zweifellos eine solche intuitive Fähigkeit existiert, eine „Nase" oder ein „Instinkt", wäre es verantwortungslos, wenn wir Ihnen empfehlen würden, nur an Hand Ihres Einfühlungsvermögens zu diagnostizieren. Selbstverständlich sollten Sie nur auf Grund nachprüfbarer Techniken eine Diagnose erstellen. Die Diagnostik ist die Lehre und Kunst von der Erkennung systematischer Benennung der Krankheiten. Genau betrachtet ist es das mit Abstand schwierigste, aber vielleicht auch das interessanteste Gebiet der Medizin. Mit der Diagnose steht und fällt alles. Ein falscher Befund kann Ihren Patienten zum Sterben verurteilen - die richtige Diagnose ihn wieder gehen und sehen lassen.

Sie sind also gut beraten, wenn Sie so viel wie möglich über die verschiedenen Diagnoseverfahren lernen. Für unseren Zweck können wir zunächst folgende Unterscheidungen treffen:

1. Die Anamnese. Hierbei wird die (vorwiegend körperliche) Vergangenheit des Patienten festgestellt. Auch Krankheiten der Eltern etwa müssen in einem entsprechenden Fragenkatalog erfaßt werden. Ein Beispiel eines solchen Katalogs stellen wir Ihnen auf den folgenden Seiten vor. Sie gewinnen dadurch so viel Einblick in den Fall, daß Sie sich bereits ein konkretes Bild verschaffen können. Außerdem kommen Sie mit Ihrem Patienten in Kontakt, die ersten Hemmnisse werden abgebaut, Vertrauen wird aufgebaut. Ein wichtiger Tip: hören Sie aktiv zu. Unterbrechen Sie den Patienten nicht und geben Sie ihm zu verstehen, daß Sie ihm zugehört und ihn verstanden haben.

2. Es ist faszinierend, was man allein auf Grund genauer Beobachtung feststellen kann. In der Sekunde, da der Patient durch Ihre Tür tritt, können Sie sich an Hand des Körperbaus, der Gangart und des Gesichtsausdrucks bereits ein Bild machen. Genau betrachtet ist es

spannend wie ein Krimi, denn Sie schulen und trainieren die Fähigkeit, innerhalb von Sekunden ein Urteil über einen Menschen zu fällen.

3. Am wertvollsten für Sie sind die verschiedenen Heilpraktiker-Diagnosemethoden. Nach diesem Schritt wissen Sie gewöhnlich exakt, wo Ihren Patienten der Schuh drückt. Danach können Sie in den meisten Fällen bereits eine Therapie ins Auge fassen.

4. Bis zu einem gewissen Grade sollten Sie auch mit einigen schulmedizinischen Diagnosemethoden vertraut sein. Auch hier gibt es ein reiches Feld, das bestellt werden kann und wodurch Ihnen wertvolle Hinweise geliefert werden.

5. Schließlich existieren noch die sogenannten Outsider-Diagnosemethoden, die derart faszinierend sind, daß man sie allein interessehalber nicht außer acht lassen sollte. Was Sie allein durch die Lektüre bestimmter Fachliteratur über den Patienten beziehungsweise über seinen körperlichen Zustand erfahren können, grenzt fast ans Wunderbare. Dennoch sollten Sie diese Methoden auf keinen Fall kritiklos verwenden. Es ist verführerisch, mittels einiger kleiner Tricks fundamentale Zusammenhänge erkennen zu können - aber lassen Sie sich nicht dazu verleiten, den Magier zu spielen. Umgekehrt ist es im Dienste des Patienten empfehlenswert, wenn Sie auch mit einigen Outsider-Methoden vertraut sind.

Im übrigen sollten Sie wissen, daß genaue Befunde nur am entkleideten Patienten erstellt werden können. Daß Sie dabei die nötige Portion Taktgefühl aufbringen müssen, versteht sich fast von selbst. Lassen Sie den Patienten sich jedoch immer nur so weit entkleiden, wie es augenblicklich notwendig ist und erlauben Sie ihm, sich sofort wieder anzukleiden, wenn die Untersuchung beendet ist.

Die Dauer für die Diagnose beziffern Heilpraktiker unterschiedlich. Fest steht, daß der Heilpraktiker sich weitaus mehr Zeit für den Patienten nimmt als der durchschnittliche Arzt, dem ja oft vorgeworfen wird, daß er Patienten wie am Fließband abfertige. Sie sollten bei einer Erstuntersuchung mit einer Stunde rechnen, unter Umständen benötigen Sie sogar länger, selten kürzer.

Das notwendige Rüstzeug für die Untersuchung ist unterschiedlich, je nach der angewandten Methode, deshalb können wir Ihnen auch keine allgemeinverbindlichen Ratschläge geben. Da es sehr viele Diagnosemöglichkeiten gibt, kann eine teure elektrische Apparatur notwendig werden oder ein Holzspatel für zwei Pfennig die Dienste tun. Immerhin sollte es selbstverständlich sein, daß eine Gelegenheit zum Liegen gegeben ist. Trotz der genannten Einschränkungen werden wir im Kapital VIII eine Checkliste für die Ausrüstung vorstellen. Die genauen Adressen der Lieferanten der Materialien werden dann in Kapitel XII angegeben.

Anamnese

Wie Sie eine „Anamnese" erstellen, ist eine Frage, die Ihnen fast mit Gewißheit bei der Heilpraktiker-Prüfung gestellt werden wird. Sie müssen unterscheiden zwischen der Anamnese der Eltern, Geschwister und Kinder, den unmittelbaren Familienangehörigen also, und der Eigenanamnese. In der Prüfung will man zum Beispiel wissen, ob Sie nach Medikamenten, die der Patient nimmt oder genommen hat, fragen würden. Außerdem ist man begeistert, wenn Sie den gesamten Fragenkatalog aufzählen können.

Anbei ein Beispiel für einen Anamnese-Fragenkatalog, der als vorbildliche Checkliste zu gelten hat, und der uns mit freundlicher Genehmigung des Verlages für alternative Medizin, München, zur Verfügung gestellt wurde. Von den Verfassern H. Scharl und F. Viehauser sind im übrigen in dem ganz ausgezeichneten Buch „Klinische Untersuchungsmethoden für Heilpraktiker" die verschiedenen Techniken und Methoden beschrieben, mit deren Hilfe Sie die Probleme Ihrer Patienten herausfinden können. Doch zunächst ein Blick in den Fragenkatalog, der Ihnen die Krankheitsvorgeschichte (und mehr) verrät und den Einstieg in den Fall erleichtert.

Die Anamnese-Erhebung

Das Wort Anamnese kommt aus dem Griechischen und bedeutet so viel wie „Erinnerung", „sich an etwas erinnern".
Die Anamneseerhebung ist wichtigster Bestandteil klinischer Untersuchungsmethoden, denn erst durch exakte und gezielte Fragen wird der Patient sich „erinnern" und diagnostisch aufschlußreiche Antworten geben können.

4 Ziele der Anamnese:

1. **Information über aktuelle Beschwerden und frühere Erkrankungen des Patienten**
2. **Einblick in die Persönlichkeit des Patienten**
3. **Aufbau des notwendigen Vertrauensverhältnisses zwischen Patient und Therapeut**
4. **Gelegenheit für den Patienten, sich auszusprechen, sich mitzuteilen, Gelegenheit zur Katharsis.**

Anhand des folgenden Vordruckes werden dem Patienten systematisch und ungekürzt alle vorgegebenen Fragen zur Anamneseerhebung gestellt.

Anamnesebogen

Personalien:

Datum: ______

Name: ______ Vorname: ______ Geb. am: ___ Sternzeichen: ___

Adresse: ______________________ Telefon: ______

I. Familienanamnese

1. Eltern: .... (Verwandtenehe?)	Tbc., Geschlechtskrankheiten, Diabetes? Hochdruck, Herzinfarkt, Gefäßleiden? Schlaganfall, Epilepsie, Nervenleiden? Tumore, Mißbildungen, Allergien, Asthma br.? Krankenhausaufenthalte? Sterbealter? Todesursache?
2. Geschwister: .... (Zwillingspartner?)	Fragen wie unter Ziff. 1
3. Kinder: .... (Aborte, Totgeburten?)	Fragen wie unter Ziff. 1

II. Eigenanamnese

a) **Allgemeine Befragung:**

Kinderkrankheiten	● Scharlach? ● Diphterie? (CAVE Spätfolgen!)
Infektionskrankheiten: .	● Ikterus? ● Hepatitis? (wenn „ja", nach „Spritzen" fragen!) ● Geschlechtskrankheiten? ● Typhus? ● Malaria? ● Fleckfieber? (oft typisch für Kriegsjahrgänge 1917 – 27 als Hinweis auf Anacidität!) ● Kindbettfieber?
Krankenhausaufenthalt:	Wann? Warum? Wie lange?
Heilanstalt	Wann? Warum? Wie lange?
Operationen	● Mandeln? ● Blinddarm? ● Unterleib?
Narben	Wo? Wie alt? (Auch die kleinste Narbe ist wichtig = Störfeld! Achtung: Neuraltherapie erst nach einem Jahr wirksam!)
Unfälle	● Gehirnerschütterung? (Auto? Fahrrad?)

Verdauung	• Aufstossen? • Übelkeit? • Erbrechen? • Sodbrennen? • Blähungen?
Appetit	• Gut? • Schlecht? • Abneigung gegen bestimmte Speisen (Fleisch)?
Stuhlgang	• Gut? • Schlecht? • Regelmäßig? (Farbe? Geruch? Konsistenz?)
Wasserlassen	• Häufig? • Nachts? • Viel? • Wenig? • Schmerzen? • Brennen?
Schlaf	• Einschlafstörung? • Durchschlafstörung? • Genügend Schlaf? • Wenig Schlaf? • Aufwachen nachts? • Angstträume?
Schwitzen	• Nachts? • Am Tag? • Bei Aufregung? (Ist die Lunge geröntgt? Wenn nein, dann veranlassen!)
Kopfschmerzen	• Wann? • Wie oft? • Wo? • Druckschmerz? • Stichschmerz? • Einseitig? • Doppelseitig? (Wenn Schmerz schon erfolglos behandelt wurde: Immer EEG anraten! Auch noch einmal nach Narben fragen!)
Rauchen	• Wieviel pro Tag? • Wann aufgehört?
Alkohol	• Wieviel pro Tag? (Bier? Schnaps? Wein? Magenbitter?)
Ohrensausen	• Hoher Ton? (CAVE cerebrale Durchblutungsstörung !!)
Zungenbrennen	• Ja? (CAVE = Anämie!)
Trockener Mund	• Gebiß? • Schlaftabletten? • Leber? • Diabetes? • Nebenhöhlenerkrankung?
Atemnot	• In Ruhe? • Beim Treppensteigen? • Husten? • Auswurf?
Gewichtsentwicklung	• Rapider Gewichtsverlust? • Rasche Gewichtszunahme? (Die Abnahme von 1 kg und mehr pro Woche ist Infekt- oder Tumorverdächtig! Schnelle Zunahme (1 kg am Tag) = Ödem!)
Hautausschlag	• Allergien? • Pubertät? (Bei jedem Hautausschlag an Syphilis denken!!)

Störfeldsuche

Die Störfeldsuche könnte man auch als Teil der Anamnese betrachten. Genau genommen geht sie jedoch darüber hinaus. Man versteht sie am besten auf der Grundlage des Ganzheitsdenkens in der Naturheilkunde. Alte Narben können nämlich noch lange nach der Operation „Störfelder" bilden, also den Grund darstellen, warum der Patient - an ganz anderer Stelle! - Beschwerden empfindet. Sie sollten also Wert darauf legen, selbst die unscheinbarste Narbe, die vielleicht noch aus Kindertagen herrührt, in Ihre Untersuchungen miteinzubeziehen.

Die Störfeldsuche verdient besondere Beachtung bei der Neuraltherapie, die wir noch genauer vorstellen werden. Aber auch ohne die Anwendung dieser speziellen Behandlungsmethode sollten Sie sich genauestens vergewissern, wo und wann eine Operation, ein Unfall oder ähnliches stattgefunden haben. Nehmen Sie also auch die Zähne intensiv in Augenschein, denn viele Erkrankungen der Kiefernhöhlen sind nur im Zusammenhang mit kranken Zähnen zu verstehen. Vereiterungen, Entzündungen und chronischer Schnupfen gehören unbedingt in Ihren Fragenkatalog, genauso wie Sie darauf bestehen sollten herauszufinden, ob der Patient zum Beispiel an Scharlach erkrankt war. Schauen Sie sich auch die Mandeln genau an und stellen Sie fest, ob Mundgeruch besteht.

Mandeln als Störfeld sind ebenso häufig wie Herde im Zahn-Kiefer-Bereich, wo zurückgebliebene Zahnreste etwa dem Patienten im wahrsten Sinne des Wortes das Leben zur Hölle machen können - ohne daß er es weiß. Desgleichen ist eine Untersuchung der Ohren wichtig. Entzündungen und Operationen dort bieten wertvolle Hinweise. Sie können ebenso ein potentielles Störfeld darstellen wie die Brust- oder Leiborgane, die Knochen (nach Knochenbrüchen, Steißbeinprellungen und so weiter) oder Krampfadern. Wie schon gesagt, diese Art der Diagnose beruht auf der Annahme, daß der gesamte Organismus, der gesamte Mensch eine Einheit bildet, die man nicht willkürlich auseinanderreißen kann. Wenn der Patient zu einem „normalen" Arzt geht und über Kopfschmerzen klagt, so verschreibt ihm der Onkel Doktor vielleicht ein paar Tabletten, die im Augenblick Abhilfe schaffen, und läßt die Sache im übrigen auf sich beruhen. Der Heilpraktiker findet unter Umständen eine Narbe unter dem Fuß, behandelt dieses Störfeld mit Procain und die Kopfschmerzen verschwinden - für immer.

Die Kunst der Beobachtung

Über diese Fähigkeit könnte man ein eigenes Buch schreiben. Es ist phantastisch, was der geübte Beobachter alles erkennen kann von dem Augenblick an, da der Patient durch die Tür tritt. Ein elastischer, federnder Schritt und ein frisches Aussehen sprechen Bände – wie umgekehrt eine verbrauchte, graue Haut dem Diagnostiker sofort erste Hinweise gibt. Die „Mayr-Diagnostik" nach Dr. Franz Xaver Mayr unterscheidet zum Beispiel sieben verschiedene Bauchformen (!), und es ist beeindruckend, daß der sogenannte „Kahnbauch", vorgewölbt in einer bestimmten Art, dem scharfäugigen Diagnostiker den entzündeten Dünndarm verrät. Der Bauch ist immer im Zusammenhang mit der gesamten Körperhaltung zu sehen.

Desgleichen gibt die Hautfarbe dem Diagnostiker bereits unschätzbare Hinweise: die graufahle Verfärbung weist auf eine starke Selbstvergiftung des Darms hin, gelb-grünlich geht mit einer Überbelastung der Leber Hand in Hand und eine bräunlich-fleckige Verfärbung, wie man sie oft bei alten Menschen sieht, ist ein Hinweis auf die Ablagerung von Stoffwechselrückständen in der Haut; die Ausscheidungsorgane sind überfordert oder bereits geschädigt. Der gute Diagnostiker kann sogar noch mehr feststellen, es ist ihm möglich, von bestimmten Indizien und äußeren Merkmalen auf innere Ursachen zu schließen. Wenn Sie diese Kunst weiter vervollkommnen, können Sie selbst auf Grund des Händedrucks auf gewisse psychische Merkmale Rückschlüsse ziehen. Sind die Hände schweißfeucht oder übermäßig trocken? Wie setzt sich der Patient? Nimmt er dabei unbewußt auf eine bestimmte Körperstelle Rücksicht? Sitzt er gekrümmt? (Rückgrat!). Wenn er den Mund öffnet, kann man dann sogar einen Teil seiner Zähne sehen? Ist die Haut schuppig? Selbst die Behaarung liefert gewisse Hinweise! Bei all diesen faszinierenden Möglichkeiten sollten Sie jedoch nicht vergessen, daß die Beobachtung eine genaue Untersuchung nie und nimmer ersetzt. Die Betrachtung der gesamten Behaarung des Körpers zum Beispiel ist eine bekannte Außenseiter-Diagnostikmethode. Zu wenig Haare an bestimmten Stellen lassen auf eine hormonelle Fehlsteuerung schließen und anderes mehr. Zwecks dieser Diagnose muß sich der Patient jedoch entkleiden. Man sollte also die Beobachtung, so faszinierend sie ist und so viele Aufschlüsse sie in Sekundenschnelle liefern kann, nicht überstrapazieren.

Irisdiagnose

Eine der häufigsten in der Heilpraktiker-Praxis angewandten Diagnosemethoden ist die Irisdiagnose: die Augen, von alters her als Spiegel der Seele gepriesen, zogen auch als Spiegel des Stoffwechsels die Aufmerksamkeit der Heilkundigen auf sich. Das Erkennen von Krankheiten aus der Iris, dem Häutchen um die Pupille, erfolgt mit Hilfe eines speziell für diesen Zweck konstruierten Stereomikroskops und einer Kamera, die eine achtfach vergrößerte Übersichtsaufnahme ermöglicht. Mit diesen technischen Hilfsmitteln ist eine exakte Befunderhebung möglich.

Die Iris-Diagnostik gilt als „Wegweiser zum erkrankten Organ". Angeborene Fehler und Schwächen eines Organs kann der geübte Heilpraktiker aus der Iris ablesen. Die Iris-Diagnostik geht davon aus, daß die Organe des Körpers auf bestimmte Stellen der Iris projiziert sind. Hieraus ergibt sich ein Lageplan und somit eine systematische Einteilung der Iris. Zum Zwecke der genauen Irisdiagnose wird die gesamte Iris in bestimmte Abschnitte eingeteilt. Die zirkuläre Einteilung erfolgt durch Ringe in drei Hauptzonen, die wiederum ihrerseits in zwei kleinere Zonen unterteilt sind.

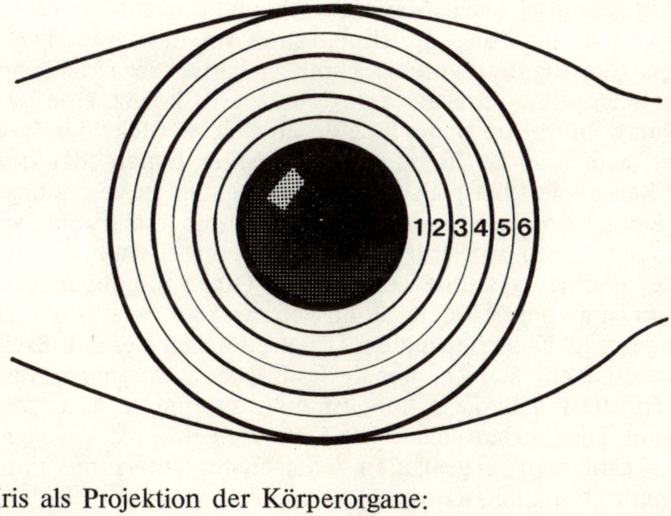

Die Iris als Projektion der Körperorgane:

❶ Magenzone
❷ Darmzone
❸ Blut-Lymphzone
❹ Muskelzone
❺ Knochensystem
❻ Hautzone

Von Bedeutung ist die Färbung des Auges. Dunkel gefärbte Flecken signalisieren dem Iris-Diagnostiker, daß ein Problem besteht. Darüber hinaus ist das Auge auch radial unterteilt, so daß ein geübter Diagnostiker tatsächlich geradezu punktgenau die Lokalität des Krankheitsherdes feststellen kann. Wie sicher ist nun diese Methode? Ein erfahrener Heilpraktiker, den wir interviewten, antwortete auf diese Frage augenzwinkernd: „Das Auge lügt nie. Lügen tut nur der Diagnostiker." Wenn man sich genauer umhört, erfährt man, daß die Irisdiagnose immerhin mit achtzigprozentiger Sicherheit ins Schwarze trifft. Dies ist für eine Diagnosemethode beachtlich. Dennoch sollte selbst die Irisdiagnose durch andere Untersuchungen ergänzt werden.

Weitere Diagnosemethoden und Hilfsmittel für den Heilpraktiker

Erfahrene Heilpraktiker ziehen auch gern die Zungen-Diagnostik zu Rate. Allerdings verstehen viele Heilpraktiker die Zunge nur als ein Organ, das Fingerzeige liefert, nicht mehr. Andere Methoden sollten die Zungen-Diagnostik also ergänzen. Dennoch ist es beeindruckend, was Sie an der Zunge ablesen können. Der Experte kann in ihr wie in einem offenen Buch lesen. Man unterscheidet zunächst die verschiedenen Farben, die die Zunge annehmen kann, von der schwärzlichen Färbung bis zum Blauton, von der Himbeer-Farbe (Scharlach!) bis zum weißen Belag. Eine schwarze Zunge indiziert Cholera, eine bläuliche Verfärbung Ruhr. Von Bedeutung ist, an welcher Stelle die Zunge gefärbt ist, seitlich an den Rändern, in der Mitte, hinten oder vorn. Ein weißer Belag liefert beispielsweise Hinweise auf den Verdauungstrakt. Wenn Sie gewissermaßen als sportliche Übung einmal zehn, zwanzig Zungen betrachten, so werden Sie vielleicht mit Erstaunen feststellen, wieviele verschiedene Sorten es gibt. Das Organ zum Schmecken und Sprechen ist an den Rändern oft ausgefranst und rissig (Zuckerkrankheit!) oder zeigt Knötchen auf der Unterseite. Sich hier in Einzelheiten zu verlieren, hieße den Rahmen dieses Buches zu sprengen. Aber dem Experten verraten all diese Anhaltspunkte zumindest, wo er weitersuchen muß. Desgleichen liefern die Unterzungenvenen wertvolle Hinweise: so kann man bei gestauten Venen an der Unterzunge eine Herzinsuffizienz (Funktionsschwäche) vermuten.

Häufig angewandt wird auch die Rückendiagnose. Der Therapeut tastet sorgfältig und einfühlsam beide Seiten der Wirbelsäule ab und sucht nach Verschiebungen, Erhebungen und Senkungen.

Erschlaffte Zonen weisen darauf hin, daß das dieser Stelle zugeordnete Organ zu schwach funktioniert; gestaute Stellen lassen einen zu großen Blutandrang in dem korrespondierenden Organ vermuten. Die verschiedenen Methoden der Blutabnahme oder Reizung wären hier angezeigt - Techniken, die wir im weiteren Verlauf dieses Buches sehr ausführlich beschreiben werden, nicht zuletzt, weil sie in den Praxen der Therapeuten sehr häufig angewandt werden. Bei Verschiebungen der Wirbelsäule ist im übrigen eine chiropraktische Behandlung angezeigt, ein Thema, was wir ebenfalls noch erörtern werden. Darüber hinaus gibt es noch weitere Methoden, die Sie zumindest kennen, wenn nicht beherrschen sollten.

Die Inspektion des Auges und der Augenumgebung, des Ober- und Unterlides, der Augenbrauen und des Augenhofes liefert dem Fachmann mehr als einen Fingerzeig. Der Pupillenreaktionstest könnte ebenso zu Ihrem Repertoire gehören wie die Palpation (= Abtasten, Befühlen) und Untersuchung von dicht unter der Körperoberfläche liegenden inneren Organen. Die Palpation des Halses, der Achseln, des Abdomens (Unterleibes) und der Leber ist ebenso üblich wie die Auskultation (vom lat. auscultare - mit Aufmerksamkeit zuhören, lauschen), also das Abhören von Körpergeräuschen, insbesondere des Herzens und der Lunge mit dem Ohr oder Hörrohr. Zur Diagnose von Erkrankungen innerer Organe (Abdomen, Bauchspeicheldrüse, Milz) dient also die Palpation. Um Lunge, Brustkorb und Nieren zu untersuchen, wendet man die Perkussion an: die Organuntersuchung durch Beklopfen der Körperoberfläche und Deutung des Schalls. Um es noch einmal zu wiederholen: Inspektion, Palpation (Befühlen), Auskultation (Horchen) und Perkussion (Beklopfen) bilden das Vierergespann, mit dessen Hilfe Sie der Krankheit im wahrsten Sinne des Wortes zu Leibe rücken.

Abhängig von der zu wählenden Therapie ändern sich natürlich auch die Diagnosemethoden. Sie werden keine chiropraktische Diagnose durchführen, wenn Sie sich nicht auf die Kunst, Wirbel einzurenken beziehungsweise sie an den richtigen Ort zurückschnappen zu lassen, verstehen. Auf der anderen Seite darf die Diagnose natürlich nicht abhängig von der zu wählenden Therapie sein. Dennoch wird niemand etwas dagegen einwenden können, wenn Sie bestimmten Diagnosemethoden den Vorrang geben.

Aber damit haben wir noch längst nicht alle Munition verschossen. Es gibt noch andere, hochinteressante Diagnosemethoden, die zum Teil einen fast exotischen Reiz ausüben. So existieren in der Akupunktur - einer Behandlungsmethode, die später noch genauer erläutert wird - 24 Alarmpunkte, die in besonders enger Verbindung zu bestimmten korrespondierenden Organen stehen. Löst der Druck auf einen dieser Alarmpunkte einen Schmerzreiz aus, so können Sie von einer Erkrankung des zugeordneten Organs ausgehen. Man muß einmal einhalten und bei Licht betrachten, wie phantastisch dies eigentlich ist. Es ist unglaublich, was man, mit dem entsprechenden Wissen ausgerüstet, alles erkennen kann. Sowohl Blasenstörungen als auch Erkrankungen der Gallenblase oder Lebererkrankungen können auf diese Weise herausgefunden werden.

Darüber hinaus gibt es eine ganze Reihe von hochinteressanten elektrischen Meßverfahren, die letztlich auf naturheilkundlichem Erfahrungswissen beruhen. So kennen wir zum Beispiel die „Elektro-Akupunktur-Diagnostik", wo an speziellen Akupunkturpunkten, die als Organmeßpunkte bekannt sind, das elektrische Verhalten bestimmter Organe aufgezeichnet werden kann. Bei der „Elektro-Neural-Diagnostik" wird eine Kurve geschrieben, die über den Gesundheitszustand und das elektrische Gesamtbild des Organismus Auskunft gibt.

Phantastische Errungenschaften! Die Kombination von elektrisch-technischem Wissen mit dem Erfahrungsschatz alter Heilmethoden hat erstaunliche Ergebnisse zuwege gebracht und eine ganze Fülle neuer Perspektiven eröffnet. Auch viele Ärzte befleißigen sich heutzutage dieser Meßmethoden, weil sie an physikalischer Genauigkeit nichts mehr zu wünschen übrig lassen. Diagnosen, so unendlich wichtig sie sind, können im übrigen durchaus auch ... Spaß machen!

Schulmedizinische Diagnoseverfahren

Abgesehen von den Diagnosemethoden speziell für Heilpraktiker gibt es natürlich die schulmedizinischen Untersuchungsmethoden. Das Spektrum reicht hier in der normalen Arztpraxis von der Blutdruckmessung über die Harnuntersuchung bis hin zur Beobachtung der Mundhöhle. Sie entsinnen sich vielleicht an einen Besuch beim Onkel Doktor, der Sie bat, den Mund zu öffnen, „ah" zu sagen und Ihnen mit einem Spatel an der Zunge herumfuhrwerkte? Gleichzeitig leuchtete er Ihnen mit einer kleinen Handlampe den Mund aus? Gut! Auch diese Methode sollte Ihnen nicht fremd sein.

Die schulmedizinische Diagnostik kennt auch zum Beispiel die „Pathophysiognomik", die Krankheitserkennung aus dem Gesicht. Lippen, Augenlidränder, Augenhöfe, Augenbrauenwinkel, Wangen, die etwa übermäßig rot oder bläulich verfärbt sind, Haut, Stirn, Mundhof, Falten, Schläfen, hervorstehende Arterien - all dies interessiert nicht nur den Heilpraktiker, sondern auch den Schulmediziner. Auch hier steht ein reicher Erfahrungsschatz zur Verfügung, der zwar anders gelagert ist, aber nichtsdestotrotz hilfreich ist. Auch die Schulmedizin verfügt über „Kniffe“ und „Tricks“ - wenn man zum Beispiel an das „Babinskische Zeichen“ denkt, um nur eine besondere Methode herauszugreifen. Das Bestreichen des äußeren Fußsohlenrands mit einem spitzen Gegenstand verursacht nämlich normalerweise eine Beugung der großen Zehe. Probieren Sie es einmal aus! Kommt es jedoch zu einer Spreizung aller Zehen und zu einer Beugung von Knie und Oberschenkel, so *kann* dies ein Zeichen für multiple Sklerose (Erkrankung des Gehirns und Rückenmarks) sein.

Outsider-Diagnosemethoden

Diese Methoden sind interessant, jedoch dürfen sie nie und nimmer als alleiniges Indiz für eine Krankheit gewertet werden. Sie sollten für Sie, den angehenden Heilpraktiker, nur zur Ergänzung der klinischen Untersuchungsmethoden dienen.

Ein Beispiel: dem Heilpraktiker ist die Untersuchung der Geschlechtsorgane grundsätzlich per Gesetz zunächst verboten. Aber er wird im Genitalbereich dennoch Hinweise finden können, die ihn zumindest veranlassen können, seinen Patienten zu einem approbierten Arzt zu schicken. So könnte er beispielsweise durch die Beobachtungen der Schamhaar-Anordnung einiges erkennen. Wenn bei Frauen eine männliche Behaarungsanordnung festzustellen ist, so liegt der Verdacht einer hormonellen Fehlsteuerung nahe. Desgleichen ist es interessant, daß eine Blässe auf der Nase Gastritis (Magenschleimhautentzündung) anzeigen kann. Und Längsrillen auf den Nägeln weisen in Richtung Dickdarmstörung. Es ist schon beeindruckend, wie äußerliche Zeichen gewisse Rückschlüsse zulassen, wie man allein auf Grund einiger Beobachtungen an einem Organismus schließlich zu einem echten Befund kommen kann.

Eine andere Outsider-Methode besteht darin, die Zähne als Störstellen genauer zu untersuchen - und auf Grund einzelner kranker Zähne auf bestimmte (andere) Stellen rückzuschließen. Dieses Prinzip, an einzelnen Stellen des Körpers den Gesundheitszustand des gesamten Organismus wiedergespiegelt zu finden, begegnet uns auch bei der Handdiagnose. Studieren Sie einmal in Ruhe die folgenden Graphik - es ist mehr als interessant!

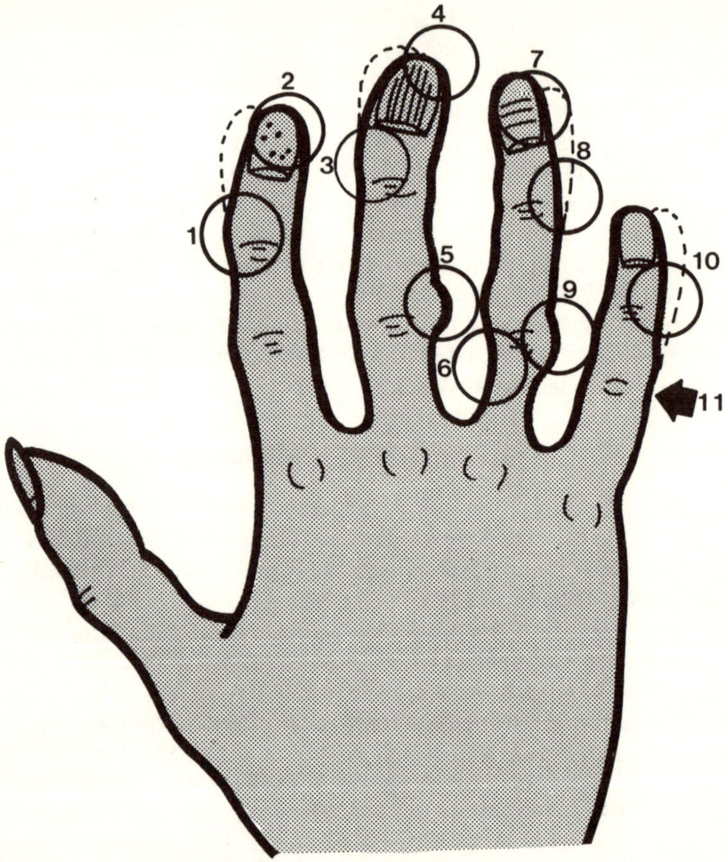

Symptom	Diagnose
❶ oberstes Glied verbogen	Leber
❷ tiefe Punkte im Nagel	Milzpunkte/Psoriasis
❸ oberstes Glied verbogen	Appendix oder Verwachsung
❹ Längsrillen im Nagel	Stoffwechselstörung
❺ Gelenk verdickt	Dickdarm, Obstipation
❻ Enge	Beinschwäche
❼ Querrillen im Nagel	überstandene Störung
❽ Oberstes Glied verbogen	Niere
❾ Verdickung	Herz
❿ oberstes Glied kegelförmig	Uterus
⓫ ganzer Finger säbelartig	Senkung, Hoden

Abschlußgespräch

Für welche Diagnosemethoden Sie sich auch immer entscheiden, beschließen Sie, in diesen Verfahren ein Profi zu werden. Nach der genauen Diagnose teilen Sie dem Patienten mit dem nötigen Einfühlungsvermögen mit, worum es sich handelt und welche Therapien Sie einzuleiten gedenken. Informieren Sie den Kranken auch über die mögliche Dauer der Behandlung, denn eine Therapie, die den ganzen Organismus umfaßt und möglicherweise mit einer vollständigen Umstellung der Ernährungsgewohnheiten verbunden ist, kann gegebenenfalls nicht in zwei Stunden über die Bühne gehen. Optimal ist es, wenn Sie den Patienten zu einer aktiven Mitarbeit motivieren können.

Scheuen Sie sich auch nicht, einen Patienten, so nötig, zum Facharzt zu schicken, wenn sich im Laufe Ihrer Diagnose die Notwendigkeit einer weiteren Untersuchung herausstellt. Denn nicht alles dürfen Sie wahllos kurieren. In den Richtlinien zur Durchführung des Heilpraktikergesetzes ist genau festgelegt, daß Sie Geburtshilfe etwa nicht leisten dürfen (§4 des Hebammengesetzes vom 21. Dezember 1938 - RGBl., zuletzt geändert durch das Gesetz vom 2. März 1974 - BGB). Auch übertragbare Krankheiten sind meldepflichtig. Und lassen Sie sich nie darauf ein, rezeptpflichtige Arzneimittel oder Betäubungsmittel zu verschreiben oder etwa eine Pockenschutzimpfung vorzunehmen. Der Heilpraktiker muß das Bundesseuchengesetz kennen und wissen, wie sich Tuberkulose, Typhus oder eine Geschlechtskrankheit bemerkbar machen. Weiterhin darf er keine Zähne aufbohren und keinen Totenschein ausstellen. Wenn Sie diese Ihre Grenzen genau kennen, steht der Behandlung eigentlich nichts mehr im Wege. Aber noch ein Wort zur Diagnose: daß wirklich ein Großteil der Bevölkerung heute an Zivilisationskrankheiten leiden, zeigen Untersuchungen über die Häufigkeit von Krankheiten in Arztpraxen.

Sehr oft werden Ihnen Herz-Kreislauf-Krankheiten begegnen, nicht selten Atemerkrankungen und Stoffwechselstörungen und genauso häufig rheumatische Erkrankungen und vegetative Störungen beziehungsweise Depressionen. Dennoch: behalten Sie im Hinterkopf: die häufigste „Krankheit“ ist die Diagnose! Untersuchungen beweisen, daß sehr häufig falsch diagnostiziert wird. Im Zweifelsfall schalten Sie also einen Kollegen ein - oder aber: Sie wissen Bescheid und sind sich sicher! In diesem Fall können Sie die Akupunkturnadel hervorholen oder die Blutegel aus dem Schrank. Denn jetzt wird es spannend: der Patient wird therapiert.

V. Die Kunst zu heilen oder Die Therapie

Mit den verschiedenen Therapiemethoden sind Sie sozusagen an des Pudels Kern angelangt. Es gibt wohl kaum einen befriedigenderen Moment für den Heilpraktiker als den Augenblick, da er weiß, daß er dem Patienten wirklich geholfen hat. Allein die Anzahl der verschiedenen Therapiemöglichkeiten ist jedoch fast Legion. Selbstredend, daß sie nicht in einem einzigen Buch abgehandelt werden können. Über jede Behandlungsmethode sind mehrere dicke Wälzer geschrieben worden; im Rahmen dieses Ratgebers kann man dementsprechend nicht ein paar hundert oder sogar ein paar tausend Bände zusammenfassen. Dennoch seien zumindest die wichtigsten und gängigsten Therapiemethoden besprochen; allerdings können auch diese nicht wie in einem medizinischen Lehrbuch bis ins kleinste Detail abgehandelt werden. Dies kann nur durch ein ganzes Studium abgedeckt werden - letztlich sogar nur durch ausreichende praktische Erfahrung. Trotz des umfangreichen Gebietes wollen wir aber nicht darauf verzichten, Sie zumindest mit den Anfangsgründen einiger Therapiemethoden vertraut zu machen.

Bevor wir uns Hals über Kopf in die Materie stürzen, noch einige Vorbemerkungen:

1. Die Schulmediziner stellen heute noch immer die Wirksamkeit einiger Methoden in Frage, obwohl längst zweifelsfrei erwiesen ist, daß Patienten damit geholfen werden kann. Unser Rat: Lassen Sie sich von der öffentlichen Diskussion nicht beirren. Ihre Aufgabe ist, Patienten zu heilen.

2. Darüber hinaus gibt es ein anderes hochinteressantes Phänomen: Methoden, die sich zum Teil seit Jahrhunderten bewährt haben, wer-

den oft von übereifrigen Schülern abgeändert. Aufzeichnungen über Aufzeichnungen existieren von Patienten, die mit bestimmten Therapien geheilt worden sind. Und dennoch gibt es immer wieder den neunmalklugen Heilpraktiker-Anwärter, der sich dazu berufen fühlt, eine Technik, die an tausenden Patienten erfolgreich angewandt worden ist, zu „verbessern", das heißt, bestimmte Schritte auszulassen oder andere hinzuzufügen. Gegen ein kreatives Talent ist zunächst nichts einzuwenden, aber es ist dennoch laut Aussage vieler Heilpraktikerdozenten faszinierend zu beobachten, wie einige allzu beflisssene Jünger immer wieder dazu neigen, altüberlieferte und getestete Heilmethoden abzuändern – wodurch man natürlich Gefahr läuft, ihre Funktionsfähigkeit zu beeinträchtigen. Wenn aber eine bestimmte Methode an unzähligen Fällen Ergebnisse gezeitigt hat, so sollte man hochzufrieden sein, daß man über ein solches Handwerkszeug verfügt. Der Adept sollte dankbar sein, nicht von der Pike anfangen und eine funktionierende Medizin entwickeln zu müssen. Unser Rat: halten Sie sich so genau wie möglich an Methoden, die bereits durch Erfolge ihre Wirksamkeit unter Beweis gestellt haben.

3. Nicht jede Technik und Heilmethode ist für jeden Schüler geeignet. Versuchen Sie also nicht, jede Therapie zu praktizieren. Es ist nichts dagegen einzuwenden, daß Sie auch theoretisch mit vielen Methoden vertraut sind, aber zur praktischen Anwendung gehört mehr: die Heilmethode muß in gewissem Sinn auf Sie zugeschnitten sein – oder Sie müssen sehr leicht Zugang zu ihr finden. Sie sollten eine gewisse Vertrautheit mit der Methode entwickeln, die Geräte dazu müssen Ihnen gut in der Hand liegen, und die Arbeit sollte Ihnen leicht fallen. Erinnern Sie sich: ein Patient „riecht", wenn der Heilpraktiker unsicher ist. Wenn Sie in eine Methode kein Vertrauen setzen können, so lassen Sie die Finger davon! Es gibt genug Heilmethoden, Sie sind nicht darauf angewiesen, eine bestimmte Behandlung durchzuführen.

4. Selbstverständlich ist, daß nicht jede Heiltechnik jede Beschwerde zum Verschwinden bringt. Verrennen Sie sich also nicht in eine *einzige* Methode, die vielleicht einige spektakuläre Erfolge gebracht hat. Ein Profi ist immer mit verschiedenen Waffen ausgerüstet. Wechseln Sie nicht in das Lager der Fanatiker über, wo man nur und ausschließlich die Wirksamkeit einer einzigen Heilmethode gelten läßt. Abgesehen davon, daß Sie mit einer solchen Einstellung unglaubwürdig wirken, verringert das Ihre Heilerfolge und Ihr Ansehen. Mit bestimmten Methoden können Sie bestimmten Phänomenen nicht beikommen! Wenn ein Bein amputiert werden muß, weil ansonsten der ganze Mensch ster-

ben würde, können Sie nicht anfangen, Ohrakupunktur zu praktizieren. Dann haben Sie im Gegenteil alle Chancen, vor dem Kadi zu landen.

Um aber einen Augenblick bei der Amputation zu verweilen: Umgekehrt gehört es zum Beispiel zu den faszinierenden Erfolgen der Ozontherapie - die, nebenbei bemerkt, auch von „normalen" Ärzten angewandt und empfohlen wird -, daß ein Bein, das „eigentlich" amputiert werden müßte, durch diese Therapie gerettet werden kann. Ein Wort noch zur Funktionsweise: Ozon ist von Haus aus zunächst ein giftiges Gas. Die chemische Formel lautet O_3. Innerhalb eines bestimmten Gerätes wird ein Sauerstoff-Ozon-Gemisch erzeugt, das intramuskulär oder auch intravenös eingespritzt wird. Ganz allgemein fördert dieses Gemisch die Durchblutung. Speziell bei Patienten, die zum Beispiel ein sogenanntes Raucherbein besitzen (was nicht unbedingt bedeuten muß, daß dieses Phänomen auf Grund übermäßigen Zigarettenkonsums entstanden ist), hilft die Ozontherapie oder kann helfen, um präzise zu bleiben. Ein Raucherbein bedeutet zunächst nichts anderes, als daß die Arterien sich mehr und mehr schließen. Äußerlich ist es dadurch erkennbar, daß das Bein blau wird, im Endstadium schwarz. Viele Schulmediziner werden dem Patienten raten, das Bein abnehmen zu lassen, bevor noch weitere Körperteile befallen werden können.

Es gibt mehr als ein Beispiel, da der verzweifelte Patient sozusagen als letzte Station den Heilpraktiker aufsucht, um die Amputation zu verhindern. Wir wissen um einen konkreten Fall, da der Heilpraktiker die „große Blutwäsche" anordnete, ohne selbst an die Therapie zu glauben. Er saugte circa 100 Milliliter venöses Blut ab, vermischte es mit Ozon und ließ es wieder in die Vene eintropfen. „Richtige" Arbeit also, denn die ganze Prozedur mußte zehnmal wiederholt werden. Der Patient aber glaubte fast an ein Wunder, als die Blaufärbung im Laufe der Behandlung langsam, aber systematisch zurückging und das Bein nicht abgenommen zu werden brauchte.

Dieses spezielle Beispiel wurde uns von einem Heilpraktiker aus der Frankfurter Gegend berichtet, der in seiner typisch Frankfurterischen Mundart noch hinzufügte, daß der Patient noch heute „wie ein junger Hersch" (= Hirsch) herumläuft. In bestimmten Fällen wirken also bestimmte Methoden „Wunder". Dennoch unser Rat: verabsolutieren Sie keine Heilmethode.

Ein Großteil der Rivalität zwischen dem Arzt und dem Heilpraktiker basiert auf der Gegensätzlichkeit der verschiedenen Heilmethoden. Es ist leider fast schick, sich gegenseitig der Ineffizienz oder, schlimmer, der Verantwortungslosigkeit zu bezichtigen. Diese Diskussion ist überflüssig und hilft auch Ihnen nicht weiter. Die Naturheilkundler, zu deren Credo sich übrigens auch zunehmend Schulmediziner bekennen, sind insofern im Vorteil, als sie Methoden verwenden, die nicht oder kaum schädlich sind, sofern sie sachgerecht angewandt werden. Während der „Pillendoktor“ sich ständig gegen Vorwürfe zur Wehr setzen muß, die die schädlichen Nebenwirkungen seiner „Chemiebomben“ anprangern. Aber auch bestimmte schulmedizinische Verfahrensweisen sind selbstverständlich zu begrüßen und haben Patienten nachweislich geholfen.

Auch Sie sollten nicht zögern, einen Patienten umgehend zu einem erfahrenen Arzt zu schicken, wenn Sie wissen, daß Sie ihm nicht weiterhelfen können. In bestimmten Fällen müssen Sie es sogar tun! Im Gegensatz zur ärztlichen Praxis unterliegen Heilpraktiker nämlich bestimmten gesetzlichen Beschränkungen. Da dies außerordentlich wichtig ist, sei es der Eindringlichkeit halber nochmals wiederholt: Sie dürfen keine Geschlechtskrankheiten sowie Krankheiten und Leiden der Geschlechtsorgane behandeln. Serum-Schutzimpfungen, Geburtshilfe, Verordnung von Opiaten und starkwirkenden (ärztliches Rezept erfordernden) Arzneimitteln sind für Sie ebenfalls tabu. Und schließlich dürfen Sie auch die Zahnheilkunde nach zahnärztlich-wissenschaftlichen Erkenntnissen nicht ausüben. Schicken Sie also immer Patienten zum Arzt, wenn

- Sie gesetzlich dazu verpflichtet sind und
- wenn Sie wissen, daß Sie nicht helfen können.

Ein Fall aus der Praxis:

Ein frischgebackener Heilpraktiker übernahm eine Patientin von seinem Vorgänger, der sich zur Ruhe gesetzt hatte. Es handelte sich um eine circa 55 Jahre alte Dame, deren rechtes Bein immer dicker wurde. Der Heilpraktiker behandelte sie homöopathisch. Nach vier Wochen beklagte sie sich über einen dicken Fuß, worauf ihr ein weiteres Einzelmittel verordnet wurde. Schließlich erfolgte eine heftige Arzneimittelreaktion, woraufhin der Heilpraktiker das Mittel wieder absetzte. Die Patientin wunderte sich, daß die Geschichte nicht besser wurde – und ging schließlich zu einem Arzt, der eine Thrombose feststellte. Er behandelte sie entsprechend und teilte ihr mit, daß dies zu ihrem Tod hätte führen können. Selbstredend, daß diese Patientin den nächsten Termin bei dem Heilpraktiker absagte und wie im Märchen nie wieder gesehen ward!

Wir wollen also nicht alles durch die rosarote Brille sehen. Es ist von Bedeutung, daß Sie Ihre Möglichkeiten und Ihre Grenzen genau kennen. Erst dann haben Sie das Zeug zu einem wirklich erfolgreichen Heilpraktiker. Denn Sie besitzen phantastische Mittel, die unerhörte Ergebnisse hervorzubringen vermögen. Und in diesem Fall braucht ein Heilpraktiker sein Licht wahrhaftig nicht unter den Scheffel zu stellen.

Homöopathie

Die Homöopathie ist die wohl am häufigsten angewandte Behandlungsmethode in einer herkömmlichen Heilpraktiker-Praxis. Darüber hinaus stehen ihre Prinzipien im genauen Gegensatz zur allophatischen Therapie. Allein aus diesen beiden Gründen ist eine ausführliche Betrachtung ihrer Grundsätze und Wirkungsweise angebracht.

Mit der Homöopathie sind derart erstaunliche Heilerfolge erzielt worden, daß sie als Therapiealternative kaum mehr ernsthaft angegriffen werden kann. Unseres Erachtens besteht die größte Gefahr heute darin, angehenden Heilpraktikern begreiflich zu machen, daß die Methoden nicht ständig abgeändert werden sollten. Die Homöopathie braucht heute nicht mehr erfunden zu werden, denn die Heilerfolge bei einer ganzen Fülle von Krankheiten sind beachtlich.

Bevor wir uns mit der Theorie und den Prinzipien vertraut machen wollen, zunächst einige konkrete Beispiele aus der Praxis:

Fall 1: Patient: ein 28jähriger Berufssoldat, Lieblingssport Karate, klagte über Muskelverzerrungen und Muskelkater. Nicht die Art von Muskelkater, die Arnika (Heilpflanze, deren Extrakte in homöopathischer Verdünnung verordnet werden) indizieren würde. Korrektes Mittel: Rhus tox. (Rhus tox. ist die Abkürzung von Rhus toxicodendron, einem hochgiftigen Giftefeu, in Nordostasien und Nordamerika beheimatet), u. a. gegen (oder für) Muskelkater. Rhus tox. wurde prophylaktisch verabreicht, in bestimmter Potenzierung, zweimal wöchentlich. Danach traten so gut wie keine Muskelzerrungen und Beschwerden mehr auf.

Fall 2: Patient: eine Hausfrau, Mutter-Typ, Jahrgang *1948*. Anlaß: Wanderung im Schwarzwald mit der gesamten Familie. Symptom jedes Familienmitglieds vorher: Muskelkater in Folge Erschütterung. Die Mutter kaufte Arnika LM 18 und verabreichte es jedem Familienmitglied. Ehemann: Mediziner. Er mißtraute dem „Hokuspokus“, nahm aber seiner Frau zuliebe ebenfalls Arnika. Am nächsten Morgen stand er auf, jedoch nicht wie sonst üblich mit verzerrtem Gesicht. Als seine Frau ihn nach dem Muskelkater fragte, gab er zu, daß er verschwunden sei, meinte aber, daß das nichts mit Arnika zu tun haben könne. Als die anderen Familienmitglieder Ähnliches berichteten, mußte er (zähneknirschend) klein beigeben. Seine Frau verabreichte nochmals Arnika. Folge: kein Muskelkater während der ganzen Schwarzwald-Wandertage, im Gegensatz zu früheren Wanderungen.

Fall 3: Patient: Frau in mittlerem Alter, von Beruf Schauspielerin, kam auf Empfehlung zum Heilpraktiker. Erkrankung: Pilz in Scheide. Experten (= Schulmediziner) uneinig. Einige Doktoren diagnostizierten „Pilz", andere „Hautausschlag", wieder andere „Allergie". Patientin wollte wegen Schamgefühl nicht untersucht werden - was in diesem Fall tatsächlich unnötig war. Symptome eindeutig: starkes Brennen mit Jucken, speziell beim Verkehr. Seit der Geburt ihres Sohnes vor 4 Jahren kein Verkehr mehr. Immense Familienprobleme. Alle Unterdrükkungsmittel wie Kortikoide, Sulfonamide sowie alle Schmerzmittel zunächst radikal abgesetzt und ein homöopathisches Mittel verabreicht. Als Folge kam der Ausschlag massiv zum Ausbruch. Begleiterscheinungen: extremes Jucken, Brennen, Wundheitsgefühl. Durchhaltevermögen der Patientin wurde strapaziert. Nach zwei Wochen ließ Ausschlag nach, in Häufigkeit und Intensität. Jucken und Brennen weniger stark, Ausschläge nicht mehr so großflächig. Nach vier Wochen merkliche Besserung. Aufgrund der vielen chemischen Präparate Rückschläge, die vorausgesehen worden waren. Dennoch nur dreimonatige Behandlung, nach fünf Jahren schulmedizinischer Therapie. Kostenpunkt beim Heilpraktiker: circa 300 DM inclusive Medikamente.

Fall 4: Patient: Frau circa 35 Jahre. Ging auf Empfehlung zum Heilpraktiker. Temperament, Charakter: lustig, freundlich, umgängliche Person. Beobachtung: nahm im Sprechzimmer Platz - und wie bei einer Schlafpuppe fielen ihr automatisch die Augen zu. Der Heilpraktiker dachte zuerst, es handle sich um einen schlechten Witz, vermutete ein Hell-Dunkel-Problem oder Schamreaktion. Patientin schilderte schließlich ihr Problem: seit einem Jahr fielen ihr immer die Augenlider zu - ohne daß sie diese willentlich wieder öffnen konnte. Weitere Umstände: Die Frau arbeitete am Fließband und mußte zeitweise ihre Arbeit unterbrechen. Außerdem hatte sie Probleme im Straßenverkehr. Sie lief über die Straße, währenddessen die Augenlider herunterklappten. Das gleiche Phänomen vor dem Fernsehgerät oder beim Lesen einer Zeitung, im Gespräch oder während einer Diskussion. Soweit zur Symptomerhebung. Der Heilpraktiker fragte auch nach häuslichen Schwierigkeiten. Die Patientin ärgerte sich über ihren Ehemann. Der Gatte bezeichnete sie ständig als „dumm". Immer wenn sie etwas las, verstand sie nichts. Sie schlug im Lexikon Worte nach, wenn sie etwas nicht verstand und vergaß sofort, was sie gerade noch gelesen hatte. Ihr Mißtrauen war so groß, daß sie nicht glaubte, was im Lexikon stand. Weitere Symptome: Vergeßlichkeit und Unsicherheit in der Arbeit. Therapie: Medorrhinum C 10.000 (homöopathisches Mittel in bestimmter Potenz, 1 Tropfen auf die Zunge). Innerhalb von zwei Minuten gab Patientin an, daß ihre Augendeckel sich nicht mehr so oft schlössen. Nach einer Woche zweiter Heilpraktiker-Besuch. Sie war begeistert. Die Augenlider schlossen sich überhaupt nicht mehr. Heilpraktikerfehler: Er verabreichte weiterhin Medorrhinum. Hätte als Homöopath wissen müssen, daß man in der Besserungsphase nicht weiterbehandelt, da dies sonst in eine Verschlimmerung umschlägt. Genau das trat ein. Nach einer Woche erschien die Patientin über und über unglücklich. Sie brachte die Augen kaum mehr auf. Der Heilpraktiker verabreichte Placebo. Nach zwei Wochen besserte sich der Zustand und die Patientin überwand die Verschlimmerungsphase. Zustand wurde besser als je zuvor. Der Heilpraktiker verabreichte gleiches Medikament in höherer Potenz, und die Patientin war danach absolut beschwerdefrei. Behandlungsdauer: sechs Wochen. Kosten der Behandlung: 200 DM.

Solche „Stories“, wenn es erlaubt ist, das einmal salopp zu formulieren, lesen sich zum Teil wie Krimis. Mit Bedacht wurden im übrigen zuerst einige konkrete Fälle beschrieben, damit ein Einblick in die tatsächliche Praxis gewonnen werden kann. Patienten konfrontieren Sie mit allen möglichen und unmöglichen Problemen, wie sie kein Bühnenschriftsteller theatralischer gestalten kann. Auch das ist also Teil der Praxis. Darüber hinaus kultivieren Patienten oft unrealistische Vorstellungen. Ihre Kunst besteht unter anderem darin, Fehlinformationen beim Patienten auszusortieren und sein Vertrauen zu gewinnen. Wenn Sie mit Erfolg behandeln, so ist das natürlich die beste Werbung, die Sie sich überhaupt vorstellen können. Und der betroffene Patient wird sich mit Sicherheit, wenn ihn wieder ein Zipperlein plagt, an Sie wenden.

Der Einblick in die homöopathische Praxis ist also mit Bedacht gewählt worden. Doch jetzt zur Theorie, die wir nicht gänzlich vernachlässigen können. Vorab eine wirklich dicke Empfehlung für ein bescheiden aussehendes Buch: „Der sanfte Weg – eine Information über Homöopathie für jedermann“ von Gerhard Risch. Es ist ein ganz ausgezeichnetes Büchlein mit einer Fülle an Informationen über die Homöopathie. Die Prinzipien und Grundgedanken werden hier mit aller Deutlichkeit und Verständlichkeit nachgezeichnet.

Aber jetzt endlich, was ist die Homöopathie? Wie entstand sie? Und wie wurde sie entwickelt? Der Begründer der Homöopathie ist der Arzt Samuel Friedrich Christian Hahnemann (1755-1843), der an verschiedenen deutschen Orten wirkte, bis er zuletzt in Paris internationale Berühmtheit erlangte. Bei der Übersetzung eines englischen Lehrbuches über Arzneimittel im Jahre 1790 stieß er auf das Mittel „China". Die Chinarinde ist uns bekannt als ein Medikament, aus dem „Chinin" hergestellt wird, das unter anderem Malaria heilt. Auch schon im 18. Jahrhundert wurde die Chinarinde gegen Malaria eingesetzt. Hahnemann fragte sich nun, ob es nicht möglich wäre, Genaueres und Besseres über die Chinarinde in Erfahrung zu bringen. Eine chemische Analyse nach unseren heutigen Maßstäben war damals nicht möglich. Hahnemann entschloß sich zur Prüfung an sich selbst. Zweimal täglich nahm er eine geringe Menge der Chinarinde zu sich und bemerkte bald typische Erscheinungen von periodisch auftretenden Fieberanfällen. Sobald er das Mittel absetzte, klangen diese Krankheitserscheinungen ab. Dieses Arzneimittel konnte also bei einem gesunden Menschen eine „Krankheit" erzeugen. Hahnemann stellte im Laufe seiner Forschungen darüber hinaus fest, daß die Chinarinde tatsächlich nur bei den Malariafällen hilft, die dem von ihr erzeugten Krankheitsbild ähnlich waren.

Dementsprechend formulierte Hahnemann das wichtigste Prinzip: „Man wende in der zu heilenden Krankheit dasjenige Arzneimittel an, welches eine andere möglichst ähnliche Krankheit zu erregen imstande ist - und jene wird geheilt werden." Oder, kürzer formuliert: „Similia similibus curantur" - „Ähnliches soll mit Ähnlichem heilen!" Verabreichte man also dem Kranken eine Arznei, die in der Zusammensetzung dem Gift möglichst ähnlich war, in unschädlich geringer Dosierung, so löste man einen unterschwelligen Heilreiz aus. Die Abwehrsysteme wurden durch dieses Signal in die Lage versetzt, jetzt von sich aus gegen das Gift aktiv zu werden.

Damit war dem Prinzip der Allopathie das Prinzip der Homöopathie entgegengesetzt worden. Die Allopathie stützt sich auf Medikamente, die „anders beschaffen" sind als die Krankheit und sich damit gegen die Krankheit und deren Symptome richten. Die Homöopathie aber setzt bei Krankheit „ähnliche" Medikamente ein. Sie schickt nicht chemische ‚Feinde' in den Körper, sondern etwas „Ähnliches", ein „Simillimum" (lat. = das „Ähnlichste"). Dieses Prinzip des kleinen „Giftreizes", der die Abwehrbereitschaft des Körpers stärkt, findet übrigens auch bei Impfungen zum Beispiel Anwendung. Seine Erkenntnisse legte Hahnemann in seinem Hauptwerk nieder, das 1820 erschien. Der Titel: „Organon" -, ein griechisches Wort, was frei übersetzt soviel wie „Handwerkszeug" bedeutet. Später wurden homöopathische Mittel im großen Stil geprüft - auch an Menschen, die sich dafür zur Verfügung stellten.

Die homöopathische Arznei rekrutiert sich im übrigen aus dem pflanzlichen, tierischen und mineralischen Bereich. Aber auch chemische Substanzen werden eingesetzt. Insgesamt gibt es etwa 3.000 Mittel. Rund 250 werden häufig angewendet. Aus dem Pflanzenreich stammen zum Beispiel Arnika (Bergwohlverleih), Belladonna (Tollkirsche), Berberis vulgaris (Sauerdorn) sowie Oleander und Zinnkraut. Aus der Tierwelt kommen Ambragrisea (Darmsekret des Pottwals), Substanzen der Honigbiene, der Kreuzspinne, der Küchenschabe und der Kröte. Aber auch die Tarantel oder das Stinktier „heilen". Aus der Chemie werden Säuren, Metalle und andere Elemente eingesetzt, wie Salzsäure, Salpetersäure, Phosphorsäure, Schwefel, Silber oder Zink. Schließlich gibt es noch einige Mittel, die aus Krankheitsprodukten gewonnen werden, zum Beispiel: Medorrhinum (aus Trippergift gewonnen), Psorinum (aus Krätzebläschen gewonnen), Pyrogenium (aus verfaultem Rindfleisch gewonnen) oder Tuberculinum (aus Tuberkelbazillenkulturen gewonnen). Einiges hört sich im ersten Moment vielleicht nicht gerade appetitlich an, aber diese Frage stellt der Arzt und Heilpraktiker nicht.

Wie wird das homöopathische Medikament nun aufbereitet? Nehmen wir ein konkretes Beispiel. Eine Pflanze soll als Heilmittel genutzt werden. Zunächst wird die wildwachsende Pflanze gesammelt - und gereinigt. Sodann wird der Saft durch Auspressen gewonnen und durch Zusatz von 90prozentigem Alkohol (der Haltbarkeit wegen) im Verhältnis 1 : 1 zu einer Essenz aufbereitet. Die Homöopathen nennen dies die Urtinktur und geben ihr das Zeichen Ø. Natürlich ist die Urtinktur in vielen Fällen noch giftig. Daher können Sie Auszüge aus giftigen Pflanzen auch nicht ohne Rezept in der Apotheke kaufen.

Von dieser Urtinktur ausgehend wird nun die erste Verdünnung hergestellt. Es gibt Homöopathen, die Verdünnungen von 1:10 bevorzugen. Hierbei wird nach der „Dezimal-Skala" verdünnt. Auf jeder Arzneimittelflasche ist das durch ein D hinter dem Namen der Arznei gekennzeichnet, z.B. Arnika D 8 ($= \frac{1}{10^8}$). Andere Homöopathen bevorzugen ein Verdünnungsverhältnis von 1:100, sie arbeiten also lieber mit Verdünnungen. Das wird durch ein C hinter dem Arzneinamen gekennzeichnet, z.B. Psorinum C 1.000 = Verdünnung

$\frac{1}{100^{1000}}$. Wieder andere schließlich möchten ihre Verdünnungen im Verdünnungsverhältnis von 1:50.000 hergestellt haben. Dabei würde ein LM hinter dem Arzneinamen stehen, z. B. Rhus tox. LM 60 = Verdünnung $\frac{1}{50.000^{60}}$.

Nehmen wir nun also an, es sollte im Verhältnis 1:10 verdünnt werden. Da die Urtinktur ja schon zugesetzten Alkohol im Verhältnis 1 : 1 enthält, muß man von ihr zwei Gewichtsteile nehmen und zu diesen acht Gewichtsteile Alkohol geben (man nimmt meist 45prozentigen Alkohol). Auf diese Weise wird der Pflanzensaft im Verhältnis 1 : 10 verdünnt. In der Flasche befindet sich nur noch ein Arzneigehalt von einem Zehntel.

Die Flasche, in der sich diese Verdünnung befindet, wird nun einige Male kräftig geschüttelt oder - noch besser - „in einem gleichmäßigen Rhythmus gegen einen nicht allzuharten Gegenstand, etwa einen Buchrücken aus Leder gestoßen“ (Gerhard Risch). Dieser Vorgang des gleichmäßigen, kräftigen Schüttelns oder Stoßens wird als Potenzieren bezeichnet, und ist nach Auffassung überzeugter Homöopathen entscheidend. Unterläßt die Herstellerfirma diesen Schritt, dann verkauft sie eine reine Verdünnung, die homoöpathisch unwirksam ist.
Für jede neue Potenzstufe werden neue Flaschen verwendet, damit nicht etwa an der Glaswand Rückstände verbleiben, die das genaue Verhältnis stören könnten. Man kann nun im Verhältnis 1 : 10, 1 : 100, 1 : 1.000, 1 : 1.000.000 und so weiter verdünnen und potenzieren. Hochgiftige Substanzen sind erst in einer Potenzstufe, in der der ursprüngliche Pflanzensaft nur noch in einem Verhältnis von 1 : 10.000 vorhanden ist, in der Apotheke erhältlich.

Wollen Sie nun nach der Centesimal-Skala (Verdünnung 1 : 100) potenzieren, dann verfahren Sie genauso wie bei den Dezimalpotenzen (Verdünnung 1 : 10), nur daß Sie zu einem Gewichtsteil Arzneistoff 99 Gewichtsteile Alkohol zusetzen und dann schütteln oder stoßen. So erhalten Sie die C 1. Davon wieder ein Gewichtsteil mit 99 Gewichtsteilen Alkohol verschüttelt, ergibt die C 2. Und so fahren Sie fort. Manche Homöopathen bedienen sich mit Vorliebe der C 30, C 200 oder gar C 1.000. In solcher Potenz wäre also kein Arzneigehalt enthalten. Denn schon nach der D 24 oder der C 12 ist nach den Gesetzen der Physik und Chemie kein Molekül des Ausgangsstoffes mehr in der Flasche vorhanden. Bei einer C 1.000 wäre das Verdünnungsverhältnis so, „als ob man einen Tropfen Arznei in den Ozean fallen ließe und das Gemisch dann als homöopathische Medizin deklarierte“ (Gerhard Risch).

Spätestens an dieser Stelle setzt natürlich vehemente Kritik seitens der Schulmedizin ein. In einer Fernsehsendung wurde einmal plastisch demonstriert, was es bedeutet, wenn man einen Tropfen in einen Ozean fallen läßt - indem der Reporter mit einem Boot auf das Meer hinausfuhr und dort einen Tropfen einer „Arznei" in das Wasser gab. Tatsächlich scheidet sich an diesem Punkt selbst das homöopathische Lager. Einige Jünger folgen den ursprünglichen Lehren, andere können nur noch stumm den Kopf schütteln. Selbstverständlich vermögen wir im Rahmen dieses Buches das Problem nicht im Handumdrehen zu lösen. Aber immerhin sei Ihnen die Argumentation der Homöopathen-„Hochpotenzler" nicht vorenthalten. Sic argumentieren folgendermaßen: Der Ausdruck „Verdünnung" trifft auf die Zubereitung der homöopathischen Mittel nicht zu. Eine bloße Verdünnung würde im Gegenteil eine Abschwächung der Wirkkraft des ursprünglichen Arzneistoffes bedeuten. Nach Meinung der Hochpotenzler entfalten die meisten Mittel jedoch erst durch die Potenzierung ihre Kraft zur Heilung.

Der wissenschaftlichen oder unwissenschaftlichen Diskussion können wir im Rahmen dieses Buches nicht im Detail nachgehen. Versucht man, einen neutralen Standpunkt einzunehmen, so muß man zugeben:

1. Daß eine solche, fast unendliche Verdünnung eine Wirksamkeit zeigen soll, läßt sich tatsächlich nur schwer „glauben". Ein objektiver Beweis könnte nur durch eine Reihe von Versuchen angetreten werden, der nach Meinung der „Tiefpotenzler" noch nicht erbracht worden ist.

2. Aber: daß die Quantität eines Heilmittels eine entscheidende Rolle für die Wirksamkeit eines Medikaments darstellt, ist selbstredend und millionenfach bewiesen. Hinzu kommt, daß man bescheiden genug sein sollte zuzugeben, daß viele Umstände heute noch nicht hinreichend erforscht sind. Wenn eine „wissenschaftliche Grundlagentheorie" noch aussteht, so bedeutet das nicht automatisch, daß eine Methode nicht funktioniert. Möglicherweise sind hier „Psitronen", das heißt kleinste Teilchen fast ohne Masse am Werk, Partikel von einer Winzigkeit, wie man sie sich kaum mehr vorstellen kann. Wissenschaftler haben im übrigen erst vor relativ kurzer Zeit ein kleineres Teilchen als das Elektron postuliert, den sogenannten Partikel "Quark", ein hypothetisches Teilchen, aus dem sich andere Partikel (wie das Elektron) zusammensetzen sollen.

Dieser Erklärungsversuch mag in die richtige oder falsche Richtung weisen, das sei dahingestellt. Verfechter der Hochpotenzen betonen jedenfalls nicht ganz zu Unrecht, daß uns seitens der Wissenschaft noch Erkenntnisse ins Haus stehen und daß viele Phänomene noch nicht gedeutet worden sind - obwohl bestimmte Effekte und Wirkungen zweifellos vorhanden sind. In einem Satz: wenn man die Ursache für eine Wirkung noch nicht wissenschaftlich erklärt hat, so bedeutet das nicht, daß deshalb die Wirkung nicht existiert.

Soviel zu dem wissenschaftlichen Streit und der Argumentation beider Seiten. Aber noch ein Wort zu der Situation heute: Das homöopathische Lager ist gespalten. Manchmal werden sogar harte Fehden ausgetragen zwischen „Hochpotenzlern" und „Tiefpotenzlern". Manche literarische Arbeit legt Zeugnis ab von diesem Zwist. Nachdem die Hochpotenzler zunächst in Deutschland an Boden gewannen, breitete sich ihre Auffassung hauptsächlich in England und Amerika aus. Nach dem ersten Weltkrieg setzte für die Hochpotenzler eine Zeit des Niedergangs ein, besonders in Amerika, während die Tiefpotenzler Territorium zurückeroberten. Heute sind die Hochpotenzler, die sich streng nach den Grundsätzen Hahnemanns richten und ihre Methode die „klassische Homöopathie" nennen, in der Minderheit. Daneben gibt es auch Homöopathen, die „in der Mitte" stehen, die also Hoch- und Tiefpotenzen anwenden.

Die Tiefpotenzler sind jedoch weit in der Mehrzahl. Daß sie die Mehrheit bilden, liegt wohl daran, daß es einem nach schulmedizinischer Tradition ausgebildeten Arzt leichter fällt, Tiefpotenzen zu verordnen. Eine Tiefpotenz enthält ja noch Arzneistoff, und das ist für viele ein beruhigender Gedanke. Die Tiefpotenzler teilen auch gern ihre Arzneimittel nach organspezifischen Gesichtspunkten ein. Sie suchen ihre Medikamente nicht so sehr nach der Ähnlichkeitsregel aus, daß also bestimmte Mittel in Beziehung zu bestimmten Organen stehen, zum Beispiel zur Niere, zum Magen, zum Herzen und so weiter. Sondern es gibt noch eine weitere Richtung, die zwar mit homöopathischen Medikamenten arbeitet, aber sogenannte Komplexmittel verordnet. Hierbei werden mehrere Mittel - meist in tiefer Potenz -, die mit einem bestimmten Organ in Beziehung stehen, in einer Flasche gemischt. Mit der Ähnlichkeitsregel hat dies nichts mehr gemein. Dennoch: die Komplexmittelverordnung ist heute sehr verbreitet.

Eine letzte Richtung stellen schließlich die anthroposophischen Ärzte dar, die von Rudolf Steiner inspiriert sind. Sie verordnen ebenfalls homöopathische Medizin. Sie argumentieren jedoch nicht mit der Ähnlichkeitsregel, sondern vertreten eine ganz bestimmte Philosophie, eben die Anthroposophie, die aber hier nicht beschrieben werden soll.

Soviel zu den verschiedenen Schulen. Unsere Erläuterungen dürften Ihnen bereits einen kleinen Einblick in den „Markt" verschaffen. Eine endgültige Empfehlung, welche Homöopathie die „richtige" ist, wollen wir in diesem Buch absichtlich nicht aussprechen. Daß Heilerfolge gegeben sind, und mit homoöpathischen Mitteln erstaunliche Wirkungen erzielt werden können, steht jedoch außer Frage. Dem angehenden Heilpraktiker stehen je nach „Schule" verschiedene Arzneimittellehren zur Verfügung. Das Österreichische Institut für homöopathische Medizin Wien bemüht sich beispielsweise darum, die Homöopathie zu systematisieren und eine allgemein gültige Verfahrensweise zu erarbeiten. In dem Ausbildungsprogramm hier findet man eine (kurzgefaßte) Arzneimittellehre, worin nur die jeweils zwölf wichtigsten Mittel bei den einzelnen Beschwerden angegeben sind. Wird ein Patient zum Beispiel von Kopfschmerzen geplagt, so empfiehlt man hier Gelsemium, Iris vers. und Arnika. Im übrigen wird in dieser Arzneimittellehre noch nach den verschiedenen Kopfschmerzsymptomen differenziert. Die „klassischen" Homöopathen richten sich nach einer Arzneimittellehre, die unter anderen von dem amerikanischen Arzt James Tyler Kent aufgestellt wurde, der in der Gefolgschaft Samuel Hahnemanns steht. Im übrigen wird Sie „Ihre" Schule mit einem entsprechenden „Repertorium" (= Nachschlagewerk) bestimmt ausrüsten, worin beschrieben ist:

„Man nehme …
bei Kopfschmerzen …
Arnika, Gelsemium, Glonoinum, Psorinum, Sulfur …"

Wie sieht die Homöopathie nun in der Praxis aus? Wenn Sie Homöopathie praktizieren, gehen Sie interessanterweise auf eine gänzlich andere Weise auf den Patienten zu als der „herkömmliche" Arzt. Bei dieser Therapieform wird die *Beobachtung* zunächst großgeschrieben, eine Tugend, auf die schon Hahnemann größten Wert legte und die gar nicht hoch genug veranschlagt werden kann. Ein Profi-Homöopath wird den Patienten mit Argusaugen beobachten, und zwar vom ersten Moment an, da er zur Tür hereinkommt. Wie ist der Gang? Schleppend? Forsch? Wie die Gesichtsfarbe? Welchen Eindruck macht die Haut, welchen die Gestalt? Selbst am Geruch kann der erfahrene Homöopath bereits erste Erkenntnisse gewinnen. Wenn Sie einmal wirklich die Kunst der Beobachtung systematisch pflegen, auch im täglichen Leben, können Sie hochinteressante Einsichten gewinnen! Es ist abenteuerlich, was und wieviel man erkennen kann, wenn man wie ein Luchs beobachtet! Auch für die Diagnose ist dies wichtig.

Es gibt ein hübsches Beispiel von einem absolut perplexen Patienten, der von einem Heilpraktiker untersucht wurde. Während des Gespräches plazierte der Patient seine Hand auf der rechten Unterleibshälfte. Als der Heilpraktiker ihm schließlich nach einer kurzen Diagnose auf den Kopf zusagte, daß er Schwierigkeiten mit der rechten Unterleibshälfte hätte, fielen diesem Patienten fast die Augen aus dem Kopf. Er staunte, wie ein Mensch so scharfsinnig und so gut diagnostizieren könne. Dabei hatte der Heilpraktiker nichts anderes getan, als genau, allerdings sehr genau, hinzuschauen. Dieses Beispiel aus der Praxis, das tatsächlich vorgekommen ist, soll Sie natürlich nicht dazu animieren, einem gewissen Hokuspokus zu frönen. Aber es demonstriert eindrucksvoll, was Beobachtung alles vermag.

In diesem Zusammenhang ein Wort zur Sache: vermeiden Sie unter allen Umständen, selbst wenn Sie einen spektakulären Heilerfolg erringen, sich mit der Aura eines Wunderheilers zu umgeben. Es sind schon gar zu viele über Scharlatanerie gestolpert. Obwohl es verführerisch ist, als eine Art Zauberer angesehen zu werden, schadet es Ihnen letztlich, denn die immer wache Konkurrenz wird Ihnen mit dem größten Vergnügen auf die Finger klopfen.

Abgesehen von der Beobachtung pflegt der Homöopath aber noch eine andere Tugend, um herauszufinden, was den Kranken plagt: er stellt Fragen - mit einer Hartnäckigkeit, die für den Nicht-Homöopathen ungewöhnlich ist. Er erkundigt sich zwar nach dem Stuhlgang ebenso wie der Schulmediziner, aber ihn interessiert auch, wann die Schmerzen zu welcher Jahreszeit besonders heftig auftreten. Er erkundigt sich nach der beliebtesten Bewegungsart (gehen, fahren, fliegen), er interessiert sich für die Schlafgewohnheiten und vieles mehr, um sich ein wirkliches Bild von dem Krankheitsbild zu verschaffen. Erst nachdem sämtliche Symptome gewichtet worden sind, kann das korrekte homöopathische Mittel eruiert werden.

In den einzelnen Arzneimittelbüchern sind die speziellen Vorlieben oder Schwierigkeiten des Patienten aufgeführt, damit der Homöopath wirklich das richtige Mittel erwischt. Der Heilpraktiker kann diese Kunst des zielgenauen Fragens letztlich nur in der Praxis am Patienten erlernen.

Weiterhin sollte der angehende Heilpraktiker, der sich der Homöopathie bedient, darauf vorbereitet sein, wie der Heilungsverlauf abläuft. In einigen Fällen tritt die sogenannte „homöopathische Erstverschlimmerung" ein, die man nur im Rahmen der gesamten Theorie der Homöopathie verstehen kann. Wenn ein Patient mit dem chronischen Leiden Asthma zum Beispiel auf ein Medikament Reaktionen zeigt, so kann es sein, daß das Asthma verschwindet - dafür aber ein Hautausschlag am Arm auftritt. Der Patient wurde davon bereits vor Jahren geplagt. Durch schulmedizinische, „harte“ Medikamente konnte der Ausschlag „erfolgreich“ unterdrückt werden, kommt jetzt aber wieder zum Vorschein.

Das heißt, eine Krankheit verschwindet und eine andere taucht auf. Das Leiden vergeht - und macht der vorletzten Krankheit Platz - bis diese verschwindet und die drittletzte auf den Plan tritt und so fort, bis alle Krankheiten sozusagen noch einmal durchexerziert worden sind. Die Krankheiten treten also in umgekehrter Reihenfolge nochmals auf. Die Heilung benötigt manchmal scheinbar unangemessen viel Zeit. Daß dafür die Krankheit aber auch wirklich von Grund auf geheilt ist, steht auf einem ganz anderen Blatt. Der Heilpraktiker sollte also mit diesem Phänomen vertraut sein und gegebenenfalls auch den Patienten darauf vorbereiten, der sofort „Wunder“ sehen will und bis zu einem gewissen Grad umerzogen werden muß.

Zum weiteren Verständnis der Homöopathie empfehlen wir im übrigen „Zur Theorie der Homöopathie, J. T. Kents Vorlesungen über Hahnemanns Organon“. Was den Bereich und die Spannweite der Homöopathie anbelangt, lese man einmal informationshalber das Buch „Homöopathische Beeinflussung von Charakter, Trunksucht und Sexualtrieb“ (von Dr. Jean-Pierre Gallavardin), worin wirklich abenteuerliche Fälle beschrieben sind - angefangen von den Symptomen bis hin zur genauen Beschreibung des verabreichten homöopathischen Mittels.

Auch über psychisch bedingte Krankheiten hinaus haben Homöopathen Heilerfolge in Fällen erzielt, die beeindruckend sind. Da wir gar nicht praxisbezogen genug sein können und um die Anwendungsbreite zu demonstrieren, seien zum Abschluß dieser wohl am weitesten verbreiteten Therapiemethode noch einmal einige konkrete Beispiele aufgeführt.

Fall: siebenjähriger Junge mit einer eiternden Nagelbettentzündung. Mutter des Jungen: Krankenschwester von Beruf, verschiedene Hausmittel wurden bereits ausprobiert. Ohne Erfolg. Beschluß: Entfernung des Nagels in der nächsten Woche, weil große Schmerzen. Zuvor jedoch: Konsultation eines Heilpraktikers, der Homöopathie praktiziert. Er verschrieb zwei Medikamente. Nach ein paar Tagen vollständige Heilung, kein Schmerz, kein Eitern. Nagel mußte nicht entfernt werden.

Fall: 28jährige Frau, Lehrerin, - Verbrennungen dritten Grades bei der Hausarbeit. Homöopathische Behandlung mit phantastischer Heilung in einer Geschwindigkeit, die der Heilpraktiker selbst nicht für möglich gehalten hatte.

Fall: Heilpraktiker-Sekretärin verletzt. Stürzte mit dem Motorrad auf dem Weg zur Praxis. Schürfwunden auf der rechten Körperseite. Oberschenkel, Unterschenkel, Arm verletzt. Starke Schmerzen, Arm bewegungsunfähig. Kopf konnte nicht gedreht werden. Heilpraktiker verabreichte (seiner eigenen) Sekretärin Arnika, um die inneren Blutungen zu stillen. Äußerliche Behandlung der Wunden mit Calendula in Salbenform, die Urtinktur hätte durch den Alkohol auf den offenen Wunden zu sehr gebrannt. Fast unmittelbar bildete sich eine Hautschutzschicht. Dadurch keine Möglichkeit zum Eitern. Nach circa einer halben Stunde Arm wieder bewegungsfähig. Vollständiger Rückgang der Schleimbeutelschwellung am Ellenbogen. Schmerzen nach zwei Stunden vollständig verschwunden.

Fall: Lähmung bei einem jungen Mann, Jahrgang 1962, arbeitslos. Patient klagte über Gesichtslähmung rechtsseitig. Behandlung bei verschiedenen Spezialisten, Nervenärzten und Zahnärzten. Auch diverse Heilpraktiker, Homöopathen, Physiotherapeuten und Fachärzte für Innere Medizin konnten nicht helfen. Endstation: ein weiterer Heilpraktiker. Dieser setzte zunächst alle Medikamente ab. Verabreichte ein homöopathisches Medikament. Heilungsdauer: sechs Monate. Die Lähmung konnte vollständig beseitigt werden.

Soviel zu den wirklich überragenden Ergebnissen, die durch die Homöopathie erreicht werden können. Und das Anwendungsspektrum ist damit noch nicht einmal in seiner Gesamtheit beschrieben.

Akupunktur

Die Akupunktur ist weltweit eine der am häufigsten angewandten natürlichen Heilmethoden. Ursprünglich stammt diese Heiltechnik aus China, wo noch heute nach Angaben von Experten über eine Million Ärzte die Akupunktur praktiziert. Darüber hinaus ist sie in Japan Heilmethode No. 1 und auch in der Sowjetunion und Frankreich sehr bekannt. In den Vereinigten Staaten und bei uns findet sie ebenfalls zunehmend Freunde und Anhänger. Für viele Heilpraktiker gehören die Nadeln zum selbstverständlichen Inventar. Das Wort „acus“ ist die lateinische Bezeichnung für „Nadel“. „Punctura“ bedeutet „Stich“. „Akupunktur“ heißt also „Nadelstich“ oder „Lehre vom Nadelstich“.

Es ist hochinteressant, die Entstehung der Akupunktur zurückzuverfolgen: Der Ursprung dieser Heilmethode ist nach chinesischer Überlieferung darauf zurückzuführen, daß man feststellte, daß bei Soldaten, die mit Pfeilen verwundet wurden, Krankheiten oft plötzlich und auf unerklärliche Weise verschwanden. Bei näherer Untersuchung erkannte man, daß nicht die Größe der Wunde von Bedeutung war, sondern die Lokalität, der genaue Ort. Daraus entwickelte sich die Vorstellung, daß es möglich sein müsse, durch das Stechen in die Haut an ganz bestimmten Körperpartien Krankheiten zu heilen ...

Dies mag Legende sein oder Dichtung, am Anfang muß jedenfalls die Entdeckung gestanden haben, daß bei Reizung bestimmter Punkte eine heilsame Wirkung an anderen Stellen eintritt. In diesem Sinn ist die Akupressur sicherlich älteren Ursprungs als die Akupunktur. Beide wiederum gründen wahrscheinlich auf der Ya-Ya-Methode, ein rein empirisches Verfahren der alten Medizinmänner, wo mit den Fingernägeln von Zeigefinger und Daumen bestimmte Stellen gekniffen wurden, um eine heilsame Wirkung an anderer Stelle zu erzeugen.

Die Schriften über die Akupunktur reichen im übrigen über 4.000 Jahre zurück. Wir kennen bestimmte Bücher, die als „Nei Ching" bekannt sind und deren Fertigstellung angeblich etwa 1.500 Jahre gedauert haben soll. Für die klassische chinesische Medizin bilden diese Quellen noch immer die Grundlagen. In den Anfangsgründen der Akupunktur verwendete man im übrigen Akupunkturnadeln aus Stein, später Nadeln aus Knochen und Bambus. Mit der Entdeckung des Metalls und den Möglichkeiten, dieses zu verformen, wurden Nadeln aus verschiedenen Metallen entwickelt. Heute verwenden Akupunkteure vorzugsweise Nadeln aus Gold, Silber und Stahl in unterschiedlicher Länge und Stärke.

In den letzten Jahren wurde intensiv geforscht, um den Wirkungsmechanismus der Akupunktur zu ergründen. Genaugenommen wurde der Versuch unternommen, mit westlichen Meß- und Erkenntnismethoden eine östliche Technik salonfähig zu machen. Obwohl interessante Ergebnisse zu Tage gefördert wurden, wissen wir heute noch immer nicht mit letzter Bestimmtheit, wie die Akupunktur funktioniert. Die Wirkung der Akupunktur tritt oft in einem ganz anderen Körperteil auf als dort, wo die Akupunkturpunkte gestochen wurden. Ein weiteres noch ungelöstes Rätsel besteht darin, daß die Akupunktur selbst dann noch schmerzlindernd wirkt, nachdem die Nadeln längst herausgezogen sind. Offenbar bestehen nervliche Verbindungen auch zwischen weit voneinander liegenden Körperteilen. Namhafte Wissenschaftler haben vermutet, daß es sich bei der Akupunktur um Schwingungen im elektromagnetischen Bereich handelt.

Zur Erklärung der Akupunktur kommt man aber wohl kaum ohne die zugrundeliegende chinesische Yin-Yang-Philosophie aus. Yin-Yang bedeutete in der chinesischen Symbolik ursprünglich dunkel/hell, später männlich/weiblich, Tag und Nacht, heiß und kalt, Leben und Tod und so weiter. Yin und Yang sind Bestandteil einer Energieform, der sogenannten Lebenskraft „Chi“. Nach dem Glauben der alten Chinesen ergänzen sich Yin und Yang zu einem harmonischen Gesamtbild. Solange sie im Einklang stehen, ist der Mensch gesund. Sein Wohlbefinden hängt also mit anderen Worten vom Gleichgewicht zwischen Yin und Yang ab.

Die chinesische Akupunktur geht davon aus, daß sich die vitale Energie „Chi“ auf ganz bestimmten Bahnen im Körper bewegt, den sogenannten „Meridianen“. Der Ausdruck ist aus der Geographie entlehnt, wo der „Meridian“ eine gedachte Linie bezeichnet, nämlich eine kreisförmige Linie auf der Erdkugel, die durch beide Pole verläuft. Auf diesen Meridianen wirken in feststehender Richtung Yin und Yang Kräfte. Insgesamt zählt man 26 Hauptströme oder Meridiane. Auf diesen 26 Meridianen gibt es circa 800 Akupunkturpunkte, doch werden ständig neue entdeckt. Man unterscheidet zwölf Hauptmeridiane, von denen sechs zum Yin- und sechs zum Yang-Prinzip gehören. Außerdem gibt es noch acht Sondermeridiane und eine Reihe von Nebenmeridianen, durch die die anderen Meridiane miteinander in Verbindung stehen. Damit liegen die Meridiane auf einem netzartigen Linien-System. Diese Linien entsprechen der Theorie nach energetischen Leitungsbahnen, vergleichbar dem Nervensystem.

Das Verfahren besteht darin, über genau zu lokalisierende Punkte an der Körperoberfläche auf den Meridianen auf innere Organe einzuwirken. Die Kunst ist, die korrespondierenden Punkte zu finden, also festzustellen, an welcher Stelle genau zum Beispiel auf das Herz eingewirkt werden kann. Selbstverständlich gibt es längst exakte „Landkarten“ für den Körper. Aber es ist in diesem Zusammenhang amüsant festzustellen, daß die Akupunktur ursprünglich eine esoterische Wissenschaft war, das heißt bei den alten Chinesen wurde die genaue Lokalisation streng geheimgehalten. Das ging soweit, daß sogar „Landkarten“ mit falschen Punkten erstellt wurden, um den Laien irrezuführen.

Dieses Problem ist heute gelöst. Dennoch gehören nach wie vor eine gewisse Sensibilität und vor allem Erfahrung dazu, die korrekten Punkte bei dem speziellen Patienten ausfindig zu machen. Die Akupunktur ist im übrigen darauf ausgerichtet, durch Setzen von Reizen den natürlichen Selbstheilungstendenzen des Organismus Hilfestellung zu geben.

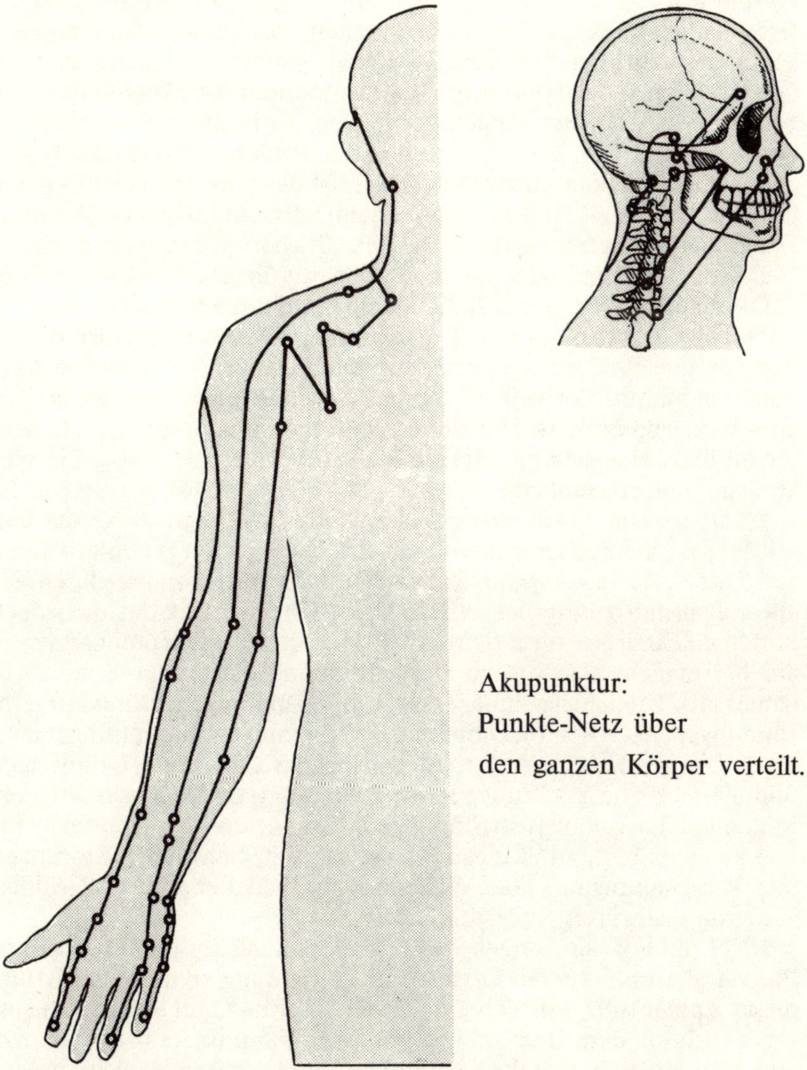

Akupunktur:
Punkte-Netz über
den ganzen Körper verteilt.

Die Nadeln werden verschieden tief in die Haut eingeführt, je nach der zu behandelnden Krankheit. Der tiefste Einstich mißt 12 Zentimeter und wird am Hüftgelenk vorgenommen. Die Nadeln verbleiben unterschiedlich lange an bestimmten Stellen, manchmal Sekunden oder Minuten, manchmal Stunden. Die Verweildauer richtet sich auch nach der Reaktion des Organismus. Bei bestimmten Krankheitszuständen können winzige Dauernadeln wochenlang an bestimmten Stellen belassen werden. Die gebräuchlichen Normalnadeln bestehen wie gesagt aus Stahl, Gold oder Silber. Angeblich hat der Stich mit einer Goldnadel eine anregende, mit einer Silbernadel eine beruhigende Wirkung. Der Experte unterscheidet verschiedene Sticharten - man kann mit der Nadel nur „picken" oder sie schraubenartig in das Gewebe drehen.

Die einfachste Form der Behandlung besteht darin, in solche Punkte zu stechen, die sich auf Druck als schmerzhaft erweisen. Doch die erzielte Schmerzlinderung ist meist nicht von Dauer. Der erfahrene Akupunkteur nimmt deshalb im Sinne des angestrebten Energieausgleiches eine kombinierte Nadelung mehrerer Punkte vor. Der Patient schaut dann vielleicht aus wie ein Igel oder Nadelkissen, aber die Wirkungen sind erstaunlich.

Wann ist eine Akupunktur-Behandlung angezeigt? Nun, die einschlägigen Fachbücher sind voll mit Erfolgsberichten geheilter Patienten. Die Fälle, da Akupunktur geholfen hat, sind zu zahlreich, um sie alle aufzulisten. Immerhin sei eine kleine Übersicht erlaubt, die jedoch nur einen Eindruck vermitteln soll. Erfolge stellten sich unter anderem ein bei manchen Arthrosen (nach Meinung einiger Experten nicht dauerhaft), Bronchialasthma, Dickdarmentzündungen, Dünndarmentzündungen, nervösen Erschöpfungen, Grünem Star, bestimmten Hauterkrankungen, Fehlfunktionen im gynäkologischen Raum, Lähmungen und Durchblutungsstörungen der Extremitäten, Magengeschwüren, Migräne, Nebenhöhlenentzündungen, Neuralgien, rheumatischen Erkrankungen, Verkrampfungen, Schlaflosigkeit, Schwindel, Störungen und Verspannungen in den Gallenwegen, Wadenkrämpfen, Zwölffingerdarmgeschwüren.

Nicht nur auf der übrigen Haut, sondern auch am Ohr etwa gibt es Punkte, die mit anderen Organen in Verbindung stehen. Auf Grund dieser Entdeckung entstand eine eigene Richtung und Schule, die ausschließlich mit dem Ohr arbeitet. Manche Akupunkteure betonen, daß eine Kombination der Ohr-Akupunktur mit der normalen Akupunktur die Wirkung verstärke, andere sind der Ansicht, daß sich Ohr-Akupunktur und klassische Akupunktur gegenseitig stören. Bei der Ohr-

Akupunktur wird davon ausgegangen, daß der gesamte menschliche Organismus sich im Ohr widerspiegelt. Tatsächlich kann man sich einen Embryo in das Ohr hineindenken, wodurch die Korrespondenzpunkte leicht ersichtlich werden. Darüber hinaus gibt es die Nasen-, Hand- und Fuß-Akupunktur. Ganze Systeme wurden hierfür aufgestellt, um eine große Anzahl körperlicher Erkrankungen nur über die Nase oder die Reflexzonen auf der Fußsohle und den Zehenballen zu beeinflussen.

Eines der interessantesten Verfahren ist die Elektro-Akupunktur. Mit Hilfe eines Detektors wird der Spannungswiderstand der Haut auf den Akupunkturpunkten gemessen und zur Anzeige gebracht. Die Elektro-Akupunktur arbeitet nicht mit Nadeln, sondern mit kleinen elektrischen Strömen, die vom Patienten kaum wahrgenommen werden. Natürlich bedient man sich hierbei ebenfalls der in der chinesischen Erfahrungsmedizin bekannten Akupunkturpunkte. Kombiniert mit verhältnismäßig einfachen technischen Geräten kann man heute feststellen, an welchen Akupunkturpunkten der Hautwiderstand gegenüber der Norm wesentlich herabgesetzt oder überhöht ist - und wie es also um die Gesundheit des jeweils „abgeschlossenen" Organs bestellt ist. Überhöhte Werte weisen auf eine Überbelastung hin, zu niedrige Werte bedeuten Funktionsschwächen. Die Dosierung der Stromstärke richtet sich nach der individuellen Situation des Patienten. Das Ziel ist hierbei ebenfalls, den „energetischen Haushalt" auszugleichen.

Die Bedeutung der Akupunktur kann heute nicht mehr in Frage gestellt werden. Es existieren so zahlreiche nachweisbare Heilerfolge, daß man sie mit theoretischen Grundsatzdiskussionen nicht mehr vom Tisch wischen kann. Nachweislich vermag man auch, mit Akupunktur-Methoden Betäubungen herbeizuführen - bei Operationen etwa -, wodurch keine Neben- oder Nachwirkungen auftreten wie mitunter bei der chemischen Narkose. Wie bei jeder Therapieform gilt jedoch auch für die Akupunktur, daß man sie nicht als alleinseligmachende Heilmethode anpreisen sollte. Ärzte oder Heilpraktiker, die allen Krankheitszuständen mit der Akupunktur beikommen wollen, erweisen den Patienten keinen guten Dienst. Auch bei uns gibt es mittlerweile viele Akupunktur-Schulen, die im übrigen zum Teil unterschiedliche Lehrauffassungen vertreten. Hochburgen der Akupunktur im deutschsprachigen Raum finden sich in München, Wien und Gießen. Wenn Sie sich zunächst im Überblick über die Methoden informieren wollen, empfehlen wir Köhnlechners „Handbuch der Naturheilkunde" und „Das große Buch der Naturheilkunde", verfaßt von dem Heilpraktiker

Rolf Stühmer, dessen jahrelange Erfahrungen im Fernen Osten ihn als einen profunden und qualifizierten Kenner der Materie ausweisen.

Wenn man sich wirklich mit der Methode vertraut machen will, helfen nur eine geeignete Heilpraktikerfachschule oder eine andere Ausbildungsstätte sowie wirkliche Praxis. In diesem Fall lassen sich mit der „Nadelstich-Technik" tatsächlich phänomenale Ergebnisse erzielen.

Zum Abschluß noch ein Beispiel aus der Praxis. Patient: Frau H.H., 31 Jahre, Verkäuferin. Seit 15 Jahren Psoriasis (Schuppenflechte), Asthma, Darmbeschwerden und depressive Zustände. Nach jahrelanger vergeblicher Behandlung mit fast sämtlichen Naturheilverfahren wurden bei ihr zwei tote Zähne mit Herden entdeckt. Nach der Herdbereinigung, die vom Heilpraktiker als eine Entblockierung des Abwehrsystems betrachtet wird, erfolgte eine Behandlung durch Einspritzungen homöopathischer Mittel in bestimmte Akupunkturpunkte. Leitend war der Gedanke, daß der Energiefluß in einem Teilbereich gestört sein mußte, der sowohl die beiden Zähne als auch das Asthma, die Psoriasis, die Dickdarmbeschwerden und die Depressionszustände verursachen mußte. Ergebnis: die Psoriasis heilte innerhalb von drei Wochen fast völlig ab.

Schröpfkopfbehandlung

Zunächst eine prinzipielle Bemerkung: wir haben bereits den Unterschied zwischen der Schulmedizin und den natürlichen Heilmethoden erörtert. Auf fast allen Universitäten lehrt man, das Problem lokal anzugehen, lehrt Organ- und Zellularpathologie. Im Gegensatz dazu ist die humoralpathologische Betrachtung eine „Säftelehre". Sie versucht, die Körperflüssigkeiten zu beeinflussen, welche die Verbindung zwischen allen Organen und Zellen herstellen.

In der Humoralpathologie beabsichtigt man also, durch Beeinflussung des Gesamtorganismus auf dem Wege des Blut- und Stoffwechsels auch die scheinbar isolierten Organerkrankungen zu heilen. Die Erfolge sprechen dabei eine eigene Sprache. Die „lokalistische" Medizin verabreicht bei Migräne zum Beispiel meist nur schmerzstillende oder lokale Mittel, selbst wenn sie keine greifbare Ursache am oder im Kopf selbst findet. Die folgenden Methoden, speziell die Schröpfkopfbehandlung, die Blutegeltherapie, die Baunscheidtsche Methode, die Cantharidenpflasterbehandlung und selbst die Ozontherapie sollten auf der Basis der Humoralpathologie gesehen werden, denn diese bildet das theoretische Fundament.

Das Schröpfen ist *eine* Methode der Humoralpathologie. Es basiert auf empirischem Wissen und wurde schon bei den ältesten Kulturvölkern angewandt. „Schröpfen“ bedeutet zunächst nur, mittels eines „Schröpfkopfes“ an einer bestimmten Stelle Blut zu entziehen oder zu verursachen, daß sich an dieser Stelle mehr Blut ansammelt.

Die Verwendung von Schröpfköpfen (Saugglocken aus Glas oder Metall) ist sehr alt, älter als selbst der Aderlaß. Das Aussaugen der Haut mit dem Mund könnte als Vorläufer dieser Methode angesehen werden. Jedenfalls wurde das Schröpfen schon in Indien, Griechenland und Ägypten geübt. Mit Gewißheit ist es über 5.000 Jahre alt. Im Zweistromland Mesopotamien schröpfte man vor mehr als 3.000 Jahren vor Christus. Hippokrates erwähnt diese Therapie ebenso wie Galen (129–199 nach Christus), einer der bedeutendsten Ärzte der römischen Kaiserzeit. Hufeland, der Leibarzt Goethes, erwies dem Schröpfen seine Referenz, und auch im 16., 17. und am Anfang des 19. Jahrhunderts fanden sich potente Befürworter dieser Methode in Kreisen der medizinischen Wissenschaft. Jahrzehntelang wurde sie als „mittelalterliche“ Methode verhöhnt, bis der Londoner Neurologe Henry Head (1861–1949) die alte Erfahrung bestätigte, daß es auf der Haut Organreflexzonen gibt. Mit anderen Worten, er entdeckte aufs neue, daß man durch die Beeinflussung der Haut eine Wirkung auf Organe verursachen kann. Die Grundlage der Akupunktur klingt ähnlich. Aber bei der Schröpfkopfbehandlung wird der Reiz-Reflex-Verlauf anders definiert: der Schröpfkopf wird auf eine „Headsche Zone“ (wie man die Hautsegmente nennt) angesetzt. Diese Zonen/Segmente/Teile oder Abschnitte auf der Haut sind mit bestimmten Rückenmarksegmenten (-abschnitten) verbunden, die wiederum über Nervenbahnen mit bestimmten Organen gekoppelt sind. Also: die Reihenfolge des Reizes verläuft von der Haut über das Rückenmark zu den Organen. Zwischen dem Hautsegment und dem entsprechenden Organ ist also über die Nerven ein Informationsaustausch möglich. Nicht kompliziert im Prinzip.

Man unterscheidet zwischen dem blutigen und dem unblutigen Schröpfen. Das blutige Schröpfen könnte man als örtlichen Aderlaß bezeichnen. Erhabene Stellen zeigen eine Fülle an und sind nach Meinung von Experten ein Zeichen dafür, daß blutig geschröpft werden sollte. Eingesunkene Stellen sollten unblutig geschröpft werden, da sie eine Unterfunktion vermuten lassen. Andere Fachleute betonen, daß die Entscheidung, ob blutig oder unblutig geschröpft werden sollte, ausschließlich eine Frage der Erfahrung und abhängig von der Verfassung des Patienten sei. Das unblutige Schröpfen bietet kaum Probleme.

Beim blutigen Schröpfen sollte man im allgemeinen vorsichtiger verfahren und sich nach Möglichkeit auf weniger empfindliche Patienten beschränken. Die Anwendungsgebiete für trockenes und blutiges Schröpfen überlappen einander. In der Regel reicht das trockene Schröpfen zur „Entstörung“ aus.

Wie geht nun die Therapie selbst vor sich, wie funktioniert sie? Zunächst: es gibt mehrere Methoden. Es existieren auch verschiedene Schröpfköpfe, wie erwähnt aus Glas oder Stahl. Abhängig von den Methoden und abhängig von der Beschaffenheit des Schröpfkopfes ändert sich entsprechend die Vorgehensweise. Heute gibt es sogar schon wahre Wunderwerke der Technik mit elektrischen Saugpumpen.

Aber betrachten wir einmal einen „normalen“, einfachen Schröpfvorgang, ohne künstlich kompliziert zu werden.

Nachdem die „richtige“ Stelle gefunden worden ist, die mit einem Organ in Verbindung steht, wird der Schröpfkopf vorbereitet. Um es nochmals zu wiederholen, durch das Schröpfen soll ein Reiz auf das Organ ausgeübt werden. Üblicherweise wird ein Stückchen Watte, das auf einen Stahlwatteträger gezwirbelt wurde, in Brennspiritus getaucht und angezündet. Den brennenden Watteträger hält man einige Sekunden in den Schröpfkopf, wodurch ein Unterdruck entsteht. Danach setzt man den Schröpfkopf schnell und mit sanftem Druck auf die Haut. Haut und Gewebe werden in das Glas hineingezogen. Durch Unterdruck im Innern des Schröpfkopfes kommt es an der betreffenden Stelle zu einem Bluterguß, also zu einer Blutung innerhalb des Körpergewebes, zu einem „Hämatom“, wie der schöne griechische Ausdruck dafür heißt und wie die Mediziner sagen würden. Dieser Bluterguß löst die Reizung auf das Rückenmark und anschließend auf das entsprechende Organ aus. In den Hautbezirk strömt Blut und hinterläßt normalerweise einen roten Hof. Soweit zur trockenen Schröpfung.

Bei der blutigen Schröpfung schneidet man mit kleinen Messern die Haut vor dem Aufsetzen des Schröpfkopfes an der vorgesehenen Stelle auf, so daß das Blut in den Schröpfkopf hineingesaugt wird. Ist der Schröpfkopf gefüllt und fließt immer noch Blut, muß ein neuer Schröpfkopf aufgesetzt werden. Dies praktiziert man so lange, bis die Blutung aufhört.

Das ist im Prinzip schon alles. Normalerweise verbleibt der Schröpfkopf etwa 10 bis 15 Minuten auf der Haut, bevor er abgenommen und ausgetauscht wird. Was sich derart blutrünstig anhört, ist in Wirklichkeit mit einem Blutverlust von nicht mehr als 10 bis 20, höchstens 50 bis 60 Millilitern verbunden. Daß die Gesetze der Hygiene besonders penibel angewandt werden müssen, erübrigt sich zu erwähnen. Desgleichen ist es selbstverständlich, daß man nie ohne ausreichende praktische Übung auf den Patienten losgelassen werden darf.

Wann ist unblutiges oder blutiges Schröpfen nun angezeigt? Die Liste der Indikationen ist lang und beeindruckend. Bei folgenden Beschwerden wurde diese Heilmethode mit sehr großem Erfolg angewandt:

Indikationen

- Anämie (Blutarmut)
- Apoplexie (plötzliches Aussetzen der Funktion eines Organs im Verlauf einer starken Organblutung)
- Asthma (Atemnot, Kurzatmigkeit)
- Augenleiden
- Blasenstörungen
- Brachialneuralgie (Nervenschmerzen im Armbereich)
- Bronchitis (Entzündung der Schleimhaut im Bereich der Luftröhrenäste): akut und chronisch
- Depressionen im Klimakterium (Wechseljahre)
- Gallenkolik (anfallsweise auftretender, krampfartiger Schmerz)
- Hämorrhoiden
- Hypertonie (Bluthochdruck)
- Hypotonie (Blutunterdruck)
- Ischias (Hüftschmerzen)
- Laryngitis (Kehlkopfentzündung)
- Kopfschmerzen
- Krampfadern
- Kreuzschmerzen
- Lebererkrankungen
- Lumbago (Schmerzen im Bereich der Lendenwirbelsäule)
- Lungenerkrankungen
- Magen- und Darmspasmen (Verkrampfungen)
- Migräne
- Müdigkeit
- Myogelosen (schmerzhafte Knötchen oder Verhärtungen in der Muskulatur)
- Neuralgien (Nervenschmerzen)
- Nierenerkrankungen
- Nierenkopfschmerzen
- chronischer Obstipation (Stuhlverstopfung)
- Ohrensausen
- Omarthritis (Entzündungen des Schultergelenks)
- Plethora (allgemeine oder lokale Vermehrung der Blutmenge)

- Pleuritis (Entzündung des Brustfells)
- Pneumonie (Entzündungen in der Lunge)
- Rheumatischer Schiefhals
- Schlaflosigkeit
- Schmerzen im Bereich der Brustwirbelsäule und der Bauchspeichedrüse
- Schwerhörigkeit
- Schwindel
- Tendovaginitis (Sehnenscheidenentzündung)
- Tonsillitis (Mandelentzündung)
- Verspannungen

Zum Abschluß wieder ein Beispiel aus der Praxis. Fall: Schulter-Armsyndrom. Patientin: Frau M., 64 Jahre, sieben Kinder, 13 Enkelkinder. Seit Monaten ziehender, drückender Schmerz von linker Schulter auf den Oberarm ausstrahlend, Massagen und Bestrahlungen bisher wirkungslos. Die Patientin konnte auf Grund der Schmerzen keinen Schlaf finden. Einmalige Schröpfkopfbehandlung im zweiten bis dritten Brustsegment an der linken Seite verursachte für vier Monate fast völlige Beschwerdefreiheit. Nach vier Monaten erneutes Ansetzen von Schröpfköpfen und Ohr-Akupunktur; erbringt erneute Schmerzfreiheit.

Blutegelbehandlung

Im österreichischen Burgenland pflegen die Bauern bestimmter Orte gegen rheumatische und arthritische Beschwerden sich selbst ihre Arznei zu verordnen. Mit hochgekrempelten Hosenbeinen waten sie in einem See und warten, bis sich Blutegel festgesaugt haben. In Ungarn und Jugoslawien werden Heilblutegel sogar gezüchtet.

Die Blutegelbehandlung stammt aller Wahrscheinlichkeit nach aus der frühen indischen Medizin. Über griechische Soldaten und Ärzte gelangte diese Therapie nach Europa. Im 18. und 19. Jahrhundert war die Verwendung des Blutegels so in Mode gekommen, daß man von ‚Vampirismus' sprach. Heute wird die Behandlung nach wie vor von osteuropäischen Völkern im Selbsttherapieverfahren praktiziert. Der Blutegel ist ein braunschwarzes, durchschnittlich fünf Zentimeter langes Tierchen und zählt zu der Klasse der Gürtelwürmer. Bei uns werden vor allem deutsche und ungarische Heilblutegel eingesetzt. Der Mund des Wurmes ist durch drei gezahnte Kieferplatten ausgezeichnet. Normalerweise lebt er in ruhigen Teichen und Sümpfen. Die Verdauung einer einzigen Blutmahlzeit dauert ein halbes bis zu zwei Jahren. Nicht verwunderlich deshalb, daß er bis zu zwei Jahre „fasten“ kann. Die Blutegel sondern ein Speicheldrüsensekret ab. Es wirkt immunisierend, gerinnungs- und entzündungshemmend, ohne dabei die natürlichen Eigenschaften des Blutes zu verändern. Die unmittelbare Verbreitung des Sekrets besorgen die Egel selbst. Auch die zwei- bis zwanzigstündige Nachblutung, die das Sekret bewirkt, ist therapeutisch nützlich. Darüber hinaus existieren noch andere Gründe, warum der Blutegel der Gesundheit förderlich ist. So befinden sich in und auf dem Blutegel bestimmte Bakterien, die ebenfalls zur Immunisierung beitragen.

Wie funktioniert nun die Blutegelbehandlung? Zweifellos stellt sie eine Art Aderlaß dar; jeder Egel trinkt circa zehn Gramm Blut; zusammen mit der Nachblutung (circa 50 Gramm) können auf diese Weise beträchtliche Mengen Blut abgeführt werden. Die Theorie besagt, daß altes, zur Entzündung neigendes Blut abtransportiert wird, das dann neuem, frischem Blut Platz macht, welches den Heilungsprozeß einleitet.

Blutegel erhält man in der Apotheke. Sie sind in einem Gefäß aufzubewahren, das luftdurchlässig, also mit winzigen Löchern versehen und halb mit Wasser gefüllt ist, das täglich erneuert werden sollte. Aber zur Therapie: zunächst müssen Sie dem (neuen) Patienten dabei helfen, einen gewissen Ekel zu überwinden. Es ist klug, dem zu Behandelnden mitzuteilen, daß

a) die Behandlung praktisch schmerzfrei ist (der Biß des Egels fühlt sich wie ein kleiner Nadelstich an) und
b) absolut hygienisch (sofern die Egel nicht zweimal verwendet werden, was man heute unterläßt, da die Tiere bestimmte Bazillen nach einer „Mahlzeit“ in ihrem Körper lange bewahren können).

Sie beginnen also, die Stelle, wo der Egel angesetzt werden soll, leicht zu ritzen, damit der Egel „auf den Geschmack kommt“ und sich sofort festbeißt. Das hört sich unter Umständen wirklich vampiristisch an, aber es kommt darauf an, daß der Egel an der tatsächlich vorgesehenen Stelle zubeißt. Mit Hilfe eines übergestülpten Glases zum Beispiel kann man manipulieren, daß die Tiere nur an einem bestimmten Punkt ihr blutsaugerisches Geschäft beginnen. Zum Anlegen empfiehlt sich die Verwendung einer Pinzette. Sitzen die Blutegel verläßlich fest, wird das umgebende Gebiet mit Zellstoff belegt. Die Tiere saufen sich jetzt voll. Unter Umständen kann man einen trinkfaulen Egel anstoßen und wecken - oder durch einen anderen ersetzen.

Die Blutegeltherapie beansprucht Geduld. Die eigentliche unmittelbare „Mahlzeit“ ist zwar schon nach 30 bis 60 Minuten beendet, aber die Nachblutung, die normalerweise zwei bis 10 Stunden dauert, kann auch bis zu 24 Stunden beanspruchen. Die Nachblutung sollte nicht unterbrochen werden. Wenn der Blutegel satt ist, fällt er gewöhnlich von selbst ab. Kann er den Hals nicht voll kriegen, können Sie ein paar Körnchen Salz oder Zucker auf ihn streuen, woraufhin er sofort abfällt. Es empfiehlt sich, den vollgesogenen Blutegel im Bach auszusetzen oder der Apotheke zurückzubringen. Während der Nachblutung müssen Sie darauf achten, daß Ihr Patient möglichst liegen bleibt. Nach Abnahme der Egel bilden sich um die Bißstellen zunächst rötliche Höfe, die (selten) stark jucken können. Einige Heilpraktiker und Ärzte empfehlen, dem Juckreiz mit einem Quarkumschlag abzuhelfen; auf jeden Fall ist er ungefährlich.

So blutlüstern sich der ganze Heilvorgang anhört, so interessant ist es festzustellen, daß einige Patienten, wenn sie erst einmal mit einer Blutegelbehandlung vertraut sind, ein regelrechtes Vergnügen dabei empfinden und darauf drängen, diese Behandlung nach einigen Jahren noch einmal zu wiederholen. Wenn man so will, kann man diese Therapie als natürliche Impfung bezeichnen. Jedenfalls als eine Methode, gewissen Krankheiten beizukommen, bei denen sich sogar oft die Schulmedizin nicht zu helfen weiß. Aber: welches sind nun die verschiedenen Beschwerden, die die Behandlung mit Blutegeln angezeigt erscheinen lassen?

Indikationen:

- chronische und akute Adnexitits (Entzündungen der Eierstöcke und Eileiter)
- Amenorrhoe (Fehlen der Menstruationsblutung)
- Angina pectoris (Erkrankung der Herzkranzgefäße)
- Apoplexie (plötzliches Aussetzen der Funktion eines Organs)
- Appendicitis (Entzündung des Wurmfortsatzes des Blinddarms)
- Arthrosen (Erkrankung von Gelenken)
- Augenleiden
- Blutergüsse
- Diphterie (Infektionskrankheit der Schleimhäute von Mund, Rachen und Kehlkopf)
- Drüsenschwellung
- Entzündungen infolge lokaler Säftestauung
- Furunkel (Blutgeschwür, Eitergeschwür)
- Gelenkschmerzen
- Hämorrhoiden

- Kehlkopfentzündungen
- Klimakterium
- Kopfschmerzen
- Krebserkrankungen
- Lymphstauungen
- Mandelabszeß (Eitergeschwür)
- Ménière-Krankheit (Innenohrerkrankung: Anfälle von Drehschwindel, verbunden mit Erbrechen, Ohrensausen und Augenzittern)
- Migräne
- Mittelohrentzündung
- Ohrensausen
- Panaritien (Sammelbezeichnung für eitrige Entzündungen an den Fingern)
- Pericarditis (Herzbeutelentzündung)
- Pfortaderthrombose (Verschluß eines Blutgefäßes)
- Phlebitis (Venenentzündung)
- Plethora (Vollblütigkeit)
- Pleuritis (Brustfellentzündung)
- Prostatitis (Entzündung der Prostata = Vorsteherdrüse am Anfangsteil der Harnröhre)
- rheumatische Erkrankungen
- septische Prozesse (mit Keimen behaftet) des Unterleibes
- Sinusitis (Entzündung einer Nasennebenhöhle)
- Schwerhörigkeit
- Störungen im Bereich der Leber und Bauchspeicheldrüse
- Strumitis (Kropfentzündung)
- Thrombophlebitis (Venenentzündung mit Ausbildung einer Thrombose)
- Tonsillitis (Mandelentzündung)
- traumatische Gehirnblutungen, vor allem bei Neugeborenen
- Ulcus cruris (Unterschenkelgeschwür)
- Varizen (Krampfadern, Venenknoten)
- Verfettung der Organe

Einige Fälle aus der Praxis:

Fall 1: Patient: Jahrgang 1913, Bäuerin. Problem: Ulcus cruris varicosum (offenes Bein) am rechten Unterschenkel. In Abständen von einer Woche wurden zunächst je ein Blutegel, bei den weiteren Behandlungen je zwei bis drei Egel angesetzt. Nach fünf Wochen: Bein wieder geschlossen.

Fall 2: Frau E., 54 Jahre, selbständig, Diamantschneidebetrieb. Am linken Oberschenkel fingerdicke Krampfadern, die zwar keine Beschwerden bereiteten, aber hinsichtlich des nahenden Sommers störend wirkten. Zuvor: Venenverödungen am Unterschenkel mit dem

Erfolg, daß sich wieder neue Krampfadern gebildet hatten. Der Heilpraktiker klärte die Patientin darüber auf, daß die Krampfadern durch die Egel-Behandlung nicht vollständig verschwinden und nur dann nicht wieder entstehen würden, wenn sie

a) die Ernährung auf Voll- und Rohkost umstellen und
b) sich begleitend zur Egel-Therapie homöopathisch behandeln lassen würde.

Therapie: jeweils zwei Egel circa 10 Zentimeter von der zu behandelnden Krampfader entfernt, einmal pro Woche. Drei Behandlungen, zusätzlich ein homöopathisches Mittel. Erfolg: die Krampfadern verschwanden zu 80 Prozent. Die homöopathische Nachbehandlung dauerte weitere sechs Monate, wobei die Patientin im Abstand von drei Wochen die Praxis aufsuchte. Die Patientin klagt seit zwei Jahren nicht mehr über Krampfadern. Behandlungskosten: insgesamt 440 DM, Arzneikosten: insgesamt 70 DM, summa summarum: 510 DM.

Fall 3: Blutegelbehandlung, wie man sie nicht durchführen sollte: Patientin, 55 Jahre alt, Ulcus cruris. Heilpraktiker beachtete nicht, daß Patientin Diabetikerin (zuckerkrank) war. Bei Zuckerkranken ist die Gerinnungsfähigkeit des Blutes herabgesetzt. Heilpraktiker setzte Blutegel am Bein an. Ergebnis: Patientin besaß nach der Behandlung nicht nur eine offene Stelle am Bein, sondern gleich zwei. Sicherer Tip, wie man seine Praxis leeren und Patienten verscheuchen kann.

Baunscheidtismus

Das Verfahren des Baunscheidtismus, also die Behandlung mittels künstlichen Hautausschlags ist auf Carl Baunscheidt (1809–1873) zurückzuführen, einen genialen Tüftler und Mechaniker, der in Endenich bei Bonn lebte. Er erfand zum Beispiel so schöne und unverzichtbare Dinge wie ein Visier für Infanteriezündnadelgewehre, einen Pflug für Waldarbeit, eine Brustmilchpumpe und einen künstlichen Blutegel. Carl Baunscheidt entdeckte das Verfahren, das nach ihm benannt werden sollte, zufällig: Er litt selbst an geschwollenen, schmerzhaften, gichtigen Handgelenken. Eines Abends sah er, wie sich Mücken auf seine Hand setzten und ihn stachen. Am nächsten Tag waren seine Schmerzen verschwunden. Diese Beobachtung veranlaßte ihn, über den Vorgang nachzudenken und solche „Stiche“ nachzuahmen, zumal er zur gleichen Zeit gerade einen Missionar kennengelernt hatte, der ihm von den grandiosen Erfolgen der chinesischen Akupunktur berichtete. Die

Nadelstiche zur Behandlung und die wirksamen Mückenstiche - Baunscheidt sah eine Parallele. So konstruierte er einen „Nadelapparat", mit dessen Hilfe er die Haut ritzen konnte. Außerdem mixte er ein Öl zusammen, das dem Mückengift möglichst ähnlich sein sollte. Beides kombiniert angewandt, so schloß er, müsse eine heilsame Wirkung haben. Und die Baunscheidtsche Methode half tatsächlich. Medizinprofessoren der Bonner Universitätsklinik begutachteten die Baunscheidtsche Erfindung und die Wirkungen. Ihr Urteil fiel positiv aus.

Das Verfahren ist inzwischen wesentlich verbessert worden. Der „Nadelapparat" besteht heute gewöhnlich aus einem kleinen Zylinder, in dem sich eine mit 20 bis 30 Nadeln besetzte Scheibe befindet. Das „Baunscheidtsche Instrument", von dem heute verschiedene Arten im Handel sind, dient dazu, mit Hilfe von Spiralfedern die Nadeln in die Haut einschießen oder einschnellen zu lassen. Unter der Baunscheidtschen Behandlung versteht man also die Reizung eines Hautbezirks mit Hilfe eines „Stichlers" oder Nadelapparats und einer in die Stichporen eingeriebenen Flüssigkeit oder Salbe. Das Medikament erzeugt einen mehr oder minder starken Ausschlag, der sich über die ganze gestichelte Fläche erstreckt. Was geschieht aber durch diese Hautreizung? Viel wurde darüber diskutiert, jedoch nie eine eindeutige Erklärung gefunden. Festzustehen scheint, daß mit der Reizung der Hautnerven das Rückenmark und die reflektorisch gekoppelten Organe zur Heilung angeregt werden. Damit handelt es sich um eine ähnliche Wirkungsweise wie beim Schröpfkopfverfahren. Aber im Gegensatz zum Schröpfen, wo mit Hilfe der Blutentnahme eine Ent-Spannung eingeleitet wird, erzeugt man hier durch die Hautreizung eine kleine künstliche Entzündung, die einen Blutzufluß bedingt - und die Haut und das Gewebe in einen Spannungszustand versetzt.

Im Grunde genommen müßte man in diesem Zusammenhang eine Vorlesung über die Funktion des Organs „Haut" halten. Bekannt ist, daß die Haut für die Ausscheidung wichtiger ist als selbst beispielsweise die Nieren, wenn man sich nur einmal zu Gemüte führt, daß der Schweiß durch die Haut aus dem Körper herausgeschwemmt wird. Durch Hautreizungsverfahren kann man darüber hinaus Einfluß auf die Durchblutung der inneren Organe nehmen. Mit der „Baunscheidtierung", wie das Verfahren auch manchmal genannt wird, aktiviert man außerdem die körpereigenen Abwehrkräfte. Unterstützt durch bestimmte Öle wird manchmal ein Hautausschlag hervorgerufen, ein Zeichen dafür, daß sich der Körper gegen eingedrungene Gifte zur Wehr setzt. Die verschiedenen Öle erzeugen keine Eiterpusteln, sondern allenfalls Quaddeln (juckende Anschwellungen, Bläschen) sowie lokale, kleine, ungefährliche Reizödeme (Ödem: Gewebeschwellung).

Die Technik selbst ist denkbar einfach: die mit Alkohol gereinigte Haut wird sanft oder intensiv gestichelt, je nach der Beschaffenheit der Haut. Der Stichler wird in die Haut geschnellt - und zwar an jedem beliebigen Ort des Körpers, wo die Schmerzen auftreten. Nur bei Stellen mit wenig Fettgewebe sollte man das Nadeln unterlassen. Die häufigste Anwendungsart besteht in der Nadelung rechts und links der Wirbelsäule. Je nach Größe der Behandlungsfläche kann man den Stichler 10 bis 80 Mal einschnellen lassen. Die Haut wird nur gereizt und soll nicht bluten. Danach werden die vorbehandelten Stellen mit verschiedenen Ölen eingerieben. Die Auswahl der Öle ist eine Kunst für sich. Nachdem die Hautpartien mit Öl eingerieben sind, sollte der Patient ruhen, zumindest wenn größere Flächen baunscheidtiert worden sind.

Indikationen:

- Adnexitis
- Amenorrhoe
- Atonie des Uterus (Erschlaffung der Gebärmuskulatur)
- Angina pectoris
- Asthma bronchiale
- Atelektasen (Schädigung des Atemzentrums)
- Augenerkrankungen
- Bettnässen
- Blasenbeschwerden
- Blähungen
- Blutstauungen
- Bronchitiden
- Depressionen (in Klimakterium)
- Diarrhoe (Durchfall)
- Dickdarmverstopfung
- Disfunktion innerer Organe
- Drüsenschwellungen
- Dysmenorrhoe (schmerzhafte Regelblutung)
- Einschlafen der Glieder
- Erbrechen
- Erkältungskrankheiten
- Exantheme (Hautausschlag)
- Flechten (Hautkrankheit)
- Gicht
- Gelenkkrankheiten

- Hämorrhoiden
- Heiserkeit
- funktionelle Herzbeschwerden
- Hypertonie
- Hypotonie
- intermittierendes Hinken (zeitweiliges Hinken)
- Ischias
- Knochenhautreizungen
- Koliken (Darmleiden)
- Kopfschmerzen/Migräne
- Krämpfe
- Lebererkrankungen
- Lumbago
- Magenbeschwerden
- Mandelentzündung
- Mittelohrentzündung
- Myxödem (Unterfunktion der Schilddrüse)
- Nasenkatarrhe (Nasenschleimhautentzündung)
- Nervenentzündungen
- Neuritis der Arme (Nervenentzündungen)
- Nierenerkrankungen
- Obstipation (Stuhlverstopfung)
- Ohrensausen
- Prostatavergrößerung
- rheumatische Gelenkerkrankungen
- Schlaflosigkeit
- Schmerzen/Krämpfe
- Schwerhörigkeit
- Schwindel
- Sehnenscheidenentzündung
- Sodbrennen
- Steifheit der Gelenke
- Zahnschmerzen

Zur Abrundung ein Fall aus der Praxis:
Patient: Frau K., 65 Jahre alt, schneeweißes Haar, verwitwet, eine Tochter, drei Enkel. Beschwerden: pelziges Gefühl mit Brennen am rechten Schienbein, Unterschenkel und Fußrücken, Zehenschmerzen zur Nachtzeit. Zehen brennen verstärkt, so daß sie davon aufwacht. Beim Gehen kippt rechtes Knie zusammen, weil sie keine Kraft besitzt, Frau K. stolpert oft, weil ihre Zehen nicht zu bewegen sind. Therapie: Baunscheidtieren am rechten und linken Bein. Dreimalige Behandlung.

Die Schmerzen verschwinden zusehends, nach vier Wochen ist die Patientin beschwerdefrei.

Cantharidenpflasterbehandlung

Das Wort selbst leitet sich von der Spanischen Fliege „Cantharis" her, ein nicht ungefährliches kleines Insekt, das vornehmlich in südlich-warmen europäischen Ländern beheimatet ist. So manche Intrige im Mittelalter fand ihr tödliches Ende durch eine mit dem Gift der Spanischen Fliege versehene Messerspitze. Auf der Haut wirkt das Gift des Pflasterkäfers, wie man die Spanische Fliege wegen ihrer Verwendung auf Heilpflastern auch nennt, bei weitem nicht so giftig. Immerhin aber doch so stark, daß sich eine Entzündung bildet, wodurch die Abwehrmechanismen des Körpers aktiviert werden. Die Pflaster sind Auflagen, die durch bestimmte Zusätze Hautreizungen, Entzündungen und Eiterungen hervorrufen. Ziel dieser Methode ist es, Giftstoffe aus dem Innern des Körpers herauszuziehen, um dadurch den Organismus zu erleichtern. Bei primitiven Völkern werden noch heute künstliche Geschwüre zur Heilung erzeugt.

Während man sich beim Schröpfen mit dem Blut beschäftigt, zielt die Cantharidenpflasterbehandlung auf die Lymphe ab. Das Pflaster hat die Eigenschaft, innerhalb von 24 Stunden eine hochgewölbte Brandblase zu erzwingen und damit eine tief- und weitreichende Einwirkung auf das Lymphsystem auszuüben. Die Lymphe ist eine Gewebsflüssigkeit – bestehend unter anderem aus Eiweißkörpern und weißen Blutkörperchen –, die für den Stoffwechsel im Gewebe von Bedeutung ist.

Cantharidenpflaster kann man in der Apotheke kaufen oder selbst herstellen. Das Pflaster bleibt zwölf bis vierundzwanzig Stunden auf der Haut. Mit der „Hautausleitung" versucht man, auf die Organe einzuwirken. Sie wissen jetzt bereits, daß die Organe mit ganz bestimmten Hautsegmenten (Headschen Zonen) korrespondieren. Die Haut steht also durch das Gefäßsystem und zahlreiche sensible Nerven und Reflexbahnen mit den Organen in Verbindung. Man geht davon aus, daß die mit schadhaften und krankhaften Produkten verseuchten Körpersäfte durch die Haut herausgezogen werden.

Die Therapie selbst ist ebenfalls nicht kompliziert: vor jeder Behandlung ist es wichtig, den Patienten über die Wirkungsweise aufzuklären. Nachdem das Pflaster aufgelegt worden ist, beginnt es, unter dem Pflaster heiß zu werden. Außerdem kann es zu geringfügigen Harnbeschwerden kommen. Ist der Patient darüber von vornherein informiert, wird er über die Symptome nicht erschrecken. Die Haut rötet sich alsbald und wird kräftig durchblutet. Die Therapiedauer wird mit zwölf bis vierundzwanzig Stunden angesetzt, einige Heilpraktiker und Ärzte begnügen sich mit acht Stunden.

Eine Variationsmöglichkeit besteht darin, nach der Blasenbildung einige Kubikzentimeter Flüssigkeit aus der Blase abzusaugen und intramuskulär zu injizieren. Die Experten sind sich über den letzten Punkt nicht einig. Die körpereigenen Abwehrkräfte können dadurch (homöopathische Argumentation) zusätzlich angeregt werden. Nach Ablauf der Frist gilt es, das Pflaster mit Schere und Pinzette sorgfältig abzunehmen. Auf der behandelten Stelle bleibt ein leicht rotbräunlicher Fleck zurück, der mit der Zeit zwar verblaßt, aber nie zur Gänze verschwindet. Aus kosmetischen Gründen sollte man den Patienten deshalb auf diesen Effekt aufmerksam machen. Wann ist die Cantharidenpflasterbehandlung nun angebracht?

Indikationen

- Angina pectoris
- Arthrose (Hüfte, Knie, Schulter usw.)
- Asthma bronchiale
- Bechterew (Erkrankungen des Zentralen Nervensystems)
- Callusschmerzen (Verhärtungen, Knochengeschwulst bei Knochenbrüchen)
- Dermatitis (Hautentzündungen)
- Ekzem (juckende Hautentzündung)
- Furunkulose (ausgedehnte Furunkelbildung)
- Gelenkbeschwerden
- Gicht
- Herpes Zoster (Gürtelrose)
- Ischias
- Kopfschmerzen
- Lungenerkrankungen
- Mandelabszeß (Eiterherd in den Mandeln)
- Ménière-Krankheit (Schwindelanfälle)
- Migräne
- Mundbodenphlegmone (Zellgewebsentzündung)
- Schmerzen nach Meniskusoperationen
- Narben
- Neuralgien

- Neuritis (Nervenentzündungen)
- Ödematöse Schwellungen (geschwulstartig)
- Ohrensausen
- Pericarditis (Herzbeutelentzündung)
- Pleuraschwarte (bindegewebige Brustfellverdickung)
- Pneumolyse-Beschwerden (nach operativer Lösung der Lunge von der Brustwand)
- Polyarthritis (an mehreren Gelenken gleichzeitig auftretende Arthritis)
- Prostatitis
- rheumatische Beschwerden
- Erkrankungen des Rippenfells
- Rückenbeschwerden (Bandscheiben, Rückgrat)
- Rückenmarksaffektionen (Erkrankungen des Rückenmarks)
- Schwerhörigkeit
- Schwindel
- Spasmen
- Tonsillitis
- Trigeminusneuralgie (Nervenschmerzen im Gesicht)
- tuberkulöse Erkrankungen
- vegetative Dystonie (vom Nervensystem hervorgerufene Störung des normalen Spannungszustandes der Muskeln und Gefäße)

Ein Fall aus der Praxis:
Friseur, 64 Jahre alt, akute rechtsseitige Ischiasreizung, konnte nur auf Stützen gehen. Pflaster auf die entsprechenden schmerzenden Stellen aufgesetzt. Zog kräftige Blasen. Nach nur einmaliger Behandlung war der Friseur vollständig von seinen Schmerzen befreit.

Ozontherapie

Ozon wurde um 1840 von dem Baseler Chemiker Schönbein entdeckt. Von ihm stammt der Name „Ozon“, der sich aus dem griechischen „ozein“ ableitet, was soviel wie „riechen“ heißt. Die Luft, die wir ständig atmen, besteht zu rund 80 Prozent aus Stickstoff, etwa 20 Prozent beträgt der Anteil des Sauerstoffs. Natürlicher molekularer Sauerstoff besteht aus zwei Sauerstoffatomen: O_2. Durch Energiezufuhr (bei elektrischen Entladungen zum Beispiel) wird ein Teil davon in ein Molekül mit drei Atomen Sauerstoff umgewandelt: O_3, auch Ozon genannt.

Ozon fiel den Wissenschaftlern erstmals durch seinen Geruch auf, ein Geruch, den man etwa bei einem Blitzeinschlag riechen kann. Ozon ist zunächst giftig und dient zur Bleichung und Desinfektion. In der Praxis wird Ozon durch ein spezielles, für die Ozon-Sauerstofftherapie entwickeltes Gerät gewonnen. In diesem Gerät kann die jeweils gewünschte Menge genau eingestellt werden.

Die heilenden Kräfte des Ozons macht sich die Medizin heute zunutze, denn Ozon regt die Durchblutung an. In dieser Wirkungsweise wird diese Therapie kaum durch eine andere Methode übertroffen. Ozon fördert die Sauerstoffatmung der Zellen und heilt Krankheiten. Darüber hinaus fördert es die Wundheilung und aktiviert alle Stoffwechselprozesse im kranken und geschwächten Organismus. Das therapeutisch hochwirksame O_2- O_3-Gemisch, in der Folge nur noch kurz Ozon genannt, wird meist durch Injektion verabreicht, und zwar in die Haut, in die Muskeln, in die Gelenke, in die Venen und häufig sogar in die Arterien. Man kann Ozon aber auch als Darmklistier verabreichen. Ebenso können Wunden, eitrige oder brandige Stellen begast werden. Wie man sieht, gibt es viele Behandlungsmöglichkeiten. Ohne einen Gültigkeit beanspruchenden Katalog für mögliche Heilerfolge aufstellen zu wollen, ist es doch beeindruckend nachzuvollziehen, in welchen Fällen der „Supersauerstoff" bereits geholfen hat.

Indikationen:

- Stärkung der körpereigenen Abwehrkräfte
- Akne
- Allergien
- Arteriosklerosen (Arterienverkalkung, fortschreitende Degeneration der arteriellen Gefäße: der Herzkranzgefäße, Gehirnarterien, Nierenarterien, Gliedmaßen-Arterien, der Verschlußkrankheiten der Beine zum Beispiel)
- Asthma bronchiale
- Entzündungen des Darmbereichs (Entzündung des Dickdarms, Hämorrhoiden, chronische Verstopfungen)
- Dekubitalgeschwüre (durch Wundliegen entstandene Geschwüre)
- Drüsenerkrankungen: Schilddrüse, Bauchspeicheldrüse
- Durchblutungsstörungen im Becken
- nässende Ekzeme
- Furunkulose
- Gallenerkrankungen
- infizierte Hauterkrankungen, Hautpilz
- Behandlung von Herzerkrankungen, Herzinfarkt, auch prophylaktisch (vorbeugend)
- Krebsbehandlung
- Kreislaufstörungen

- Laktationshemmungen (Stillbeschwerden)
- chronische Leberentzündung
- Lebererkrankungen
- Entzündungen des Magenbereichs
- fehlerhaftes Arbeiten der Niere
- Pilzerkrankungen
- Schlaganfälle
- schmerzhafte Regelblutungen
- Unterschenkelgeschwüre (offenes Bein)
- nichtheilende Wunden
- chronische Stauungen in den Venen
- vegetative Dystonie und Labilität
- Zahnbehandlung: anstelle von Antibiotika

Ein Fall aus der Praxis:
Patient, Herr H., 66 Jahre alt. Beruf: Pfarrer (im Ruhestand). Durchblutungsstörungen im rechten Oberschenkel. Schwäche und Müdigkeit im Oberschenkel. Therapie: 20 Ozon-Injektionen intramuskulär in das Gesäß. Zweimal wöchentlich. Sie bewirkte eine fast 100prozentige Beschwerdefreiheit. Die nach der Behandlung folgende Wanderung mit dem Altenclub bereitete keine Probleme mehr. Kosten der Behandlung: insgesamt 590 DM.

Chiropraktik

Der Begriff selbst leitet sich von den griechischen Wörtern „cheir“ „Hand“ und „pragma“ „Handeln“, „Tun“ ab; man könnte „Chiropraktik“ also frei übersetzen mit „Wissenschaft, Praktik und Therapie, die mit der Hand heilt“. International hat sich der Begriff „Manuelle Therapie“ (= „Behandlung durch die Hand“) durchgesetzt. Sowohl die „Chiropraktik“ wie die „Manuelle Therapie“ bezeichnen ein Heilverfahren, das das Ziel hat, Blockierungen im Bereich der Wirbelsäule zu beseitigen.

Erste Hinweise über diese Therapie finden wir bereits in ägyptischen Dokumenten. Darüber hinaus existieren auch Aufzeichnungen des griechischen Arztes Hippokrates, die auf eine solche Behandlung hindeuten. Selbst den alten Römern wird eine genaue Kenntnis der chiropraktischen Möglichkeiten nachgesagt. In Japan werden seit zweieinhalb Jahrtausenden bestimmte Handgriffe angewendet, um Gelenkverschiebungen im Bereich der Wirbelsäule zu beeinflussen. Immer aber blieb die Methodik weitgehend der Volksmedizin vorbehalten. Gleichzeitig wurde die Chiropraktik, wie sie heute angewandt wird, auch entdeckt oder erfunden - und zwar Ende des 19. Jahrhunderts von dem amerikanischen Heilpraktiker D. D. Palmer. Aber schon ein Blick in die Fachliteratur zeigt, daß ihm der Lorbeer von verschiedenen Seiten streitig gemacht wird. Fest scheint zu stehen, daß der amerikanische Laienheiler Palmer, der als Magnetiseur, Heiler und Kolonialwarenhändler tätig war, gewisse Fähigkeiten von dem am Ort ansässigen Mediziner Dr. Jim Atkinson erworben hatte und mit dieser Methodik einige aufsehenerregende Erfolge verzeichnen konnte. Palmer gründete eine Anzahl von Schulen, so die „Palmer School of Chiropractic", in der man nach sechs Monaten seinen „Doctor of Chiropractic" erwerben konnte. Gegner unterstellten ihm, er habe seine Technik von einem Dr. Still gelernt, der Studenten in der „manuellen Technik" unterrichtete. Still nannte seine Lehre „Ostheopathie", ein Begriff, der aus dem Griechischen abgeleitet ist: osteon = Knochen, pathos = Leiden. Wieder eine andere Version besagt, Palmer habe durch Jim Atkinson die Methoden der Indianer Amerikas kennengelernt und darüber hinaus die Techniken der Ägypter, Griechen und Zigeuner studiert. Verschiedene Lexika wissen es wieder besser. Zumindest müssen auch eingefleischte Gegner Palmers zugeben, daß der Kolonialwarenhändler der Methode ihren Namen gegeben hat: „Chiropraktik". Palmer selbst verdarb sich im übrigen seinen Ruf, als er, angefeuert von tatsächlichen Heilerfolgen, behauptete, es gäbe nur eine einzige Krankheitsursache, nämlich das Herausspringen oder Verschieben von mehreren Wirbelkörpern der Wirbelsäule. Er baute um sein Heilverfahren ein nebulöses Gedankengebäude auf, das nicht mehr und nicht weniger besagt, als daß alle Krankheiten von Veränderungen der Wirbelsäule herrühren. Man kann erneut daraus lernen, daß der Heilpraktiker nicht gut beraten ist, wenn er eine Methode ideologisiert und verabsolutiert. Obwohl menschlich verständlich, erweist sich niemand damit einen guten Dienst, geschweige denn den Patienten.

Seit dem Jahre 1972 sind Lehraufträge für Chirotherapie auch an einigen medizinischen Universitäten Deutschlands erteilt worden. Die Effizienz der Chirotherapie wird also längst nicht mehr in Frage gestellt. Aber wie wird ihre Wirksamkeit erklärt? Die Ursachen für die zunehmenden Wirbelsäulenerkrankungen gehen nach Meinung von Experten auf die widernatürlichen Verhaltensweisen unserer heutigen Zeit zurück. Langes Sitzen, ununterbrochenes Arbeiten in unnatürlichen Stellungen und der Wirbelsäule abträglichen Haltungen überfordern das Skelett. Mittels Röntgenaufnahmen wurde sogar festgestellt, daß bei mehr als 90 Prozent der Bevölkerung heute die Wirbelsäule verändert ist. Gemäß der Theorie der Chiropraktiker entstehen dadurch sogenannte „Störfelder“, die zu bestimmten Erkrankungen führen können. Wie muß man sich nun solche Störfelder vorstellen? Durch Zwischenwirbelkanäle treten vom Rückenmark her Nerven in das Gewebe aus. Bei einer Verschiebung der Wirbel (ein bis zwei Millimeter genügen) werden die Nerven gereizt oder die Reizleitung gar blockiert. In vielen solcher Fälle stellt sich der Körper selbst auf die veränderte Situation ein, die Nerven finden einen neuen Platz. Es kommt zu keinen Beschwerden. Wenn aber nun zusätzlich im Bewegungsapparat, etwa durch eine Verlagerung der Bandscheibe, Veränderungen eintreten, können das Rückenmark und seine Nerven stark beengt werden.

Mit anderen Worten: die Chiropraktik sieht in einer Wirbelverlagerung die Ursache zahlreicher Erkrankungen. Die durch eine Wirbelverlagerung bedingte Verengung eines Austrittslochs für die Nerven führt zu einer Beeinträchtigung, wodurch die Nervenfasern bestimmte Organe, denen sie zugeordnet sind, zunächst funktionell, dann organisch stören. Noch einfacher: als Reihenfolge: Wirbel verlagert sich - Austrittsloch für Nerven verengt sich - Nerven, die mit Organen verbunden sind, werden gereizt oder blockiert. Falsch stehende Gelenke der Wirbelsäule können also auf die aus der Wirbelsäule austretenden Nerven einen Druck ausüben, der das Wohlbefinden beeinträchtigt. Es ist somit logisch, daß eine Krankheit, die auf Grund verschobener Wirbel entstanden ist, in ihrer Grundursache nur durch Zurechtrücken der betreffenden Wirbel wirklich geheilt wird. Um die Theorie nicht unvollständig zu belassen, sei nicht vergessen zu erwähnen, daß auch andere Umstände auf die Wirbelsäule einen negativen Reiz (und eine Verletzung) auslösen können, wie Hitze, Kälte, Schläge, Luftzug, ein lauter Knall und anderes mehr. Aber das Prinzip der Theorie wird dadurch nicht verändert. Auch in solchen Fällen wird durch einige Handgriffe die Ursache für die Verletzung behoben.

Aber wie? Wir können nicht die gesamten 200 (oder mehr) Handgriffe beschreiben, die notwendig sind, um einen Patienten von seinem Leiden zu befreien. Zur Erläuterung soviel vorab: die Wirbelsäule besteht aus sieben Halswirbeln, zwölf Brustwirbeln, fünf Lendenwirbeln, dem Kreuzbein und dem Steißbein. Das Handwerkszeug des Chirotherapeuten sind seine Finger. Er ertastet die Krankheitsursache und versucht, sie durch „Einrichten“ zu beseitigen, wobei die Art und Weise, wie dies durchgeführt wird, unterschiedlich ist. Die am häufigsten angewandte Methode besteht in einem raschen manuellen Druck mit

einer plötzlichen Krafteinwirkung auf das Gelenk, um damit das fixierte Gelenk wieder zu lösen. Jedoch werden noch eine ganze Reihe anderer Techniken praktiziert. Oft knackt es so laut, daß der Patient im ersten Augenblick annimmt, ein Gelenk sei gebrochen. Viele Praktiker wehren sich gegen den Begriff des „Einrenkens". Dennoch ist er nicht ganz unangebracht, wenn auch Vokabeln wie „Druck", „Gegendruck" und „Überdehnung und Zurückschnappen lassen" die Therapie unter Umständen genauer beschreiben. Eine genaue Beschreibung der verschiedenen Tcchniken ist in diesem Rahmen natürlich nicht möglich. Wie bei allen Therapieformen ist auch hier eine gewisse Zeit der Praxis unabdingbar.
Wann ist nun eine chiropraktische Behandlung angezeigt?

Indikationen:

- Entzündungen im Hand- und Fußbereich
- funktionelle Störungen an inneren Organen, wie Herz, Magen, Galle
- Halswirbelsyndrom (Nacken- und Schulterbeschwerden, die bis in die Arme ausstrahlen)
- Hexenschuß
- Ischias
- Kreuzschmerzen
- Migräne
- Schulter-Arm-Schmerzen
- Verrenkungen im Bereich der Wirbelsäule und der Beckenzone
- Zwischenrippen-Neuralgien

Aus der Praxis: Fall, 42jähriger Kraftfahrer litt seit zehn Jahren an Kopfschmerzen, die sich zunehmend verschlimmerten. Selbst Kopfschmerztabletten zeigten keine Wirkung mehr. Therapie: Chiropraktiker wandte den sogenannten „Affengriff" an. Patient setzte sich auf Stuhl, Heilpraktiker griff von hinten mit beiden Händen unter den Achseln des Patienten hindurch. Die Hände umfaßten den Unterkiefer und die Wangen. Mit einer ruckartigen, nach oben schraubenartig sich fortsetzenden Bewegung und einer anschließenden Drehung um etwa 30 Grad führte der Chiropraktiker eine vollständige Heilung herbei. Kopfschmerzen verschwanden unmittelbar. Erforderlich: eine einzige Behandlung. Die Nachuntersuchung nach vier Wochen ergab völlige Beschwerdefreiheit. Kosten: Erstbehandlung 80 DM, Beratung nach vier Wochen: 30 DM. Macht zusammen 110 DM.

Neuraltherapie

Die beiden Arztbrüder Dr. Ferdinand und Dr. Walter Huneke entdeckten im Jahre 1925 durch Zufall eine Behandlungsmethode, die später als Neural (Nerven)-Therapie Einzug in Krankenhäuser und Arztpraxen halten sollte. Die Brüder besaßen eine Schwester, die unter Migräne litt und der bisher niemand hatte helfen können. Ein befreundeter Arzt riet Dr. Ferdinand Huneke, ein ganz bestimmtes Rheumamittel zu spritzen. Huneke verwechselte jedoch zwei Ampullen, von denen eine reines Athophany enthielt, die andere Procain. Procain ist ein Lokalanästheticum, ein schmerzstillendes, schmerzausschaltendes Mittel. Durch ein Versehen injizierte Dr. Ferdinand Huneke das reine Procain in die Armvene seiner Schwester. Zu seiner immensen Überraschung verschwanden bereits während der Injektion die bedrückenden Kopfschmerzen und das Übelkeitsgefühl. Die Wirkung des Procains wurde also auf Grund eines Versehens entdeckt. Die Gebrüder Huneke forschten weiter und erprobten am eigenen Körper die Wirkung des Procains. Später setzten sie dem Procain noch Coffein zu, eine Mischung, die heute unter dem Namen Impletol im Handel ist und nach wie vor von vielen Neuraltherapeuten eingesetzt wird. Parallel dazu werden mittlerweile auch andere Mittel eingesetzt: coffeinfreie Anästhetika (schmerzausschaltende Mittel), Scandicain oder Lidocain. Die genaue Zusammensetzung der Mittel brauchen wir im Moment nicht zu erläutern.

Die Theoretiker der Neuraltherapie argumentieren, daß alle Lebensvorgänge und also auch Krankheit und Heilung zunächst neuralbedingt sind. Ein Nerv ist ein faser- oder strangartiges Gebilde zwischen Gehirn, Rückenmark und den einzelnen Körperteilen; Nerven leiten Reiz- und Bewegungsimpulse weiter und steuern praktisch alle lebenswichtigen Vorgänge wie Atmung, Verdauung, Temperatur, Herzschlag, Drüsentätigkeit und Durchblutung. Wenn es in diesem Leitungsnetz, das eine Länge von einer halben Million Kilometer hat und etwa vierzig Trillionen Zellen miteinander verbindet, zu einer Störung kommt, so können auch Organe, die weit von einem Herd entfernt liegen, betroffen werden. Diese Tatsache erklärt den Umstand, daß Erkrankungen oft fernab der eigentlichen Ursache auftreten. Das Nervensystem ist also ein unteilbares Ganzes, wenn man es auch anatomisch zergliedern kann. Störungen in einzelnen Teilen verursachen immer Rückwirkungen auf das Ganze. Die Therapie ist denkbar einfach – wenn man wie bei der Migräne ohne weiteres Procain oder ein ähnliches Mittel in die

Vene injiziert. Aber es gibt noch eine andere Anwendungsmöglichkeit, die laut Aussage einiger Heilpraktiker wahre Wunder bewirkt. Procain, muß man das noch vorausschicken, ist gewissermaßen ein „dummes" Medikament. Es wirkt nicht wie die Spalttablette zum Beispiel, die nach dem Schlucken den gesamten Schmerz überall wegnimmt. Procain muß man an die betreffende Stelle bringen, wo das „Störfeld" besteht.

Eine Methode der Neuraltherapie besteht nun darin, sämtliche Narben (= Störfelder) zu „unterfluten". Das heißt, überall wo sich Narben am Körper finden, spritzt der Therapeut mit einer dünnen Nadel Procain ein, und zwar unterhalb des Störfeldes. Mitunter kann dies ein langwieriges Verfahren sein. Interessant in diesem Zusammenhang ist das sogenannte „Sekundenphänomen"; der Heilpraktiker oder Arzt spritzt Procain - und einen Augenblick später sind die Schmerzen wie weggeblasen. In der Mehrzahl der Fälle muß der Therapeut jedoch sämtliche Narben unterfluten. Ein Heilpraktiker berichtete uns von einem Fall, da die Migräne einer älteren Patientin trotz Unterflutung von zehn Narben nicht weichen wollte - bis er auf die hartnäckige Frage nach einer weiteren Narbe am Körper nach einer Weile die Antwort erhielt, daß sie sich jetzt erinnere, als Kind einmal in eine Glasscherbe getreten zu sein. Die Unterflutung auch dieser letzten Narbe löste den Fall - unmittelbar.

Die Wirkung der Neuraltherapie ist bisweilen so frappierend, daß man geneigt ist, an Wunderheilung zu glauben, was selbstverständlich mitnichten der Fall ist. Manchmal tritt ein sofortiger, dauernder Erfolg ein, doch in den meisten Fällen muß nach Auskunft von Heilpraktikern vier bis sechs Mal gespritzt werden, ehe sich eine bleibende Wirkung zeigt. Der Patient ist am Anfang vielleicht nur für Stunden schmerzfrei, später für Tage und schließlich zur Gänze. Die Kosten für diese Behandlung beziffern Heilpraktiker unterschiedlich - durchschnittlich zwischen 50 und 500 DM pro Patient, je nach Dauer.
Die Anwendungsmöglichkeiten der Neuraltherapie sind beeindrukkend, denn die Liste der möglichen Indikationen ist lang.

Indikationen:

- Asthma
- Gallenstörungen
- Gelenkschmerzen
- Hexenschuß

- Ischias
- Kopfschmerzen
- Kreuzschmerzen
- Leberstörungen
- Magenschmerzen
- chronische Oberbauchbeschwerden (Gallenstein, Magengeschwür und so weiter)
- Rheuma
- Unterleibserkrankungen
- Verkrampfungen
- Verspannungen des Solarplexus (Bauchhöhlengeflecht beiderseits der mittleren Brustwirbelsäule)

Fallbeispiel: Patient, Frau A., Jahrgang 1913, rothaarig, mehrere Warzen im Gesicht. Bauch gestützt von breitem Korsett. 86 Kilogramm schwer. Problem: starke, drückende Kopfschmerzen, abwechselnd rechts und links. Manchmal zog der Schmerz vom Nacken hoch ins Gesicht. Eine einmalige Behandlung mit einem Neural-Therapeutikum, jeweils an den rechten und linken Hinterhauptknochen (os occipitale) „gequaddelt" (= unter die Haut injiziert), verursachte eine vollständige Befreiung von Beschwerden. Ihre Schmerztabletten konnte sie unmittelbar absetzen.

Pflanzenheilkunde (Phytotherapie)

Das Wort „Phyto" leitet sich aus dem griechischen Begriff „phytos" her und bedeutet „Pflanze". Der Phytotherapeut will allein durch den Einsatz pflanzlicher Heilmittel die Genesung fördern. Der Ausdruck „Phytotherapie" stammt von dem französischen Arzt Henri Leclerc (1870–1955), einem angesehenen Arzt zu seiner Zeit und ausgezeichnetem Kenner der Heilpflanzen. Der eigentliche Ursprung der Kräuterheilkunde ist unbekannt, jedoch weiß man, daß die Kräuterheilkunde schon lange vor Christus in Indien, China und Ägypten angewandt wurde. Für die Ägypter waren Heilkunst und Religion nebenbei bemerkt unzertrennlich; ihre (pflanzlichen) Arzneien stellten sie in den Tempeln her. Weitere Meilensteine der Phytotherapie setzten der griechisch-römische Arzt von Galen (129–199), Hildegard von Bingen (1098–1187), Paracelsus (1493–1541) und der englische Kräuterkundler John Parkinson im 17. Jahrhundert.

Man schätzt das gesamte Pflanzenreservoir auf die abenteuerliche Zahl von rund 400.000 Pflanzen, wobei für medizinisch-therapeutische

Zwecke vor allem auf 200 Heilpflanzen zurückgegriffen wird. Aber schon der erwähnte John Parkinson beschrieb die medizinischen Eigenschaften von nicht weniger als 3.800 Pflanzen. Ein besseres Beispiel für die „Naturheilkunde", wie sie von Heilpraktikern gefordert wird, kann man im übrigen kaum finden. Pflanzen wirken auf „natürliche" Weise. Betont wird von Phytotherapeuten, daß Algen, Flechten, Kräuter und Farne, aus denen die heilenden Säfte, Salben oder Tinkturen gewonnen werden, in ihrer ‚Gesamtheit' benutzt werden müssen. Nicht isolierte Chemikalien, die aus der Pflanze im Laboratorium gewonnen werden, sind das Ziel, sondern die „bioenergetische" Einheit der Pflanze.

Angehende Naturheilpraktiker sollten auch in diesem Metier beschlagen sein. In einer guten Heilpraktiker-Fachschule wird in dieser „Disziplin" ebenfalls unterrichtet. Die Möglichkeiten für die Phytotherapie sind im übrigen so umfangreich, daß man die möglichen Indikationen kaum auflisten kann. Erwähnenswert ist, daß es noch andere, sehr viel spezialisiertere Variationsformen der Phytotherapie gibt, wie die Blütentherapie von Edward Bach (1886–1936), der die „Reharmonisierung des Bewußtseins" nicht über den physischen Körper, sondern auf feineren, energetischen Schwingungsebenen mit Blüten erreichen wollte. Solche Systeme gaben und geben ebenso zu heftigem Widerspruch Anlaß wie sie vehemente Befürworter finden. An der Phytotherapie selbst aber kann mittlerweile wohl nichts mehr gedeutelt werden.

Ein Fallbeispiel aus der Praxis: Ältere Dame, Frau T., 64 Jahre, Sozialarbeiterin. Beobachtung: krauses, kurzes Haar, vergoldete Eckzähne, Nickelbrille, depressiv, reizbar. Beschwerden: Appetitlosigkeit, Abneigung gegen fette Speisen, Probleme mit Stuhlgang, bitterer Mundgeschmack, Schmerzen im Lebergebiet. Irisdiagnose: Leber-Galle-Schwäche, Pfortaderstauung. Palpation: verhärtete und vergrößerte Leber. Leberregion: berührungsempfindlich. Therapie: a) Löwenzahntee (Taraxacum officinale), drei Tassen jeden Tag. Nach vier Wochen: Völlegefühl verschwindet im Leberbereich. Patientin berichtet, Appetit kehre zurück; b) nach vier Wochen: Schöllkraut-Tee (Chelidonium), ebenfalls drei Tassen jeden Tag. Nach weiteren sechs Wochen: Mundgeschmack und Schmerz in der Lebergegend verschwunden. Die bei der Diagnose nicht erwähnte Atembeklemmung tritt ebenfalls nicht mehr auf. Stuhlgang: normalisiert. Vor der Therapie mußte Frau T. zwei Tage fasten. Blähende Speisen wurden gestrichen, stattdessen Rohsäfte verordnet. Bei starken Schmerzen im Lebergebiet waren Heublumensäcke aufzulegen.

Kosten: Erstbehandlung 90 DM, fünf Konsultationen à 30 DM = 150 DM, also insgesamt 240 DM. Für Löwenzahn und Schöllkraut-Tee und Heublumen circa 30 DM. Summa summarum 270 DM.

Weitere Methoden

Natürlich können wir im Rahmen dieses Buches nicht alle Heilpraktiker-Methoden abhandeln. Immerhin haben wir uns bemüht, jene Therapien vorzustellen, die sehr häufig in Heilpraktiker-Praxen anzutreffen sind. Zumindest erwähnt sei immerhin noch die Eigenblutbehandlung. Der Therapeut löst durch die Injektion des eigenen Blutes einen Reiz aus, wodurch der natürliche Abwehrmechanismus des Körpers in Gang gesetzt wird. Ähnlich funktioniert die Eigenharnbehandlung, die bei fast allen Naturvölkern anzutreffen ist. Erst dieses Jahrhundert bescherte uns die Möglichkeit, den Harn zu injizieren. Ansonsten mußte er ... getrunken werden.

Auch Therapien wie die Reflexzonenbehandlung (der Füße) wären wert, ausführlich erörtert zu werden. Wenn der Organismus krank ist, kann man das durch „Reflexzonen" am Fuß feststellen. Interessanterweise existieren am Fuß Bezugspunkte zu den einzelnen Organen, so daß man auch innere Krankheiten beeinflussen kann.

Richtig angewandt bringen diese Techniken phantastische Resultate hervor. Allein der Hydrotherapie (Behandlung mit Wasser) und den Kneippkuren könnte man mehrere Bände widmen, ohne das Thema erschöpfend behandelt zu haben. Wichtig erscheint es uns, Sie darauf hinzuweisen, daß es eine Fülle von Therapiemöglichkeiten und hochinteressanten Techniken gibt, von denen Sie sich einige heraussuchen und in denen Sie Meister werden sollten. Nur durch Übung und Praxis und immer wieder Praxis ist es möglich, vorhersagbare Resultate zu erzielen. Auf welchen Gebieten Sie sich spezialisieren, bleibt selbstverständlich Ihnen überlassen.

Es kann also kaum genug betont werden, wie wichtig es ist, die Techniken und Methoden wirklich professionell zu beherrschen. Für sämtliche Behandlungsmethoden, von der Magnetentherapie bis zu biorhythmischen Verfahren, von der Frischzellentherapie bis zum Yoga, gelten im übrigen folgende Tips:

1. Sie als Heilpraktiker sollten Methoden nur und ausschließlich auf Grund ihrer Wirksamkeit beurteilen. Wenn eine Behandlungsart bei einer großen, nachweisbaren Anzahl von Fällen hilfreich war, so hat sie ihre Berechtigung. Gleichgültig, wie die „Wissenschaft" oder Schulmedizin darüber urteilen.

2. Sie als Heilpraktiker sollten sich nur jene Methoden zu eigen machen, zu denen Sie eine persönliche Beziehung aufbauen können. Eine gewisse „glückliche Hand“ mit einer Methode sollte gegeben sein. Sie sollten nicht versuchen, in jeder Technik Experte zu werden.

3. Wenn Sie mit einer oder mehreren Methoden wirkliche Heilerfolge erzielen, verabsolutieren Sie sie nicht. Es existieren noch weitere Therapiemöglichkeiten, die auch ihre Berechtigung haben.

4. Versuchen Sie wenn möglich zu den Quellen zurückzugehen. Therapicmethoden werden ständig verbessert, verfeinert und verändert. Wirklichen Erfindungen gegenüber sollte man aufgeschlossen sein. Aber Methoden prinzipiell zu verändern und zu verfälschen, hilft Ihnen und Ihren Patienten nicht.

5. Machen Sie es sich zur Regel, ausreichend praktische Erfahrungen zu sammeln. Es gibt genügend ‚Heilpraktiker‘, die nach einem theoretischen Studium auf die Menschheit losgelassen werden – und nicht heilen können.

Zum Schluß noch einige Buchempfehlungen für Ihr privates Studium. Obwohl im Anhang noch einmal ein ausführliches Literaturverzeichnis vorgestellt wird, möchten wir folgende Bücher unbedingt gesondert erwähnen:

Die Aschner-Fibel von Dr. Ulrich Abele und Dr. Erich W. Stiefvater. Besonders was den Aderlaß, die Blutegel-, Cantharidenpflaster-und Schröpfkopfbehandlung angeht, ist dieses kleine Werk in seiner Kürze, Prägnanz und Übersichtlichkeit hervorragend. Desgleichen wird die Baunscheidtsche Behandlung hierin verständlich erörtert, aber auch die verschiedenen Ableitungsverfahren über die Niere und den Darm zum Beispiel.

Des weiteren empfehlen wir „Das große Buch der Naturheilkunde“, verfaßt von dem Heilpraktiker Rolf Stühmer. Hierin sind praktisch alle Naturheilverfahren vorgestellt. In dem ausführlichen Anhang finden Sie auf ein Stichwort hin sofort das oder die entsprechenden möglichen Heilverfahren.

Schließlich ist Köhnlechners „Handbuch der Naturheilkunde“ (Band 1 und 2) unverzichtbares Instrumentarium für den Naturheilpraktiker. Auch die Ernährung ist hierin besonders ausführlich behandelt sowie alle hier kurz angerissenen Therapien (Neuraltherapie nach Huneke, Akupunktur, Ozontherapie, Chirotherapie und so fort).

Auch die Autoren dieses Buches haben diese erwähnten drei Standardwerke ihren Ausführungen zugrunde gelegt. Sie stellen eine willkommene Oase in der Wüste des medizinischen Fachchinesisch dar.

Diese Bücher gehören in jede Heilpraktiker-Bibliothek. Im übrigen werden Sie von Ihrer Schule bisweilen schon vor Studienbeginn mit entsprechender Literatur eingedeckt. Sie sollten den Buchempfehlungen „Ihrer" Heilpraktiker-Fachschule unbedingt folgen, denn auf diesen Werken basiert normalerweise der gesamte Unterricht. Die Auslagen für die medizinische Literatur sind in den Schulen im übrigen manchmal in den angegebenen Ausbildungskosten enthalten. Bisweilen müssen Sie jedoch selbst in die Tasche greifen. Auf jeden Fall sollten Sie sich nach und nach eine eigene kleine Bibliothek aufbauen. Speziell am Anfang empfiehlt es sich hingegen, teure Nachschlagewerke und Sachbücher in einer Bibliothek auszuleihen oder sich zumindest vor dem Kauf im Geschäft die Bücher in der Vorlesung genau anzuschauen. Für die Akupunktur benötigen Sie beispielsweise einen Akupunktur-Atlas, zumindest aber ein Grundlagenwerk und eine Akupunkturtafel. Im Laufe der Zeit wird Ihre Bibliothek also wachsen. Die Dozenten sind gewöhnlich in der Lage, Adressen und Anschriften von Verlegern und Firmen anzugeben, über die preisgünstig Literatur bezogen werden kann. Da die Dozenten manchmal nur bestimmte Bücher als Referenz gelten lassen, ist es ratsam, sich nach ihren Empfehlungen zu richten. Wenn Sie die Qual der Wahl haben, geben Sie leichtverständlichen Büchern den Vorzug. Und besorgen Sie sich frühzeitig ein ausgezeichnetes Lexikon, wie zum Beispiel: Duden, ein Wörterbuch medizinischer Fachausdrücke (32.000 Stichwörter!), aus dem Georg Thieme Verlag. Damit sind Sie gegen alle lateinischen und griechischen Vokabeln gefeit.

Der Heilpraktiker als Ernährungsberater

Es ist längst kein Geheimnis mehr, daß viele, allzuviele Krankheiten unserer Zeit auf eine fehlerhafte Ernährung zurückzuführen sind. Als angehender Heilpraktiker werden Sie also auch dieses hochinteressante Gebiet studieren. Wenn Sie anfangen, sich mit dieser - nebenbei bemerkt - zukunftsträchtigen Fachrichtung zu beschäftigen, fällt Ihnen zunächst auf, daß hier bereits eine gewisse „Ideologisierung" des Marktes eingesetzt hat; mit anderen Worten, es existieren verschiedene Schulen, Diät-Ratgeber und Ärzte, die es jeweils besser wissen als der Experte von nebenan. Der Laie ist damit einer schier unüberschaubaren Fülle von Informationen ausgesetzt, da sich hier die Fachleute häufiger widersprechen als Politiker. Mit aller gebotenen Vorsicht möchten wir dennoch eine Orientierung wagen.

Unseres Erachtens sind die Ernährungsspezialisten Dr. Bircher-Benner, Dr. Bruker und Adele Davis besonders kompetent (vgl. Literaturverzeichnis). Jedenfalls sind sie uns Garant für vernünftige Ernährungslehren. Im übrigen muß man hinzufügen, daß nicht eben wenige Wissenschaftler in vielen wichtigen Punkten übereinstimmen. In dem folgenden Abriß haben wir uns bemüht, einige Ergebnisse festzuhalten, die heute kaum umstritten sind. Aber zunächst noch einige Vorbemerkungen: Ein Hindernis bei der Anwendung der Ernährungslehre besteht darin, daß wir uns bezüglich unserer Gesundheitsführung zu sehr auf unsere Ärzte verlassen, dabei aber oft außer acht lassen, daß die Medizin eine Lehre von der Krankheit, nicht von der Gesundheit ist. Ziel der Medizin ist es, *kranken* Menschen zu helfen, das Ziel der Ernährungslehre aber ist es, die Gesundheit zu bewahren und Krankheiten zu verhüten. So kommt es, daß viele Ärzte die Erkenntnisse der modernen Ernährungslehre oft vernachlässigen, wiewohl diese nur allzuoft von entscheidender Bedeutung sind.

Die Grundursache sehr vieler Krankheiten läßt sich auf zwei Faktoren zurückführen: *Vergiftung* und *Mangel*. Durch ungeeignete Stoffe, die mit ungesunder Nahrung, ungesunden Getränken und ungesunder Luft in den Körper eindringen, vergiften wir uns systematisch selbst. Andererseits wird durch das Fehlen wesentlicher Faktoren in der Nahrung der Körper unterminiert und in seiner Leistungsfähigkeit herabgesetzt. Eine Ihrer Hauptaufgaben als Heilpraktiker sollte deshalb darin bestehen, auf der einen Seite von allen Speisen und Getränken abzuraten, die den menschlichen Körper vergiften, und auf der anderen Seite alle Faktoren zu fördern, die der Gesundheit förderlich sind. Heutzutage wird von der Schulmedizin versucht, mit Hilfe aller möglichen Pillen, Tinkturen und Tröpfchen eine bereits bestehende Krankheit zu heilen - oft ohne bleibenden Erfolg. Die tiefere Ursache, die sehr oft in der Lebensführung und Ernährung liegt, wird jedoch nicht beseitigt. Soweit zu den Vorbemerkungen.

Aber picken wir einige konkrete Beispiele heraus! Paradebeispiel: Überernährung. Obwohl der (erwachsene) Mensch normalerweise 2.600 Kalorien am Tag benötigt, werden in der Bundesrepublik durchschnittlich fast 50 Prozent mehr Kalorien aufgenommen, hauptsächlich in Form von Fetten (Fleisch- und Wurstwaren) und Kohlehydraten (Backwaren und Alkohol). Dafür sind unter anderem auch die industriell gewonnenen, isolierten und angereicherten Kohlehydrate (zum Beispiel Weißbrot) ebenso wie die industriell hergestellten Fette und der Raffinade-Industriezucker verantwortlich. Weil diese „Industrienahrung“ sich vor allem dadurch auszeichnet, daß die in den Grundstoffen (etwa im Getreide) enthaltenen Vitalstoffe (Vitamine, Mineralstoffe, Spurenelemente, Enzyme, ungesättigte Fettsäuren) fehlen, ist mit der Zunahme des Körpergewichts gleichzeitig eine Abnahme der Widerstandsfähigkeit gegen Krankheiten verbunden. Die Zivilisationskrankheiten sind also eine Folge einer jahrzehntelangen Vitalstoff-Mangelernährung. Die qualitative Fehlernährung wird durch die quantitative Überernährung noch verstärkt.

Sie als Heilpraktiker sind also kein „Kohlrabi-Apostel“, wenn Sie Ihre Patienten auffordern, die Ernährung dergestalt zu ändern, daß die ursprünglich in den Nahrungsmitteln enthaltenen Wirkstoffe erhalten bleiben. Der Kranke in den Händen des Arztes wird im besten Falle auf eine Diät gesetzt. Eine angemessene Aufklärung findet kaum statt. Im schlimmsten Falle greift der Arzt sogar zu chemotherapeutischen Waffen - die Menschen werden mit „Appetitzüglern“, Abführmitteln, Hormonpräparaten, Füllmitteln und anderen „Schlankmachern“ vollgestopft. Die schulmedizinischen Therapien haben immer wieder gezeigt, daß, auch wenn für eine kurze Zeit enorme Abmagerungswerte erreicht werden, auf lange Sicht sich wenig Erfolg einstellt. 90 Prozent der Fettleibigen nehmen unmittelbar wieder zu, wenn nicht eine grundlegende Änderung in den Ernährungsgewohnheiten erreicht wird. Im Grunde genommen müßte am Ende aller dieser Versuche die Erkenntnis stehen, daß der Übergewichtige versuchen sollte, auf eine vitaminreiche Vollwertnahrung umzusteigen. Soweit zu einem konkreten Problem, das Ihnen auch in der Heilpraktiker-Praxis nicht eben selten begegnen wird.

Von welchen Giften und schädlichen Nahrungsmitteln sollten Sie nun abraten? Man könnte eine Tabelle erstellen, in der die gesundheitsschädigenden Stoffe graduell aufgelistet sind - wo also die nachteiligsten an erster Stelle stehen und die relativ unschädlichsten an letzter Stelle. Unternehmen wir einmal diesen Versuch:

1. Am gefährlichsten sind natürlich alle Arten von illegalen Drogen: LSD, Heroin, Kokain, Marihuana und Haschisch, um nur die wichtigsten zu nennen. Über deren Auswirkungen muß wohl kaum noch etwas gesagt werden. Die oft unheilbaren körperlichen und mitunter noch schlimmeren psychischen Schäden sind hinreichend bekannt.
2. Direkt hinter diesen Drogen rangieren sehr viele Medikamente. Oft bilden Aufputschmittel, Beruhigungsmittel, Psychopharmaka und viele andere Medikamente erst den Einstieg für „harte“ Drogen. Nicht umsonst wird bei sehr vielen Medikamenten vor längerer Ein-

nahme (zum Beispiel Schmerzmittel) gewarnt. Nicht erst der Contergan-Skandal hat die „weißen" Hemden vieler Chemotherapeuten beschmutzt. Ärzte und Patienten vertrauen auf die „Wunderwirkung" von Mitteln, die die Symptome einer Krankheit bekämpfen, ohne nach der wirklichen Ursache zu fragen. Der eigentliche Krankheitsherd bleibt bestehen und provoziert gelegentlich sogar Sekundärkrankheiten.

3. Alkohol ist heute Volksdroge No. 1! Irreparable geistige und körperliche Defekte folgen oft auf dem Fuß, von den sozialen Problemen ganz zu schweigen. Am bekanntesten ist die leberzellenschädigende Wirkung.
4. Obwohl die schädlichen Wirkungen der Zigarette allgemein bekannt sind, ist das Nikotin, ebenso wie der Alkohol, trotzdem „gesellschaftsfähig". Nichtsdestotrotz ist reines Nikotin ein ebenso starkes Gift wie Blausäure (Zyankali) und übt eine schädliche Wirkung auf alle Organe des menschlichen Körpers aus. Besonders aber auf Herz, Nerven, Magen, Darm, Lungen und die feinen Blutgefäße – ganz abgesehen von anderen schädlichen Stoffen (wie Teer), die im Zigarettenrauch enthalten sind …
5. Es mag Sie vielleicht überraschen, aber an die nächste Stelle der Tabelle der Gifte sind Industriezucker und Auszugsmehle zu setzen. Seit der Industrialisierung im 19. Jahrhundert kennen wir die Entkeimung des Korns vor dem Mahlvorgang und damit das sogenannte „Auszugsmehl". Ursprünglich wurde es entwickelt, um länger haltbares Brot herzustellen. Die Folge: die in dieser Form hochkonzentrierten Kohlehydrate (im Verein mit dem in ähnlicher Weise industriell hergestellten Fetten und dem raffinierten Zucker) sind zu lebensbedrohlichen Nahrungsmitteln geworden, unter deren Auswirkungen heute die meisten Menschen leiden. Die isolierten Kohlehydrate, zu denen auch zum Beispiel polierter Reis gehört, sind ein Hauptbestandteil üblicher Zivilisationskost. Leider kann der menschliche Organismus diese auf Dauer nicht ohne Störung verarbeiten. Ihm fehlen die natürlichen Begleitstoffe – Vitamine des B-Komplexes, Spurenelemente, Mineralstoffe und Fermente.
   Die unvollkommene Verarbeitung isolierter Kohlehydrate führt auch zur teilweisen Umwandlung in gesättigte Fette. Diese tragen zur Füllung der Fettspeicher und damit zu Übergewicht bei; außerdem werden die Entstehung von Arteriosklerose, Bluthochdruck, Herzinfarkt und Hirnschlag begünstigt und die Sauerstoffversorgung des Gesamtorganismus beeinträchtigt. Industriezucker und die aus

Auszugsmehlen gefertigten Backwaren sind weiterhin entscheidende Ursachen für Zahnkaries und Mitursache für Parodontose. Diese Liste ließe sich noch um einiges verlängern, aber wir wollen es bei diesen Fakten belassen.

6. In der heute üblichen Ernährung sind außerdem große Mengen gesättigter Fette enthalten, zum Beispiel in Margarine, Fleisch, Wurst und Speck, die das Risiko von Herz- und Gefäßkrankheiten vergrößern. Gemüse und Wurzelfrüchte verlieren durch Kochen 45 bis 90 Prozent ihrer gesundheitsfördernden Eigenschaften in Form von Vitaminen, Mineralien und anderen Stoffen, die mit dem Kochwasser weggeschüttet werden.
7. Kaffee (Koffein) führt dem Körper Gift zu!
8. Des weiteren verursacht zuviel Kochsalz Ablagerungen schädlicher Stoffe in Geweben und Gelenken.

Die Nahrungswahl des „zivilisierten" Menschen und seine Art, die Nahrungsmittel zu behandeln, ist gelinde gesagt, eine Katastrophe. Man muß sich darüber klar sein, daß unser Organismus kaum für die Verarbeitung von chemisch orientierten Substanzen geeignet ist.

Gibt es heute aber überhaupt noch eine Ernährung, die man guten Gewissens seinen Patienten empfehlen kann? Ja, natürlich! Die Kritiker des heutigen Ernährungssystems haben nicht nur die negativen Seiten aufgelistet, sondern versuchten auch, positive Anregungen zu geben und Eßgewohnheiten zu kultivieren, die jedem gesundheitliche Vorteile bringen. Auch wenn in manchen Einzelheiten noch Fragen zu klären sind, haben sich Grundlagen herauskristallisiert, die man eigentlich uneingeschränkt empfehlen kann.

Prinzipiell ist davon auszugehen, daß in der „lebenden" Nahrung, die nicht durch chemische oder physikalische Prozesse (Kochen, Konservieren) verändert wurde, alle natürlichen Nährstoffe und vor allem die Vitalstoffe *erhalten* bleiben und unverändert in die Stoffwechselprozesse des menschlichen Körpers eingeführt werden. Während die traditionelle Auffassung davon ausging, daß es genüge, unsere Gesundheit dadurch zu sichern, daß die drei Grundbestandteile unserer Nährstoffe (Kohlenhydrate, Fette und Eiweiß) in einem vernünftigen Verhältnis zueinander stehen, wird diese Theorie von den Vertretern der sogenannten „Vollwertkost" heute abgelehnt. Dr. Schnitzer und Dr. Bruker, zwei Ärzte, die sich intensiv mit ernährungswissenschaftlichen Fragen auseinandergesetzt haben und deren Bücher unseres Erachtens sehr zu empfehlen sind, gehen in ihren Vorschlägen für eine Vollwertkost davon aus, daß im unbeschädigten Getreidekorn, das gewissermaßen als das Kernstück unseres gesamten Ernährungssystems gelten muß, die Vitalstoffe noch in vollem Umfang enthalten sind (vor allem die für das Stoffwechselgeschehen unentbehrlichen Vitamine der B-Gruppe); nur in diesem Zustand können sie vom menschlichen Organismus natürlich aufgenommen und weiterverarbeitet werden. Getreide, Gemüse, roh zu Salaten verarbeitet, und Obst sind die drei Hauptelemente dieser Ernährungsmethode. In diesem Zusammenhang kann die Bedeutung der Vitamine nicht genug betont werden. Zu viele werden zum Beispiel durch das Kochen zerstört.

Es würde den Rahmen dieses Buches sprengen aufzulisten, welche Vitamine in welchen Dosierungen nötig sind, um den täglichen Bedarf zu decken. Festzuhalten ist: Mangelerscheinungen treten bei fast allen Vitaminen, Mineralstoffen und Spurenelementen früher oder später auf, wenn die benötigte Menge nicht zugeführt wird, sei es durch die Nahrung oder in konzentrierter Form als Tabletten. Wichtig ist es jedoch zu wissen, daß gewisse Vitamine nur bis zu einer gewissen Menge eingenommen werden dürfen. Es existieren also nicht nur Unter-, sondern auch Obergrenzen. Die wichtigsten Vitamine und Mineralstoffe sind A, B 1, C, E, Kalzium und Magnesium. Ihre Bedeutung offenbart sich erst bei konkreten Mangelerscheinungen.

Speziell für Sie als angehenden Heilpraktiker ist es von Bedeutung, sich mit diesem Gebiet zu beschäftigen. Eine Vielzahl von Krankheiten, mehr als gemeinhin angenommen wird, kann durch spezielle Vitamingaben geheilt werden. Die Fälle aus der Heilpraktiker-Praxis, da mit korrekter Ernährung einer Krankheit der Garaus gemacht wurde, sind so zahlreich, daß man keine konkreten Beispiele aufzulisten braucht. Oft verordnet der Heilpraktiker auch eine „Ernährungs-Therapie" in Kombination mit anderen Behandlungsmethoden: die verschiedensten Krankheiten - Müdigkeit, Kreislaufschwäche, schlechte Verdauung, nervöse Leiden und vieles andere mehr - können Sie mit richtiger Ernährung und damit *natürlich heilen*. Hippokrates schrieb schon vor 2.300 Jahren: „Gesundheit (und) Kraft ... sind auf richtige Nahrung zurückzuführen. Will (ein Arzt) seine Aufgabe in richtiger Art und Weise erfüllen, so muß er zuerst das Verhältnis erfassen und verstehen, das da existiert zwischen der Gesundheit des Menschen und den Speisen und Getränken, die er zu sich nimmt."

Das gesamte Gebiet der Ernährung ist so umfangreich, daß wir hier nur einen kleinen Einblick bieten können. Ernährung ist ein Grundfaktor des menschlichen Lebens - sie geht jeden an. Jeder gesundheitsbewußte Mensch kann und muß in seinem eigenen Interesse seine Nahrung und Lebensführung möglichst optimal gestalten. Wenn Sie allein diesen Gedanken an Ihre Patienten weitertragen, so haben Sie Ihnen bereits einen unschätzbaren Dienst erwiesen.

VI. Die Prüfung

Zunächst einmal können wir Ihnen schildern, wie es bei der Prüfung *nicht* zugeht, denn über den Heilpraktiker und die Heilpraktikerprüfung geistern manchmal abenteuerliche Geschichten durch die Boulevardpresse. Es stimmt schlicht und ergreifend nicht, daß Sie in China oder Hongkong ein zweifelhaftes Zertifikat erwerben können, worauf in fein säuberlich gemalten Buchstaben „Diplom" sowie Ihr Name stehen, und Sie im übrigen (auf Chinesisch!) als Meister der Akupunktur ausgewiesen werden. Um ein solches „Diplom" zu erwerben, wissen einige Neunmalkluge, brauchen Sie nur nach Hongkong zu fliegen, ein paar tausend Dollar auf den Tisch zu legen – und schon können Sie laut Zertifikat heilen.

Gewiß, es ist auch längst kein Geheimnis mehr, daß man einen Doktortitel in Italien oder in den USA kaufen kann, aber um als Heilpraktiker hierzulande zugelassen zu werden, müssen Sie schon durch das Nadelöhr der Prüfung gehen. Um diese Prüfung zu bestehen, ist mehr nötig, als an einigen Abenden vier bis fünf Bücher zu lesen oder „nebenbei mal" einen kleinen Fernkurs zu besuchen. In diesem Zusammenhang ein Wort zur Ausbildungssituation. Es gibt einige schwarze Schafe unter den Heilpraktiker-Schulen, die in Wochenendseminaren oder sechswöchigen Intensiv-Kursen zum Heilpraktiker ausbilden wollen. Sich den Stoff in so kurzer Zeit anzueignen, ist unvorstellbar und einfach nicht möglich. Der Gesetzgeber schreibt zwar kein bestimmtes Curriculum vor, aber der Anwärter muß beim Amtsarzt eine (nicht unbedingt leichte) Prüfung zum Heilpraktiker ablegen. Dieser wird sehr wohl darauf achten, daß der Kandidat eine solide Ausbildung absolviert hat, denn es ist seine Pflicht zu prüfen, ob der angehende Heilpraktiker eine „Gefahr für die Volksgesundheit" ist, wie das im Gesetz formuliert ist. Die Durchfallquoten, die immer weiter ansteigen, beweisen, daß die

Anforderungen an den Heilpraktiker immer höher geschraubt werden. Auf die Prüfung können Sie sich *nicht* im Handumdrehen vorbereiten. Da nichts lehrreicher sein kann als einige Beispiele, wie man durch die Prüfung rasseln kann, hierzu einige konkrete Fälle:

Prüfling: 66jähriger Friseur, der sein Geschäft an seinen Sohn übergeben hatte und nun die Berufung zum Heilen in sich spürte. Auf die Frage des Amtsarztes, was er mache, wenn ein Patient mit Kopfschmerzen in die Praxis käme, antwortete der Friseur: „Ganz einfach, da stimmt was nicht mit der Wirbelsäule. Ein chiropraktischer Griff – und die Schmerzen sind weg.“ Der Amtsarzt stellte zu Recht fest, daß dieser Mann seine Grenzen nicht kannte. Hinter dem Symptom Kopfschmerzen kann sich vieles verbergen: Migräne, eine Neuralgie, vereiterte Stirn- oder Kieferhöhlen, ein erhöhter Augendruck (Grüner Star) oder sogar ein Hirntumor. Aber hier ohne Röntgenbild als Nachweis für einen verdrehten Wirbel sofort mit dem Einrenken zu beginnen, erschien dem Amtsarzt zu naßforsch. Der Friseur erhielt die Zulassung nicht.

Ähnlich erging es einem Werbekaufmann, der im Sommer ein Sanatorium in Spanien mieten wollte, um dort Urlauber zu psychotherapieren. Er hatte sich zwar aus allen möglichen Lehrbüchern und Lexika Merkzettel angefertigt, aber alle Fragen nach körperlichen Erkrankungen beantwortete er mit einem Achselzucken. Daraufhin zuckte auch der Amtsarzt mit der Achsel – und ließ ihn durchfallen.

Die wirkliche Lösung besteht darin, eine mindestens dreijährige Ganztagsausbildung ins Auge zu fassen. Von der Deutschen Heilpraktikerschaft wurden deshalb Schulrichtlinien erstellt, die die Dauer der Stundenzahlen und den täglichen Unterricht festlegen. Eine kürzere Ausbildung ist kaum geeignet, gründliche und solide Voraussetzungen für diesen verantwortungsvollen Beruf zu schaffen.

Leider gibt es auch Mißstände. Obskure Ausbildungsinstitute, die nur Wert darauf legen, den Prüfling auf die Amtsarztüberprüfung vorzubereiten, schaffen es vielleicht, ihn durch die Prüfung zu lotsen, mehr aber nicht. Solche Kandidaten haben spätestens in der Praxis Schwierigkeiten. Die Durchfallquote bei den Amtsarztüberprüfungen ist im übrigen dort sehr hoch, wo in den Gesundheitsämtern relativ streng geprüft wird. Stellenweise liegt sie fast bei 90 Prozent! Auf der Strecke bleiben im wesentlichen die Schüler solcher Schnellausbildungsinstitute, die in einem Jahr etwa die Aspiranten vorbereiten zu können glauben. Heilpraktiker-Anwärter, die eine gründliche dreijährige Ausbildung durchlaufen haben, bestehen umgekehrt mit über 90prozentiger Sicherheit. Während in Hamburg und München nur jeder zweite Bewerber beim ersten Anlauf die Heilpraktikerprüfung schafft, sind es in Baden-Württemberg immerhin 78 von 100. Wer durchfällt, kann diese Prüfung überall im Bundesgebiet beliebig oft wiederholen. Das Saarland gilt als heißester Tip. Aber auch die Idee, daß man beliebig oft vor den Amtsarzt treten kann und es also gleichgültig ist, ob man besteht oder nicht, ist hirnrissig. Denn der Kandidat benötigt, allein um den theoretischen Lehrstoff in der Stunde der Wahrheit tatsächlich parat zu haben, eine geraume Zeit, die er immer wieder von neuem investieren müßte. So, wir hoffen, daß wir jetzt haben wir Ihnen nicht angst und bange gemacht. Die andere Seite der Medaille ist, daß es einige Insider-Tips gibt, die wir Ihnen nicht vorenthalten wollen.

Aber: wie verhielt es sich eigentlich in früheren Zeiten? Gab es nicht auch einmal Goldene Jahre ohne Prüfung? Noch zu Kanzler Bismarcks Zeiten konnten Bürger mit einer Begabung, Leiden zu erkennen und zu heilen, nach der alten Gewerbeordnung von 1869 einfach ein Schild an ihre Haustür hängen und Kranke behandeln. Ob mit Schlangengift, Heilerde, Wassergüssen oder mit Magnet-Amuletten interessierte niemanden. Die einzige Auflage: sie mußten am Wohnort praktizieren. Das Umherziehen wie in alten Zeiten, als Bader, Wundärzte oder Steinschneider auf Jahrmärkten Heilelixiere anboten, Zähne zogen oder Kranke von Blasensteinen befreiten, war verboten. Als die Nationalsozialisten an die Macht kamen, beschloß die Reichsregierung 1939 ein Gesetz, das darauf abzielte, den Heilpraktikern das Wasser abzugraben. „Wer die Heilkunde ausüben will, ohne Arzt zu sein, bedarf dazu der Erlaubnis", hieß es damals. Gleichzeitig wurde ihnen verboten, Ausbildungsstätten einzurichten. Neue Heilpraktiker waren fortan unerwünscht. Heiler mit ungewöhnlichem Talent konnten durch ein Gutachter-Gremium zum Arzt für Naturheilkunde ernannt werden, was in den seltensten Fällen gelang. Nach dem Kriege zogen die Heilpraktiker vor Gericht. 1957 entschied das Bundesverwaltungsgericht, daß nach rechtsstaatlichen Grundsätzen jeder Bewerber einen Anspruch auf die Erteilung der Berufserlaubnis besitzt.

Soviel zur Geschichte. Heute stellt sich die Frage, wie man sich am besten auf die Prüfung vorbereitet. Das beinhaltet auch die Frage, wie man am besten lernt. Wir raten: lernen Sie auf keinen Fall stupide auswendig, sondern versuchen Sie, die Prinzipien zu verstehen. Dies gilt insbesondere für die Gesetzeskunde, die Berufskunde und alles, was Infektionen anbelangt. Wenn Sie ein Metier auswendig lernen, so benötigen Sie sehr viel mehr Zeit, als wenn Sie versuchen, die Fakten wirklich zu begreifen. Tonbänder, Skizzen und Modelle können eine außerordentliche Hilfe darstellen. Versuchen Sie, die Zusammenhänge zu erfassen und in Konzepten zu denken, nicht in Details.

Aber stellen wir uns vor, Sie haben systematisch gelernt, beherrschen Theorie und Praxis gleichermaßen, und wollen sich jetzt endlich in die Prüfung wagen. Wie gehen Sie vor? Wo findet die amtsärztliche Überprüfung statt? Nun, als prüfende Behörde gilt das Stadt-, Kreis- oder Landesgesundheitsamt des ersten Wohnsitzes beziehungsweise des beabsichtigten Niederlassungsortes. Dies ist je nach Bundesland unterschiedlich geregelt. Allgemein gesprochen ist also das Gesundheitsamt Ihr Ansprechpartner. Schauen wir uns des Verständnisses halber kurz die Aufgaben des Bundesgesundheitsamtes an, der übergeordneten Behörde.

Das Bundesgesundheitsamt mit seinen verschiedenen Instituten ist eine medizinisch-wissenschaftliche Zentralbehörde, eine Dienststelle, die Bund und Länder in der Gesetzgebung beratend unterstützt. Eine wesentliche Aufgabe des Bundesgesundheitsamtes besteht darin, die Medizinalstatistik als Grundlage des öffentlichen Gesundheitswesens zu führen und auszubauen. Es beschäftigt sich mit Fragen der Hygiene, der Ernährung, des Wassers, des Bodens, der Infektionskrankheiten, untersucht wissenschaftlich die Ursachen und Wirkungen der Seuchen und der Sterblichkeit und sorgt dafür, daß wissenschaftliche Erkenntnisse und Statistiken zentral ausgewertet werden. So kümmert sich das Bundesgesundheitsamt um die Bearbeitung und Herausgabe des Deutschen Arzneibuches, um das Blutspendewesen, um Schutzimpfungen und um chemische und physikalische Entwicklungen etwa. Neue Aufgaben sind dem Bundesgesundheitsamt durch das Arzneimittelgesetz zugefallen. Das Bundesgesundheitsamt hat seinen Sitz in Berlin.

Wenn Sie sich zur Heilpraktikerprüfung anmelden lassen, so empfiehlt es sich, bei der Vorzimmerdame des Amtsartzes im Gesundheitsamt anzurufen; sie wird Ihnen erklären, was Sie zur Prüfung brauchen. Danach verfassen Sie ein förmliches Anschreiben, nennen Name und Adresse und den gewünschten Prüfungstermin.
Außerdem fügen Sie folgende Anlagen bei:

1. Tabellarischer Lebenslauf. Tip: er sollte auf den Heilpraktikerberuf zugeschnitten sein. Der Arzt sollte daraus ersehen können, daß Sie schon seit geraumer Zeit auf dieses Ziel hinarbeiten.
2. Nachweis Ihrer Heilpraktikerausbildung. Mit allen Zertifikaten.

3. Heilpraktiker-Kurse, Seminare. Nennen Sie die Themen der einzelnen Trimester.
4. Erste Hilfe und Rot-Kreuz-Bescheinigung. Außerdem empfiehlt es sich, einen Notfall-Hilfe-Kurs besucht zu haben und dies schriftlich zu dokumentieren.
5. Nachweis deutscher Staatsbürgerschaft (gegebenenfalls: Nachweis heimatloser Ausländer).
6. Polizeiliches Führungszeugnis.
7. Gesundheitszeugnis.

Sie können erfahrungsgemäß damit rechnen, daß vom Zeitpunkt der Antragstellung bis zum Überprüfungstermin durch das Gesundheitsamt durchschnittlich ein Vierteljahr vergehen wird. Wenn Sie einen Prüfungsterminwunsch äußern, sollten Sie diese Spanne in Ihre Überlegungen miteinbeziehen.

Die Prüfungskosten für den Amtsarzt betragen zwischen 100 und 200 DM. Diese Kosten müssen Sie aus Ihrer Tasche bezahlen. Die Anmeldung zur Heilpraktiker-Prüfung kann erst mit 25 Jahren erfolgen. Ein Grund zur Aufregung besteht nicht, denn Sie können die Prüfung beliebig oft wiederholen. Dennoch empfiehlt es sich, wie schon gesagt, alles daranzusetzen, beim ersten Anlauf zu bestehen. Ansonsten kostet es Ihre Zeit und Ihr Geld. Abgenommen wird die Prüfung vom Amtsarzt. Als Beisitzer, der oft gesondert mit circa 100 DM honoriert wird, fungiert ein Heilpraktiker, der vom Amtsarzt bestellt wird. Der Prüfling kann im Einvernehmen mit dem Amtsarzt einen Beisitzer seines Vertrauens bestimmen. Der Beisitzer hat jedoch in aller Regel keinen Einfluß auf die Prüfung. Sie kann im übrigen mündlich, schriftlich oder mündlich und schriftlich durchgeführt werden. Die Dauer beträgt durchschnittlich zwei Stunden, aber der Amtsarzt kann auch schon nach zehn Minuten feststellen, daß Sie „keine Gefahr für die Volksgesundheit" darstellen. Umgekehrt kann sich die Prüfung auch über zwei Tage (!) erstrecken. Schließlich kann sie einzeln oder in Gruppen, mit mehreren Anwärtern gemeinsam also, abgenommen werden. Was diese Details angeht, so empfiehlt es sich, die Vorzimmerdame des Amtsarztes zu fragen, oder, falls möglich, den Beisitzer. Wer zum Beisitzer bestimmt ist, weiß ebenfalls die Vorzimmerdame. Und noch ein guter Rat: versuchen Sie nicht, den Amtsarzt anzurufen, ihn auszufragen oder ihn gar zum Essen einzuladen. In diesem Fall können Sie mit Sicherheit davon ausgehen, daß Sie stolpern werden. Je nach Bundesland können auch zwei Heilpraktiker als Beisitzer bestellt werden. Ein Protokollant ist ebenfalls zugegen. Der oder die Heilpraktiker werden im Einzelfall auf Anforderung des Gesundheitsamts von den zuständigen Heilpraktikerverbänden vorgeschlagen und vom Amtsarzt zur Prüfung eingeladen. Der Amtsarzt hat im übrigen die Möglichkeit, zu seiner Unterstützung weitere Ärzte des Gesundheitsamtes hinzuzuziehen. Er ist es auch, der über das Ergebnis der Überprüfung entscheidet und seine Stellungnahme mit Begründung der unteren Verwaltungsbehörde mitteilt.

Und nun beginnt die eigentliche Prüfung. In diesem Zusammenhang haben wir für Sie eine erfreuliche Nachricht parat. Es gibt für die Heilpraktiker-Prüfung so etwas wie einen Geheimtip. Es existiert nämlich ein Büchlein mit dem Titel: „Prüfungsfragen für Heilpraktiker". Verfasser: Hubert Scharl. Dieses kleine Buch dient ausschließlich zur Vorbereitung auf die Überprüfung durch den Amtsarzt. Sollte es Ihnen durch Zufall bei einem gestandenen Heilpraktiker in die Finger fallen, so werden Sie es völlig zerlesen und zerfleddert finden, mit Eselsohren und zahlreichen Unterstreichungen. Es beinhaltet eine Übersicht über die tatsächlichen Fragen, die gewöhnlich bei der Prüfung gestellt werden. Dieser Leitfaden ist für Sie Gold wert. Außerdem werden in diesem Büchlein zahlreiche Literaturhinweise für die Prüfungsvorbereitung genannt. Auch wir raten Ihnen: besorgen Sie sich dieses Werk – bis Sie sich so gut darin auskennen, daß Sie die Fragen vorwärts und rückwärts, im Wachen und im Schlafen beantworten können. Wenn Sie zu mitternächtlicher Stunde zufällig von einem Einbrecher geweckt werden, der Ihnen mit der Taschenlampe ins Gesicht leuchtet, sollte Ihre erste Reaktion darin bestehen, die Antworten aus diesem Büchlein aus dem Effeff aufzusagen.

Der Amtsarzt wird aller Voraussicht nach erst einige Fragen stellen, um mit Ihnen „warm" zu werden. Oft fragt er Sie aber auch rundheraus, warum Sie sich zum Heilpraktiker berufen fühlen – ohne Auftakt, überfallartig. Überlegen Sie sich auf diese Frage vorher eine ausgezeichnete Antwort. Natürlich können wir Ihnen nicht genau all die Fragen nennen, die Ihnen während der Prüfung gestellt werden. Aber wenn Sie dem genannten Literaturhinweis („Prüfungsfragen für Heilpraktiker") nachgehen, so werden Sie hierin immerhin eine Übersicht finden – und eine Sammlung der Fragen, die immer wieder in den Prüfungen gestellt wurden.

Ausgehend davon, daß der Heilpraktiker keine „Gefahr für die Volksgesundheit" darstellen darf, wird man Sie zunächst intensiv und extensiv zur Gesetzeskunde befragen. Der Amtsarzt wird genau wissen wollen, was Sie *nicht* befugt sind zu tun, und in welchen Fällen Sie die Finger von den Patienten lassen müssen. Das Bundesseuchengesetz und die 45 meldepflichtigen Infektionskrankheiten sowie ihre Erkennungsmerkmale sollten sie ebenfalls sicher beherrschen, desgleichen die verschiedenen Geschlechtskrankheiten. Speziell alles, was Sie *nicht* therapieren dürfen, müssen Sie also parat haben. Auch über Impfungen und Regeln der Asepsis (= Keimfreiheit - zum Beispiel aller Gegenstände, die mit einer Wunde bei deren Behandlung in Berührung kommen wie Instrumente, Verbandsstoffe, Handschuhe) müssen Sie Bescheid wissen. Auf die Bedeutung der Anamnese haben wir bereits im Kapitel „Diagnose" hingewiesen.

Darüber hinaus gilt es, andere diagnostische Verfahren zu kennen sowie verschiedene Therapieformen, Erste Hilfe, Injektionstechniken, Konstitutionstypen, Anatomie und Pathologie sind weitere Stichworte. Es sollte Ihnen bewußt sein, daß der Amtsarzt auch eine praktische Vorführung verlangen kann. Da die Heilpraktiker-Verbände in der Bundesrepublik selbst daran interessiert sind, daß die Praxis mehr betont wird und in dieser Richtung schon einige Vorstöße im politischen Raum unternommen wurden, wird diesem Teil der Prüfung in Zukunft möglicherweise mehr Bedeutung beigemessen werden. Sie sehen, gut zur Prüfung vorbereitet, ist schon der halbe Erfolg.

Können Sie sich vorstellen, wie erleichtert Sie sind, wenn Ihnen mitgeteilt wird, daß Sie die Prüfung bestanden haben? Maßgeblich für das Bestehen ist das Gutachten des Amtsarztes. Er neigt zwar sein Ohr auch dem Beisitzer, aber er entscheidet selbst - und läßt Ihnen das Ergebnis über das Gesundheitsamt schließlich mitteilen. Nach der Prüfung fällt eine Zentnerlast von Ihnen ab. Dabei beginnt jetzt erst das eigentliche Abenteuer.

Über Ihren Antrag, als Heilpraktiker tätig zu werden, entscheidet die für den Wohnsitz zuständige Kreisverwaltungsbehörde. Sie müssen hier ein amtliches Führungszeugnis vorlegen, das nicht älter als drei Monate sein darf. Wenn Sie in den vergangenen drei Jahren Ihren Wohnsitz gewechselt haben, so fragt die Kreisverwaltungsbehörde bei der früher zuständigen Kreisverwaltungsbehörde an, ob Sie dort schon um die Erlaubnis nachgesucht haben, als Heilpraktiker tätig zu werden. Im übrigen führt das Gesundheitsamt eine gesonderte Liste über diejenigen Personen, die „ohne ärztliche Bestallung die Heilkunde am Menschen betreiben". Das Gesundheitsamt achtet darauf, daß Sie nicht die Bezeichnung „Arzt" oder eine arztähnliche Bezeichnung zwecks Täuschung verwenden, daß Sie die Heilkunde nicht im Umherziehen ausüben oder Arznei- und „Geheimmittel" feilbieten, daß Sie nicht Krankheiten behandeln, deren Behandlung gesetzlich dem approbierten Arzt vorbehalten ist, und daß Sie nicht verbotene öffentliche Anzeigen oder Ankündigungen erscheinen lassen.

Im übrigen gilt der Heilpraktikerberuf nicht mehr als Gewerbe, sondern als freier Beruf. Auch das Einkommensteuergesetz führt demnach die Heilpraktiker unter den freien Berufen auf. Der Wermutstropfen nach bestandener Prüfung und erfolgreicher Eröffnung einer Praxis besteht also darin, daß Sie das zuständige Finanzamt über die Niederlassung als freiberuflich tätiger Heilpraktiker benachrichtigen müssen. Noch bevor Sie den ersten Patienten behandeln, sind Sie ferner gehalten, eine Berufshaftpflichtversicherung in angemessener Höhe abzuschließen. Alle mithelfenden Arbeitskräfte in der Heilpraxis (Sprechstundenhilfe, Assistenten, Putzfrauen, Familienangehörige) müssen bei der Berufsgenossenschaft für Gesundheitsdienst und Wohlfahrtspflege in Hamburg gemeldet und gegen Unfall versichert werden. Diese Versicherungsbeiträge muß ein Praxisinhaber in voller Höhe übernehmen. Er selbst kann sich dort ebenfalls versichern, muß dies jedoch nicht.

Soweit zu den gesetzlichen und administrativen Verpflichtungen. Aber: sich direkt und unmittelbar selbständig zu machen ist nicht immer empfehlenswert. Zumal es einige interessante Alternativen gibt, die wir im nächsten Kapitel beschreiben werden und die Sie sich zumindest erst einmal zu Gemüte führen sollten, bevor Sie den Sprung ins kalte Wasser wagen.

Und noch ein kleiner Gag zum Schluß, denn auch über Examina sollte man nicht nur bierernst reden. Als gewiefter Heilpraktiker-Aspirant könnten Sie sich natürlich auf die Prüfung homöopathisch entsprechend „vorbereiten", und zwar wie folgt:

gegen Zweifel und Entmutigung: Gentian
gegen das vorübergehende Gefühl, der Lage nicht gewachsen zu sein: Elm
gegen geistige Abwesenheit: Clematis
gegen mangelndes Selbstvertrauen: Larch
für bessere Konzentration: White Chestnut
bei geistiger Erschöpfung: Hornbeam

Mit diesen (pflanzlichen) Mitteln der Bach-Blüten-Therapie (4mal täglich 4 Tropfen) können Sie sich unter Umständen ... selbst helfen!

VII. Der Sprung in die Selbständigkeit

Vermutlich werden Sie nach all der Paukerei zunächst einmal einen längeren Urlaub einplanen. Und offengestanden: Sie haben ihn verdient, denn jeder Heilpraktiker weiß ein Lied davon zu singen, was es heißt, allein die Fachbegriffe zu beherrschen. Wenn Sie dann, frisch gestärkt, braungebrannt und erholt von einer Südseeinsel zurückkommen, geht das unternehmerische Abenteuer los. Jedoch nicht unbedingt: einige Heilpraktiker-Fachschulen offerieren nach der Prüfung zusätzlich einen Ausbildungsabschnitt, der allein auf die praktische Seite des Berufs ausgerichtet ist. Andere Schulen dagegen führen nur bis an die Prüfung heran – und verabschieden Sie danach mit der Bitte, sie weiterzuempfehlen ...

Es ist auf jeden Fall ratsam, zunächst eine Assistentenstelle anzunehmen, bevor Sie sich eine eigene Praxis aufbauen. Der Umgang direkt mit den Patienten macht Sie noch mit so manchem Geheimnis vertraut, das Ihnen während der Ausbildung ein Buch mit sieben Siegeln gewesen ist.

Gewußt wo: Assistenzstellen

In diesem Zusammenhang ein offenes Wort: es ist beileibe nicht einfach, eine Assistentenstelle zu finden. Viele Heilpraktiker lassen sich ungern in die Karten schauen, aus welchen Gründen auch immer. Es besteht hier also eine Engpaß-Situation, und man tut in solchen Fällen immer gut daran, das ganze Gelände zu erkunden.

Dennoch gibt es mehrere Möglichkeiten, in Erfahrung zu bringen, wie und wo man als Heilpraktiker-Anwärter unterschlüpfen kann, um sich vor Ort die nötige Praxiserfahrung zu holen:

1. Jetzt zahlt es sich doppelt und dreifach aus, wenn Sie die richtige Schule gewählt haben. Plaudern wir ein wenig aus dem Nähkästchen: einige Heilpraktiker-Anwärter werden von gestandenen Heilpraktikern

eher genommen, wenn sie in bestimmten (qualifizierten) Ausbildungsstätten ihr Studium absolviert haben. Man darf es vielleicht nicht laut sagen, aber es ist nichtsdestotrotz eine Tatsache. Achten Sie also auf die „richtige“ Schule von Anfang an - und scheuen Sie sich nicht, am Beginn des Studiums den Schulleiter nach den Aussichten und der tatsächlichen Hilfe nach erfolgreich abgelegter Prüfung zu fragen.

2. Spätestens am Ende Ihrer Ausbildungszeit sollten Sie den Schulleiter nochmals um ein Gespräch unter vier Augen bitten. Da in einer guten Ausbildungsstätte in den seltensten Fällen ein einziger Dozent tätig ist, kann auch der Kontakt zu den anderen Lehrern eine wichtige Hilfestellung bieten. Sprechen Sie Ihre Dozenten direkt an. Wenn diese Ihnen nicht persönlich weiterhelfen können, erkundigen Sie sich, wer ihrer Ansicht nach ein geeigneter Ansprechpartner sein könnte.

3. Versuchen Sie, sich in die Position eines im Berufsleben stehenden Heilpraktikers hineinzuversetzen. Was sind dessen Probleme? Zu welchen Bedingungen würde er einen Heilpraktiker einstellen? Ist er daran interessiert, einen Konkurrenten vor Ort großzuziehen? Wieviel kann er überhaupt bezahlen? (Nicht unüblich: Assistenzarbeit für Gotteslohn!) Sie können sich diese Fragen selbst beantworten. Aber vielleicht sucht er eine Urlaubsvertretung. Oder er möchte sich in absehbarer Zeit zur Ruhe setzen. Nehmen Sie also seinen Blickpunkt ein, nicht Ihren - und Ihre Erfolgsaussichten werden entsprechend steigen.

4. Prinzipiell gilt: nutzen Sie jede erdenkliche Möglichkeit, Ihr Anliegen bekannt zu machen. Sprechen Sie mit jeder Person, die auch nur im geringsten Hilfestellung leisten könnte, über Ihr Vorhaben. Wenn Sie systematisch vorgehen, ist es unwahrscheinlich, daß Sie im Laufe einer bestimmten Zeit nicht eine Assistentenstelle ausfindig machen.

5. Die effektivste Form der ‚Werbung‘ besteht natürlich in einer oder mehreren Anzeigen. Die entsprechenden Anzeigenblätter dokumentieren, daß auch Ihre Konkurrenten, also andere Heilpraktiker-Anwärter, diese Form der ‚Öffentlichkeitsarbeit‘ nutzen. Wo lohnt es sich nun zu inserieren? In einer Tageszeitung? Wohl nicht! Aber schon eine Zeitschrift, die sich eigentlich Ernährungsberatung aufs Programm geschrieben hat, kann interessant sein. Außerdem gibt es einige gute Heilpraktikerzeitschriften, wo Sie immer wieder Anzeigen finden werden - und wo die höchste Erfolgsquote gegeben ist, weil Sie genau die Zielgruppe ansprechen. Zwei Beispiele:

- „Naturheilpraxis“. Das offizielle Organ Deutscher Heilpraktiker e. V. (Richard Pflaum Verlag, Lazarettstr. 4, 80636 München, Tel. 089/ 126070, Telex 529408 pflvl d)

- „Das Seminar". Herausgeber: Hessischer Heilpraktikerverband e. V. (Hottejanstr. 13, 34369 Hofgeismar, Tel. 05671/2503)

Hier können Sie inserieren – und finden manchmal sogar auch Heilpraktiker, die aus den verschiedensten Gründen einen Assistenten suchen.

6. Darüber hinaus gibt es noch weitere Fachblätter, die zum Teil in sehr kleiner Auflage erscheinen und deren Verbreitung regional begrenzt ist. Da es auch nicht eben wenige Heilpraktikerverbände gibt, die ebenfalls nur regional tätig sind, lohnt es sich, auch hier zu inserieren – sobald Sie genau wissen, wo Sie tätig sein wollen. Selbstredend haben Sie weitaus größere Chancen, wenn Sie geographisch unabhängig sind. Daß Sie über die denkbar besten Karten verfügen, wenn sie vor Beginn des Studiums bereits wissen, wo Sie unterkommen, braucht ebenfalls kaum erwähnt zu werden. Nicht unintelligent ist es darüber hinaus, sich schon während des Studiums umzuhören und gegebenenfalls in der Gegend, wo Sie zu praktizieren gedenken, sich in den bestehenden Praxen schon einmal umzuhören.

Alternative: Praxisübernahme

Wenn Sie Anzeigen aufmerksam studieren so werden Sie sicher bemerken, daß auch Praxisübernahmen angeboten werden. Unseres Erachtens ist das aus verschiedenen Gründen vorteilhaft. Wir werden Sie dennoch in die Geheimnisse einer Gründung vom Punkt Null an einweihen. Aber: was spricht zunächst einmal für eine Praxisübernahme?

- Sie müssen sich nicht um 1.001 Kleinigkeiten kümmern, die unweigerlich aktuell werden, wenn Sie eine eigene Praxis eröffnen.
- Sie können davon ausgehen, daß unmittelbar Umsatz getätigt wird und Sie sich also finanzieren können.
- Gewöhnlich können Sie eine Assistenzzeit in Ihrer eigenen Praxis absolvieren, bevor Ihnen Ihr Vorgänger das Ruder in die Hand gibt.
- Sie können Patienten übernehmen und alte Patienten, die früher einmal in Behandlung waren, anschreiben und auf diese zurückgreifen.

All das sind eine Menge Vorteile, die man nicht so ohne weiteres wegdiskutieren kann. Speziell der finanzielle Aspekt ist interessant. Denn machen Sie einmal die Rechnung auf, was es kostet, wenn

- Sie ein paar Monate mit keinem Einkommen und vielleicht ein Jahr lang nur mit einem mäßigen Einkommen rechnen können,

- Sie die Werbe- und Public-Relation-Maßnahmen vollständig von Null in Gang bringen müssen,
- Sie einen Patientenstamm ebenfalls von Zero aufbauen müssen und
- Sie die diversen Gerätschaften recherchieren, organisieren und finanzieren müssen, von der Suche nach einer geeigneten Praxis ganz abgesehen.

Trotz aller offensichtlichen Vorteile bei einer Praxisübernahme gibt es jedoch auch einige Fallstricke. Wenn Sie die folgenden Punkte vorher testen, sind Sie gegen solche Fußangeln aber weitgehend gefeit.

- Sie sollten auf jeden Fall herausfinden, warum die Praxis aufgegeben wurde.
- Lassen Sie sich darüber hinaus unbedingt die Steuererklärung vor der Praxisübernahme zeigen.
- Richten Sie es sich ein, daß Sie wenigstens ein Mal unangemeldet während der Sprechzeit die Praxis inspizieren.
- Fragen Sie den Bäcker um die Ecke und die Leute in der Nachbarschaft über den Zustand und den Ruf der Praxis aus.
- Schleusen Sie unter Umständen einen Patienten ein, der Ihnen über die Praxisführung berichtet. Auch von Praxisverkäufern kann man mitunter über den Löffel balbiert werden.
- Ob eine Praxis läuft, kann man an Hand der Kartei ersehen. Lassen Sie sich diese unter allen Umständen zeigen.
- Registrieren Sie nicht nur die Menge der Karteikarten, sondern auch die Eintragungen. Wann und wie oft suchten die Patienten den Heilpraktiker auf?
- Versuchen Sie, mit ehemaligen Patienten ins Gespräch zu kommen.

Mit dieser kleinen Checkliste sind Sie vor unliebsamen Überraschungen weitgehend geschützt. Sie sollten bei einer Praxisübernahme jedoch auch daran denken, daß die Patienten nicht nur an den Vorgänger gewöhnt sind, sondern auch an seine Therapieverfahren. Eine Praxisübernahme ist nur möglich, wenn Sie auch die gleichen Methoden verwenden, zumindest am Anfang. Nur nach und nach können Sie die Therapieverfahren Ihrem persönlichen Stil anpassen. Sie können darüber hinaus auch eine kleine Umfrage unter den Patienten initiieren. Finden Sie heraus, was von den Patienten begrüßt wurde - und welche Punkte man verbessern könnte. Auf jeden Fall sollten Sie Bewährtes beibehalten.

Schauen wir uns einmal ein Beispiel einer Praxisübernahme an, die tatsächlich stattfand. Die Rechnung des Heilpraktikers sah so aus:

Praxisübernahmekosten:	120.000,--
Eigenkapital:	nicht vorhanden
Bankfinanzierung:	120.000,--
Monatliche Belastung:	1.041,--
Übernahme einer Halbtagskraft:	1.335,--
Krankenkassenbeitrag für die Halbtagskraft (zur Hälfte vom Arbeitgeber zu tragen):	217,50
Monatliche Unkosten für Literatur und Weiterbildung:	250,--
Praxismiete, Nebenkosten, Hausmeister, Heizung, Strom, Wasser etc.:	2.000,--
Heilpraktikerversicherung:	400,--
Laufende Praxiskosten (Apotheke, Medikamente, Praxisbedarf, Putzfrau, Reinigungsmittel, Zeitschriften und Pflanzen für das Wartezimmer)	400,--
Anzeigen in Zeitungen:	40,--
pro Monat	DM 5.683,50

Diese Kosten sind beachtlich auf den ersten Blick. Aber bedenken Sie, daß Sie umgekehrt über einen garantierten Umsatz verfügen. In dem konkreten Falle belief sich der Umsatz des Heilpraktikers auf 8.000 DM. Nach Abzug aller Kosten inclusiv der Kreditzinsen wirtschaftete dieser Neueinsteiger im Heilpraktiker-Geschäft vom ersten Moment an im Plus. Die Vorteile einer Praxisübernahme liegen also auf der Hand.

Die generellen Anschaffungskosten bei einer Praxisübernahme können natürlich nicht mit einer festen Zahl beziffert werden. Wenn Sie mit ungefähr 100.000 DM rechnen, überschlagsweise, besitzen Sie einen ungefähren Anhaltspunkt. Selbstredend ist von ausschlaggebender Bedeutung, wie gut die Praxis eingeführt ist. Je nach Lage, Ausstattung, Adressenmaterial können auch 200.000 DM angebracht sein oder nur 50.000 DM. Unter dem Strich fahren Sie mit der Praxisübernahme fast immer billiger, als wenn Sie von Null eine eigene Praxis aus dem Boden stampfen müssen.

Der Erwerb einer Praxis bringt zwar hohe Kostenbelastungen mit sich, aber bei klugen einkommensteuerlichen Entlastungen können auch diese getragen werden. Prinzipiell können Sie

- bar
- in Raten oder
- auf Rentenbasis zahlen.

Bei Kauf einer Praxis gegen Rentenzahlung hängt die steuerliche Behandlung davon ab, ob sich Leistung und Gegenleistung die Waage halten oder ob der Versorgungscharakter der Rente überwiegt. Beim Barkauf müssen Sie wissen, daß die Betriebsausgaben (also auch der Kaufpreis) keineswegs im Jahr des Kaufs sofort in voller Höhe geltend gemacht, sondern nur über einen längeren Zeitraum abgeschrieben werden können. Die Abschreibungsdauer richtet sich nach der Nutzungsdauer der mit dem Kaufpreis abgegoltenen Wirtschaftsgüter. Die richtige Abschreibungsmethode (Stichwort: linear oder degressiv) kann Ihnen viel Geld sparen und ist von Fall zu Fall zu entscheiden. Sie sollten sich auf jeden Fall mit einem Steuerberater kurzschließen, der sich auf das Metier spezialisiert hat.

Zusammenarbeit: Sauna/Massage/Ernährungsberater/„Tandems“

Es gibt nicht wenige Masseure, die den Beruf eines Heilpraktikers deshalb erlernen, weil sie auf Grund ihrer bestehenden Kundenkartei eine zusätzliche Verdienstmöglichkeit sehen. Man darf nun diese beiden Tätigkeiten räumlich nicht vermischen, aber die Zusammenarbeit mit Saunen oder Massagepraxen ist grundsätzlich durchaus empfehlenswert, obwohl es sich um völlig verschiedene Aufgabengebiete handelt. Darüber hinaus sind Sie gut beraten, wenn Sie mit einem Ernährungsberater Hand in Hand arbeiten. Viele unserer sogenannten Zivilisationskrankheiten sind ernährungsbedingt, wie wir gesehen haben. Sie können den Hinweis auf die Kooperation mit einem guten Ernährungsberater sogar zu einem Aufhänger für wirklich guten Service benutzen. Dies kann beispielsweise in der Praxis auf folgende Art und Weise bekannt gemacht werden:

Naturheilpraxis
Hermann Keppler
Heilpraktiker

Homöopathie
Akupunktur
sämtl. Naturheilverfahren

Bahnhofstraße 96
Postfach 1313
7130 Mühlacker
Telefon 0 70 41/4 22 33
Bankverbindung
Landesgirokasse Mühlacker
(BLZ 600 501 01) Kto. 610 17 07
Postscheckkt. 1657 46 - 759
Postscheckamt Karlsruhe

Sehr geehrte

Ich möchte Ihnen meine

E R N Ä H R U N G S B E R A T E R I N
Frau Petra Degler

vorstellen.

Frau Degler ist staatlich geprüfte Krankenschwester. Sie war lange in einer naturheilkundlichen Klinik tätig und wurde von Dr. O. Bruker zur Ernährungs-Beraterin ausgebildet.

Frau Degler berät Sie in allen Fragen der Ernährung, wie z.B. Gewichtsreduktion, Rheuma, Diabetes, Kreislaufstörungen, Krebs, Hautleiden, Allergien und gesunder Lebensweise.

Termine sind nach vorheriger Anmeldung möglich.

Mit freundlichem Gruß

Die Frage, ob es empfehlenswert ist, mit einem Kollegen oder einer Kollegin gemeinsam eine Praxis zu eröffnen und sozusagen „Tandem“ zu fahren, ist schwieriger zu beantworten. Zunächst gilt es abzuklären ob genügend Patienten vorhanden sind. Wenn nicht, beantwortet sich die Frage von selbst. Darüber hinaus gilt die alte Erfahrung, daß bei zwei Chefs sich trotz anfänglich bestem Einvernehmens oft nach einiger Zeit Kompetenzschwierigkeiten einstellen. Es gibt Beispiele für erfolgreiche Heilpraktiker-Tandems und auch Ärzte-Teams (Ehepaare zum Beispiel), aber unseres Wissens sind sie selten.

VIII. Tatort Praxis

Geschafft! Wir stellen uns vor, Sie sind jetzt ein gestandener Heilpraktiker. Sie haben die Prüfung erfolgreich absolviert, wissen, daß Sie Ergebnisse erzielen können, und wollen nun endlich eine Praxis auf die Beine stellen.

Damit erhebt sich die Frage, wo Sie tätig werden wollen oder sollen. In den seltensten Fällen verhält es sich so, daß Patienten an einem bestimmten Ort mit herausgestreckter Zunge auf Sie warten, bis Sie Ihre Prüfung und Assistenzzeit erfolgreich abgeschlossen haben. Desgleichen können die wenigsten in eine väterliche Praxis einsteigen. Damit müssen Sie entscheiden, wo Sie Ihr Talent und Ihre Fähigkeiten einsetzen wollen. Prinzipiell sind Sie gut beraten, wenn Sie beweglich sind. Untersuchungen über Arbeitslose haben unzweideutig zu Tage gebracht, daß diese auch räumlich im allgemeinen sehr unbeweglich sind. Pathetisch formuliert es der indische Weise Narájana, der mahnte: „Faulheit, Frauendienst, Kränklichkeit, zu große Anhänglichkeit an den Geburtsort (!), Genügsamkeit und Furchtsamkeit, dies sind sechs Hindernisse der Größe." Wir können also jedem angehenden Heilpraktiker nur raten, sich von der Vorstellung frei zu machen, man müsse am Geburtsort oder in der Stadt, wo man aufwuchs, praktizieren. Je beweglicher Sie sind, um so größer sind Ihre Chancen, einen aussichtsreichen Standort zu finden.

Der richtige Standort

Bei der Qual der Wahl Ihres Gebietes sollten Sie zunächst dort recherchieren, wo Sie über Kontakte verfügen. Aber: lassen Sie die Finger von Gebieten, die von Heilpraktikern wie eine Heuschreckenplage bereits überschwemmt sind. Denn die erste scheinbar logische Überlegung, dorthin zu pilgern, wo Kranke im Überfluß zu finden sind, ist nicht unbedingt richtig. In Kurzentren, Badegebieten und Feriengebieten sind mittlerweile zu viele Heilpraktiker ansässig. Die Gebiete um den Bodensee und im Allgäu etwa sind überfüllt mit Heilpraktikern. Desgleichen die Städte München, Berlin und Stuttgart. Heilpraktiker findet man hier zuhauf. Obwohl es durchaus möglich ist, sich in den Randgebieten der genannten Städte eine Praxis aufzubauen, würden wir zunächst einmal davon abraten, sich an solchen Plätzen umzutun. Die Formel für den richtigen Standort sollte nicht lauten: viele Kranke und viele Menschen = aussichtsreiche Gegend. Die korrekte Gleichung muß vielmehr heißen: viele Menschen und wenige Heilpraktiker = richtiger Standort.

Recherchieren Sie also als erstes, ob und wieviele Heilpraktiker es vor Ort gibt. Dies erfahren Sie am besten auf dem Rathaus oder durch das Branchen-Fernsprechbuch. Allerdings gibt es hier eine kleine Falle: nicht alle Heilpraktiker sind im Branchen-Fernsprechbuch verzeichnet. Wie finden Sie also heraus, ob am Ort oder in der Umgebung Heilpraktiker tätig sind? Fragen Sie Pharmareferenten, Apotheker und die Bevölkerung des Ortes. Und wenn Sie schon dabei sind, diese statistischen Erhebungen durchzuführen, vergessen Sie nicht, sich gleichzeitig danach zu erkundigen, welchen Ruf der einzelne Heilpraktiker genießt, „wie gut er ist“. Denn: zwei Heilpraktiker mit schlechtem Service und geringem Kundenstamm weisen auf eine Marktlücke hin.

Darüber hinaus stellt sich die Frage nach dem Platz der Praxis innerhalb des ausgesuchten Ortes. Wie finde ich heraus, wo ich meine Praxis günstig eröffnen kann? Ist die Stadtmitte oder der Stadtrand empfehlenswert? In der Regel ist es so, daß die Praxen sowohl der Ärzte wie der Heilpraktiker in der Stadtmitte gelegen sind. In kleineren Städten besteht diese Konzentration nicht unbedingt. Der Tip, sich in der Stadtmitte niederzulassen, taugte vielleicht etwas vor 20 Jahren. Heute empfiehlt sich als Standort normalerweise nicht die Stadtmitte, sondern der Stadtrand. Dennoch muß dieser Punkt am konkreten Fall durchrecherchiert werden. Wichtig ist des weiteren, daß die Patienten den Heilpraktiker zu Fuß erreichen können. Auch am Stadtrand gibt es nebenbei bemerkt „Zentren“. Wenn Sie sich also entschlossen haben, eine Praxis zu eröffnen, sollte die Praxis „zentral“ am Stadtrand gelegen sein, in der Nähe eines Wohngebietes und gut erreichbar. Das „Einzugsgebiet“ einer Praxis sollte nicht weniger als etwa 20.000 Einwohner umfassen. Damit hätten Sie Ihre Einflußsphäre abgesteckt. Ein heißer Tip in diesem Zusammenhang: Sie sollten Ihre Praxis in der Nähe eines Ärztehauses aufbauen, wo ohnehin sehr viele Kranke vorbeispazieren. Wenn diese das Praxisschild „Heilpraktiker“ sehen, marschieren Sie automatisch auch mal zum „Alternativdoktor“.

Wichtig für die Standortwahl ist generell, daß Sie Ihre Praxis in ein Haus legen, wo viel Publikumsverkehr fließt. Im Einzelfall kann es sich dabei um ein Gebäude handeln, wo im Erdgeschoß außer Ihrer Praxis noch ein Supermarkt residiert, ein Architekturbüro, eine Krankenkasse oder eine Bibliothek. Sie sind wie der Bäcker oder das Textilfachgeschäft auf viele Menschen angewiesen; Sie müssen „gesehen“ werden.

Es empfiehlt sich, die Praxis im Erdgeschoß unterzubringen, weil vielen Patienten das Treppensteigen schwerfällt. Wenn Ihre Räume in der ersten oder zweiten Etage liegen, sollte in jedem Fall ein Aufzug vorhanden sein. Zu bedenken ist, daß bei einem Gebäude mit Aufzug ein zusätzlicher Kostenfaktor auf Sie zukommt. Die Wartung für den Aufzug müssen Sie mit durchschnittlich 100 DM im Monat miteinkalkulieren. Eine Praxis kann aber auch durchaus in einem Hinterhaus untergebracht werden. Allerdings müssen Sie in diesem Fall auf gute Beschilderung Obacht geben. Außerdem sollte die Praxis immer gut zugänglich sein. Darüber hinaus sollte Ihre ‚Operationsbasis‘ hell und freundlich ausgestattet sein. Ausreichende Parkmöglichkeiten vor dem Haus sind ein weiterer Umstand, der gegeben sein muß.

So, jetzt haben Sie auch diese Hürde genommen, zumindest in der Theorie. Wenn Sie sich an einem Ort niederlassen, gehört es zum guten Ton, daß Sie sich bei den ansässigen Heilpraktikern in der näheren Umgebung vorstellen. Sinnvoll ist es auch, sich bei den Apothekern bekanntzumachen und ihnen diejenigen Medikamente zu empfehlen, die Sie häufig verschreiben werden, damit diese immer vorrätig sind und Ihre Patienten prompt bedient werden. Ja, und jetzt können Sie in die Hände spucken und an die Einrichtung Ihrer Praxis gehen.

Ausstattung

Sobald Sie den richtigen Standort gefunden haben, stellt sich bei der Praxisneueröffnung die Frage nach der Einrichtung. Zunächst einmal: hier entfallen die Kosten, die bei einer Praxisübernahme gegeben sind. Sie ‚sparen‘ rund 100.000 DM, was zunächst einmal erfreulich ist. Auf der anderen Seite müssen Sie davon ausgehen, daß Sie sich circa ein Jahr lang voll finanzieren müssen. Für das zweite Jahr sollten Sie damit rechnen, daß Sie immer noch 50 Prozent zuschießen müssen. Erfahrungsgemäß kommen Sie erst im dritten Jahr in die Gewinnzone – und danach sollte Ihrem kometenhaften Aufstieg nichts mehr im Wege stehen. Grundsätzlich können wir Ihnen, was die Einrichtung einer Praxis anbelangt, zwei Konzepte vorstellen. Zunächst wollen wir auflisten, was unabdingbar bei der Eröffnung einer Praxis notwendig ist, das Allernötigste sozusagen, für den Fall, daß Sie wirklich sparen müssen und Ihre Situation finanziell angespannt ist. Danach werden wir in aller Ausführlichkeit eine sehr gut eingerichtete Praxis unter die Lupe nehmen.

Also: was kostet die Einrichtung einer Praxis auf dem untersten Level? Beim Heilpraktiker wird in der Regel von einer sehr viel geringeren apparativen Ausstattung der Praxis ausgegangen als beim Arzt. Kalkulieren müssen Sie mit mindestens 3.000 DM. Nach oben sind kaum Grenzen gesetzt. Wenn Sie ganz bescheiden anfangen, können Sie mit verhältnismäßig wenig Geld eine Praxis einrichten. Zumal wenn Sie gut einkaufen und Materialien aus zweiter Hand verwenden.

Von praktizierenden Heilpraktikern wird immer wieder betont, daß die Apparatur für den Erfolg einer gutgehenden Praxis nicht von Bedeutung ist. Zunächst könnte man sich nämlich in die Vorstellung verlieben, daß man nur eine gigantische Apparate-Medizin aufbauen müsse – und schon seien die Leute so beeindruckt, daß Ihnen Patienten scharenweise zulaufen. Nichts könnte falscher sein. Davon abgesehen, daß diese Apparate wirklich teuer sind und einige hunderttausend Mark (und mehr) kosten können, besteht ein Teil des Images des Heilpraktikers gerade darin, daß er den persönlichen Umgang mit dem Patienten pflegt und eben nicht unpersönliche Maschinen zwischen sich und den Kranken stellt.

Aber, was ist das Minimum, das Sie brauchen, um Patienten helfen zu können? Natürlich brauchen Sie einen Raum, wo Sie praktizieren können. Ein Wartezimmer ist gesetzlich nicht vorgeschrieben, wenn Sie es sich jedoch erlauben können – selbst am Anfang –, es ist von immensem Vorteil. Ein Heilpraktiker plauderte in diesem Zusammenhang aus dem Nähkästchen. Ein Beispiel herzerfrischender „Patientenbetreuung“: Da seine Praxis am Anfang noch recht leer aussah, wies er seine Sprechstundenhilfe an, die Eingangstür zur Praxis, die vom Wartezimmer aus nicht gesehen werden konnte, des öfteren zu öffnen und zu schließen, um den Patienten im Warteraum den Eindruck zu vermitteln, daß ein reges Kommen und Gehen im Gange sei. Dieses Kabinettstückchen können Sie nur inszenieren, wenn Sie ein Wartezimmer besitzen, aber wir können Ihnen natürlich nicht ernsthaft zu diesem hübschen Betrug raten. Dennoch: ein Wartezimmer, selbst am schwierigen Anfang, ist empfehlenswert. Wenn Sie beispielsweise am Anfang nur drei Patienten haben, so lassen Sie alle drei Patienten zum gleichen

Zeitpunkt kommen! Desgleichen macht es einen guten Eindruck, wenn gelegentlich jemand anruft und das Telefon läutet. Einige Heilpraktiker gehen soweit, daß Sie Freunde zu bestimmten Zeiten anrufen lassen, wenn gerade Patienten anwesend sind. Nichts ist tödlicher als eine leere Praxis und der Eindruck, daß die Nachfrage gering ist.

Was Sie des weiteren unbedingt brauchen, ist ein Sprechzimmer, in dem auch die Behandlung stattfinden kann. Ein zumindest kleiner Vorraum (unter äußersten Umständen mit dem Warteraum kombinierbar) sowie eine Toilette sind ebenfalls unverzichtbar. Die Miete für diese Räume wird je nach Lage und Wohngegend variieren. Unter 400 DM werden Sie wohl kaum „einsteigen" können. Eine höhere (Miet)Investition kann sich lohnen, sofern durch eine excellente Lage ein deutlicher Werbefaktor gegeben ist. Wenn Sie also wirklich nur das nötigste am Anfang kaufen wollen, so wäre folgende kleine Checkliste angezeigt:

Checkliste Ausstattung

	Ihre Planwerte
1. Ein kleiner Vorraum (eventuell das Wartezimmer integrieren). Auf jeden Fall Bürobereich für die	
• Sekretärin	____________
• Stühle	____________
• Schreibmaschine	____________
• Büroutensilien	____________
• Anrufbeantworter eventuell, wenn keine Sekretärin	____________
• Blumen	____________
2. Behandlungsraum, kombiniert mit Sprechzimmer	
• Schreibtisch	____________
• Stühle	____________
• fahrbares Tischchen	____________
• Irismikroskop (nicht unbedingt erforderlich, eventuell reicht Irislupe)	____________
• Blutdruckmeßgerät	____________
• Stetoskop	____________
• Liege	____________
• Abfalleimer	____________
• einige Medikamente, unter Umständen Muster, Geräte je nach Therapieform, zum Beispiel ein generalüberholtes Ozongerät, gebraucht (nicht unbedingt erforderlich)	____________

	Ihre Planwerte
• Kent'sches Repertorium (homöopathisches Nachschlagewerk)	________
• homöopathische Literatur	________
• Einmal-Spritzen 2ml, 5ml, 10ml (je 1.000 Stück)	________
• Einmal-Kanülen Gr. 12, 14, 16, 18 (je 1.000 Stück)	________
• Braun Medibox (Kanülensammler)	________
• Spender für Zellstofftupfer	________
• Zellstofftupfer (je 1.000 Stück)	________
• Tupferbefeuchter (für Alkohol)	________
• Nierenschale	________
• Mundspatel	________
• Wattestäbchen	________
• Einmallanzetten	________
• Hansaplast	________
• Leukoplast-Rollen	________
• Ärztekrepprollen für Liegen	________
• Helipur Instrumentendesinfektion	________
• Baunscheidtiergerät mit Zubehör	________
(Nadelköpfe, Baunscheidtieröl)	________
• Mundgeblasene Schröpfgläser Ø 4 cm, 8 Stück	________
• Schröpfgläser mit Saugball Ø 5 cm, 2 Stück	________
• Schröpfsalbe-Watteträger aus Stahl	________
• Schröpföl	________
• Akupunkturnadeln/Dauerohrakupunkturnadeln	________
• Akupunkturmeßgerät (nicht unbedingt erforderlich)	________
• Schröpfschnäpper	________
• Scheren, Pinzetten, Verbandmull	________
• Instrumentenglasschale	________

3. Toiletten
Achtung: per Gesetz müssen für Patienten und Personal zwei getrennte Toiletten zur Verfügung stehen. Die Praxis wird vom Gesundheitsamt allerdings sehr selten kontrolliert, obwohl das Gesetz es vorschreibt. Ausstattung:
Papierhandtücher oder Rollenhandtuch
Reinigungsseifen, Reinigungsmittel

4. Einen eigenen Beistellraum brauchen Sie in der Regel am Anfang nicht. Später sollten Sie einen Abstellraum, der unter Umständen in das Labor integriert werden kann, zur Verfügung haben. Ein Beistellraum ist

nützlich für Putzmaterial oder Schreibutensilien, die man in größeren Mengen besorgen kann. Würden Sie alles neu anschaffen, dann beliefe sich eine solche Praxiseinrichtung auf dem untersten (notwendigsten) Niveau auf circa 10.000 DM. Es empfiehlt sich jedoch, auch gebrauchte Einrichtungsgegenstände und Second-Hand-Material aufzuspüren - bei praktizierenden Heilpraktikern, die Neuanschaffungen tätigen, oder bei Firmen, die auch Neu-Geräte vertreiben. Die Adressen werden noch im Laufe dieses Kapitels vorgestellt.

Soviel zur kleinen Checkliste. Natürlich werden Sie ständig darauf bedacht sein, Ihren Tatort zu verschönern und professioneller auszustatten. Das ist nicht nur aus Imagegründen notwendig, sondern auch um ständig besseren Service liefern zu können.

Wo Sie hier anfangen und wo Sie hier aufhören, ist von zwei Fragen abhängig:

1. Welchen Therapiearten geben Sie den Vorzug?
2. Wie ist es um Ihren Geldbeutel bestimmt?

Erst im Laufe der Zeit werden Detailfragen auftauchen, so ob es zum Beispiel notwendig oder empfehlenswert ist, einen Teppich im Behandlungsraum auslegen zu lassen. Nun, bei unseren Recherchen haben wir mehr als einmal dort einen Teppich gesehen - nur: Sie als Heilpraktiker dürften dort („eigentlich") keinen Teppich haben - aus hygienischen Gründen. Das Gesundheitsamt kontrolliert zwar in der Regel nicht nach, aber wenn doch einmal - dann ziehen Sie den kürzeren.

Wenn man eine perfekte Praxis in Augenschein nimmt, so fallen mehrere Dinge ins Auge:

1. Es ist ausreichend Platz.
2. Es ist blitzsauber.
3. Die Einrichtung und die Geräte sind in hervorragendem Zustand.

Speziell das Behandlungs- und Wartezimmer sind bestens eingerichtet. Der Warteraum ist für die Werbung ungemein wichtig. Hier können Sie zum Beispiel Urkunden aufhängen, die Sie als Experte in einem bestimmten Gebiet auszeichnen. Einige Heilpraktiker sind Lehrbeauftragte für bestimmte Heilpraktikerverbände. Patienten-Informationsmappen können hier ausliegen.

Eine wirklich gutausgestattete Praxis besteht im übrigen aus folgenden Räumen:

1. Eingangsraum, eventuell mit Büro gekoppelt

2. Wartezimmer
3. Sprechzimmer
4. Behandlungszimmer
5. Labor
6. Toiletten
7. Abstellraum

Die Einrichtung der einzelnen Zimmer läßt sich am besten wieder in Form einer Checkliste auflisten. Anbei die (optimalen) Voraussetzungen und Einrichtungsgegenstände.

Checkliste Einrichtungsgegenstände

1. Eingangsraum/Empfang, eventuell mit Büro

Voraussetzungen: vom Empfang aus sollte die gesamte Praxis überblickt werden können: Eingang - Ausgang - Wartezimmer - Sprechzimmer - Behandlungszimmer. Sitz der Arzthelferin/Sprechstundenhilfe. Aufgaben: Telefon, Terminannahme, Geldannahme, Schreibmaschinenarbeiten.

Einrichtungsgegenstände:	Ihre Planwerte
• Theke (Anmeldung)	____________
• Beistelltisch mit Schreibmaschine	____________
• kleiner Rechner	____________
• Karteikästen	____________
• Patientenkartei, alphabetisch geordnet	____________
• Regale für diverse Ordner und Schriften	____________
• Stuhl	____________
• Telefon und Telefonbuch	____________
• Rezeptblöcke	____________
• Formulare für Rechnungen	____________
• Formulare für Schriftstücke und Briefe	____________
• Umschläge	____________
• Briefmarken/Briefwaage	____________
• Kasse	____________
• sämtliche Bankutensilien	____________
• Terminbuch	____________
• Kassen- und Rechnungsbuch (Einnahmenbuch)	____________
• Stempel	____________
• Terminblöcke für Patienten	____________
• Ablagekörbe	____________
• Gebührenordnung für Heilpraktiker	____________

- Geburtstagskarten für Patienten ____________
- Quittungsblöcke ____________
- Büromaterial ____________
- Ordner: ____________
  - unbezahlte Rechnungen von Patienten ____________
  - bezahlte Rechnungen von Patienten ____________
  - Rechnungen und Belege über Praxisanschaffungen ____________
  - Schriftverkehr allgemein ____________
  - Vorträge ____________
  - Kurse ____________
  - Prospekte und Bestellscheine ____________
- Statistikbuch ____________

2. Wartezimmer

Voraussetzung: auch in einer guteingerichteten Praxis ist das Wartezimmer nicht immer unbedingt ein separater Raum. Auch auf dem Flur können gegebenenfalls ein paar Stühle stehen. Das Wartezimmer sollte hell und freundlich aussehen. Ein paar Zeitschriften, die die ‚Philosophie' der Heilpraktiker vertreten, sind empfehlenswert. Von einer Tageszeitung raten wir ab. Die Zeitschriften sollten freundlich und positiv auf die Patienten wirken. Vermeiden Sie Skandal-, Sex- und Politblätter. Lustige Photographien, Alben, Tieraufnahmen und so weiter sind ebenfalls angebracht. Sie sollten keine Magazine ins Wartezimmer legen, die sich mit Krankheiten beschäftigen oder negativ und destruktiv sind. Solchen Einflüssen ist der Patient ohnehin en masse ausgesetzt. Sie sollten ihn im Wartezimmer nicht noch mehr verunsichern.

Außerdem gehören in den Raum ein oder mehrere Tische, Stühle und bequeme Stühle für gebrechliche Patienten. Sie können im übrigen folgenden Trick verwenden, um den Patienten *positiv zu stimmen:* stellen Sie einen bequemen, relativ hohen Stuhl ins Wartezimmer mit der Aufschrift „für gebrechliche Patienten". Kaum jemand wird zugestehen, daß er gebrechlich ist, das heißt er lehnt die Krankheit mit dem höchsten Schweregrad von vorneherein ab. Der Patient marschiert ganz anders ins Sprechzimmer. Probieren Sie es aus, es funktioniert!

Einrichtungsgegenstände:	**Ihre Planwerte**
• Garderobe	______
• Spiegel (zum Frisieren und Zurechtmachen)	______
• Kalender	______
• Bilder	______
• Blumenstrauß, Blumenstock oder Blumenecke mit freundlichem, saftigem Grün oder schönen Blüten, Wandtafel, Korktafel mit Informationen (Beispiel später)	______
• Patienteninformationen (Beispiel später)	______
• Anschlag über Veranstaltungen, die in der Praxis stattfinden (zum Beispiel Therapievorschläge bei Reiseunpäßlichkeiten)	______
• Anschlag über Grippeschutzimpfung pro und contra (oder Zeckenschutzimpfung pro und contra)	______
• aktuelle (positive) Berichte aus Zeitschriften und Presse	______
• Urkunden	______
• Schild „Mitglied im Heilpraktikerverband“	______
• Schild „Zugelassen für alle privaten Krankenversicherungen“	______
• Gebührenübersicht, gestaffelt mit Ziffern und	______
Preisen (Spielraum nach oben und unten beachten)	______
• Schild „hier Raucherakupunktur-Therapie“, „Entwöhnung für Raucher“	______
• Tafel mit Bus- und Zugverbindungen	______
• Schild „Hausbesuche nach Vereinbarung“	______

Anmerkung: für Heilpraktiker ist es möglich, einen Notdienst anzubieten – ähnlich Ärzten. Man darf dies sogar inserieren. Im Saarland gibt es beispielsweise eine Gruppe von Heilpraktikern, die sich untereinander abgesprochen und einen Notdienst eingerichtet haben. Ein wunderbarer Werbeeffekt bei Patienten!

3. Sprechzimmer

Voraussetzung: Besonders wichtig ist die gemütliche Atmosphäre. Ihr Sprechzimmer sollte sich von dem eines Arztes unterscheiden – eben was das „Flair“ anbelangt. Darüber hinaus ist ein sauberer, aufgeräumter Raum wichtig. Pfropfen Sie das Zimmer nicht mit zu vielen Möbeln, Büchern oder Medikamenten voll, da man sich ansonsten darin erdrückt fühlt.

Einrichtungsgegenstände:	**Ihre Planwerte**
● Schreibtisch	______
● zwei bequeme Stühle (Stuhl im Sprechzimmer sollte behaglich und nicht allzu tief sein, weil sonst Rheumatiker oder Personen, die mit dem Gehapparat Schwierigkeiten haben, Probleme beim Setzen oder Aufstehen haben)	______
● zwei weitere Stühle (falls zum Beispiel Familienangehörige bei der Besprechung anwesend sind)	______
● eine Spielecke für Kinder (Spielsachen aus Holz und Naturstoffen zur Ablenkung, auch für das Wartezimmer empfehlenswert)	______
● die wichtigste Literatur (auf dem Schreibtisch)	______
● Regale (für andere Bücher)	______
● Waschbecken (nicht unbedingt notwendig, aber empfehlenswert)	______
● Bilder	______
● Telefon	______
● Teppich	______
● Blutdruckmeßgerät	______
● Stetoskop	______
● Reflexhämmerchen	______
● Liege (Sprechzimmer mit integriertem Behandlungszimmer müssen eine Liege haben. Ein klassischer Homöopath kann auch auf die Liege verzichten, aber es macht dennoch einen guten Eindruck.) Sie können auch ins Sprechzimmer Blumen stellen, aber nur, wenn Sie dort nicht behandeln. Das Gesetz schreibt vor: im Behandlungsraum dürfen keine Blumen untergebracht werden.	______
● Irismikroskop (mit zwei weiteren Stühlen) Wenn Ihnen nicht viel Geld zur Verfügung steht, sollten Sie darauf achten, ein Mikroskop ohne Platte zu kaufen. Das heißt, Sie können die Tischplatte, worauf Sie das Irismikroskop montieren, durchaus selbst besorgen, ebenso den Fuß dazu. Die Höhe, die sich ganz nach dem Patienten richtet, wird normalerweise mit einem höhenverstellbaren Stuhl reguliert. Gegenüber einem Hubtisch sparen Sie auf diese Weise circa 2.000 DM. Der Kostenpunkt für ein Irismikroskop beträgt je nach Qualität 2.500 DM bis 20.000 DM. Zu beachten ist des weiteren folgendes:	

Ein Iriskroskop sollte stufenlos verstellbar sein, was die Vergrößerung anbelangt. Ein Zoom-Objektiv ist optimal. Arbeiten Sie nicht mit auswechselbaren Objektiven, das ist zeitraubend und umständlich. Es muß nicht immer Kaviar, sprich ein Zeiss-Mikroskop sein. Es gibt wesentlich billigere Geräte, die vor allem eine gute Optik haben sollten und sich in Höhe, Schärfe und Vergrößerung sehr gut bedienen lassen. Wie gesagt, es gibt auch schon Irismikroskope für circa 2.500 DM. Aber wir würden nicht empfehlen, bei diesem wichtigen Diagnosegerät Kompromisse zu schließen. 4.000 DM sollten Sie mindestens investieren. Wenn Sie die Irisdiagnose professionell betreiben, müssen Sie außerdem noch Literaturkosten einkalkulieren. Circa 800 DM müssen Sie schon anlegen. Ansonsten genügen einfache Hefte zur Irisdiagnose, die Sie von den Firmen Truw, Pascoe oder Josef Deck, Institut für Grundlagenforschung der Irisdiagnose) beziehen können (siehe Literaturverzeichnis). Die Firmen Pascoe und Truw stellen preisgünstige Literatur über die Irisdiagnose zur Verfügung.

4. Behandlungszimmer

Voraussetzung: selbst für eine gutgehende Praxis genügen normalerweise ein Sprechzimmer und ein Behandlungszimmer. Natürlich können bei entsprechender Expansion weitere Räume eingerichtet werden. Das Behandlungszimmer sollte auf jeden Fall freundlich, einfach und sauber eingerichtet sein. Vergoldete Türklinken und teure, alte, schwere Möbel sind hier fehl am Platz. In das Behandlungszimmer gehören wie gesagt keine Pflanzen. Sie sollten darauf achten, daß der Boden abwaschbar ist, daß eine Heizung vorhanden und gute Lüftung möglich ist. Nichts im Raum sollte eine negative Atmosphäre verbreiten. Es ist von größter Bedeutung, daß Sie dieses Zimmer freundlich gestalten. Stellen Sie sich vor, daß ein Kind schlechte Erfahrungen mit einem „Weißkittel“ oder mit Instrumenten gemacht hat. Wenn es jetzt etwas „Medizinisch-grau-weißes“ sieht, Spritzen oder andere unheimliche Instrumente, fängt es an zu schreien. Bei Erwachsenen geschieht dies nur im Unterbewußtsein. Das benötigte Instrumentarium sollten Sie also ordentlich verstauen und eventuell, so möglich, sogar bunt bemalen. Auf diese Art können Sie die Atmosphäre verbesser. An den Wänden brauchen Sie keine kompliziert aussehende Wandtafeln. Sie müssen nicht an Hand von schwer entzifferbaren Graphiken beweisen, daß Sie ein Fachmann sind - das setzt der Patient voraus. Bringen Sie also auch hier keine medizinischen Tafeln an, die den Patienten unter Umständen verängstigen und die Atmosphäre trüben können. Wenn Wandschmuck, dann freundliche Motive: Tiere, Gebirgslandschaften, Surfer und so weiter - schöne positive Bilder, die den Patienten freudig stimmen. Achten Sie speziell darauf, daß der Blick des Patienten - wenn er sich auf der Liege befindet - nicht auf grausame ‚Mordinstrumente' fällt, wodurch seine Aufmerksamkeit festgenagelt und fixiert werden könnte.

Einrichtungsgegenstände:	**Ihre Planwerte**
● Stuhl für Patienten (Lehne und Sitzfläche gepolstert)	__________
● Stuhl für Behandler (kann sich unter Umständen auch auf die Liege setzen)	__________
● Liege	__________
● Möglichkeit für die Garderobe, Kleiderhaken	__________
● Möglichkeit für Patienten, sich ungesehen ausziehen zu können	__________
● Kopfstütze	__________
● Armkeil zum Blutabnehmen	__________
● Stauschlauch	__________
● Box für Spritzen und Kanülen	__________
● Instrumentenwagen	__________
● Waschbecken	__________
● Abfalleimer	__________

5. Labor

Voraussetzung: in diesem Raum sollten alle Medikamente enthalten sein, die Sie nicht unmittelbar brauchen. Wenn zu vermeiden, sollte das Labor nicht als Umkleideraum für das Personal dienen (was mitunter vorkommt). Normalerweise brauchen Sie hier einen Kühlschrank, um bestimmte Medikamente bei den entsprechenden Temperaturen zu lagern. Auch für das potenzierte Eigenblut brauchen Sie eine Möglichkeit, es kühl zu halten. Das Labor kann gegebenenfalls in einem sehr kleinen Raum untergebracht werden.

Einrichtungsgegenstände:	**Ihre Planwerte**
● Sterilisator	
● Kühlschrank	
● Schränkchen mit Ampullen für die Spritzen (unter Umständen auch im Behandlungszimmer)	____________
● Spüle	
● Schrankanrichte (wo Sie Medikamente herrichten und zubereiten können)	____________
● Mikroskop für Blutuntersuchungen (circa 4.000 DM neu, gebraucht für circa 2.000 DM)	____________
● verschiedene Reagenzien	____________
● Zentrifuge	____________
● Medikamente	____________
● Sterilisator	____________
● Photometer	____________
● Urinbecher	____________
● Urinteststäbchen	____________
● Blutteststäbchen (Schnelltest)	
● Kaffeemaschine, Kleiderecke, Putzzeug (sofern kein Abstellraum vorhanden)	____________

Toilette und Abstellraum wie gehabt. Hinzuzufügen bleibt lediglich, daß auch ein Feuerlöscher in eine Heilpraxis gehört.

Natürlich bildet die Grundeinrichtung die Basis für eine gutausgestattete Praxis und muß nicht noch einmal aufgeführt werden. Bei der Praxiseinrichtung müssen Sie zunächst entscheiden, welcher Therapieform Sie den Vorzug geben. Davon abhängig müssen Sie die Praxiseinrichtung gestalten. Im folgenden seien noch einmal die wichtigsten und verbreitesten Therapieformen gesondert betrachtet. Was benötigen Sie im Einzelfall?

1. Klassische Homöopathie **Ihre Planwerte**

- Kent'sches Repertorium ____________
- Schreibtisch ____________
- Homöopathische Literatur (Kostenpunkt circa 2.000 DM, wenn Sie „tiefer" einsteigen) ____________

2. Akupunktur

- Akupunkturtafeln ____________
- Akupunkturnadeln ____________
- Elektroakupunkturgerät ____________

Kosten: von 200 DM für ein paar Nadeln bis hin zu 10.000 DM und mehr, wenn Sie entsprechende elektrische Geräte kaufen. Allerdings genügt zu Beginn eine einfache Ausstattung mit einem Akupunktur-Suchgerät für insgesamt circa 800 DM.

3. Schröpfen

- 8 mundgeblasene Gläser mit circa 5 cm Ø ____________
- 2 Schröpfgläser mit Gummiball zur Massage ____________
- Schröpfsalbe ____________
- Massageöl
  - 30 g Johanniskrautöl ____________
  - 5 g Arnikaöl ____________
  - 2 g äth. Pfefferminzöl ____________
  - 2 g äth. Rosmarinöl ____________
  - 6 g äth. Latschenkieferöl ____________
  - 2 g äth. Wacholderöl ____________
  - 3 g äth. Eukalyptusöl ____________
- Feuerzeug ____________
- Watteträger mit Watte ____________
- Spiritus ____________
- Alkoholtupfer ____________
- Schröpfschnepper ____________

(Kosten: zusammen circa 400 DM)

4. Blutegel

- Blutegel aus der Apotheke ____________
- Reagenzglas ____________
- Pinzette ____________
- Alkoholtupfer ____________
- Verbandsmaterial ____________

(Kosten zusammen: circa 200 DM)

	Ihre Planwerte
● Alkoholtupfer	___
● Baunscheidtieröl	___
● Wattestäbchen	___
(Kosten: zusammen circa 200 DM)	
6. Cantharidenpflaster	___
● Cantharidenpflaster	___
● Einmal-Spritzen	___
● Pinzette	___
● Schere	___
● Verbandmaterial	___
(Kosten: zusammen circa 150 DM)	
7. Ozontherapie	
● Ozon-Gerät	___
● Infusionsständer	___
● Glasspritzen	___
● Vakuumflaschen	___
● Infusionsbesteck	___
● Desinfektionsmittel	___
(Kosten: für das Ozon-Gerät neu etwa 10.000 DM, gebraucht für circa 3.000 DM erhältlich, der restliche allgemeine Praxisbedarf circa 400 DM)	
8. Neuraltherapie	
● Spritzen	___
● Kanülen	___
● Alkoholtupfer	___
● Nierenschale	___
● Ampulle mit Spritzmittel	___
(Kosten: etwa 200 DM insgesamt)	

Für andere spezielle Therapieformen sind naturgemäß auch andere Einrichtungen notwendig. Bei der Eigenblutbehandlung etwa brauchen Sie Spritzen und Kanülen, Alkoholtupfer, Kochsalzlösung und anderes mehr. Alle denkbaren Utensilien im Rahmen dieses Buches aufzuführen, ist nicht möglich. Allein die Werbekataloge dafür sind mehrere hundert Seiten stark. Immerhin finden Sie im nächsten Kapitel genügend Hinweise und ausreichendes Adressenmaterial, so daß Ihnen dieser Punkt keine Probleme bereiten dürfte.

Welche Medikamente brauchen Sie? Was dürfen sie kosten?

Die Beantwortung dieser Frage ist ausschließlich von der Therapieform abhängig. Deshalb läßt sie sich nicht generell beantworten. Auch auf diesem Gebiet scheiden sich die Geister. In der Homöopathie zum Beispiel bestehen einige Eingeweihte darauf, daß nur bestimmte Substanzen in purer Form (also unvermixt mit anderen Elementen) helfen. Die Vertreter der diversen Arzneimittelfirmen bieten Ihnen jedoch gewöhnlich komplex-homöopathische Mittel an. Wir können hier den Streit der Gelehrten nicht lösen. Die Entscheidung liegt bei Ihnen.

Als Heilpraktiker ist es Ihnen nicht erlaubt, Medikamente zu verkaufen, außer wenn Sie diese vorher in der Apotheke eingekauft haben; in diesem Fall können Sie diese Medikamente aber nur weitergeben. Arbeiten Sie deshalb mit einer Apotheke zusammen, möglichst mit einer in der Nähe Ihrer Praxis. Diese wird Ihnen alles besorgen, was Sie benötigen. Um alle Medikamente und die Adressen ihrer Hersteller aufzulisten, könnte man im wahrsten Sinne des Wortes ganze Bücher schreiben: als Standard-Werk ist hier die „Präparate-Liste der Naturheilkunde" aus dem Sommer-Verlag zu nennen. Hierin sind circa 3.800 Präparate, geordnet nach etwa 90 Anwendungsgebieten, mit ausführlicher Beschreibung aufgeführt. Als Beispiel ein Auszug:

Venenmittel **Interna**

Aesculus compositum **Tropfen**

Zusammensetzung:
100 ml enthalten: Aesculus D1 10 ml; Secale cornutum D3, Viscum album D2, Tabacum D10, Solanum nigrum D6, Arnica D3, Echinacea angustifolia D2, Baptisia D4, Rhus tox. D4, Cuprum D13, Ruta D4, Dulcamara D4, Colchicum D4, Baryum jodat. D6, Hamamelis D4, Apis mellifica D4, Acidum benzoicum e resina D4, Eupatorium cannabinum D3, Arteria suis D 10, Natrium pyruvicum D6 jeweils 1 ml. Enthält 35 Vol.-% Alkohol.

Anwendungsgebiete:
Periphere Durchblutungsstörungen, z. B. Raucherbeine, Claudicatio intermittens, Endarteriitis obliterans, Arteriosklerose; Dekubitus; Elephantiasis; Cholesterinämie; Dysmenorrhoe; Innenohrschwerhörigkeit; postembolische Durchblutungsstörungen; Lymphatismus; Status post apoplexiam und post infarctum.

Dosierungsanleitung:
Soweit nicht anders verordnet, 3mal täglich 10 Tropfen; bei akuten Beschwerden anfangs alle 15 Minuten 10 Tropfen.

Packungsgrößen und Preise:
30 ml 8,38 DM
100 ml 23,37 DM

Biologische Heilmittel Heel GmbH,
Postfach 729, D-7570 Baden-Baden

Ariven®

Venentropfen und -dragees

gegen venöse Erkrankungen und Beinleiden

Zusammensetzung:
1 ml = 25 Tropfen oder 2 Dragees enthalten an wirksamen Bestandteilen: Extr. Solidaginis aquos. sicc. (standardisiert auf 5 mg Quercitrin) ca. 100,0 mg, Extr. Oleandr. e fol. spir. sicc. (standardisiert auf 350 MSE) ca. 50,0 mg, Zingeron 4,0 mg, Sparteinsulfat 2,5 mg, Nicotinsäure 12,5 mg, Nicotinsäureamid 10,0 mg, Aneurinchlorid-HCl (Vitamin B_1) 2,5 mg, Pyridoxin-HCl (Vitamin B_6) 2,0 mg.

Eigenschaften:
Ariven Venentropfen und Ariven Venendragees vermindern die krankhaft erhöhte Gefäßwand-(Kapillar-)Durchlässigkeit und fördern die Hautdurchblutung.

Die Ausbildung von Gewebswasseransammlungen (Ödemen) in Beinen wird gehemmt bzw. die Ausschwemmung bereits vorhandener Gewebswasseransammlungen angeregt. Die Herzarbeit wird verstärkt.

Anwendungsgebiete:
Venenschwäche, Krampfaderbildung, Stauungen und Gewebswasseransammlungen in den Beinen mit Schwere- und Spannungsgefühl, Hautjucken, Hautverfärbung; unterstützende Behandlung bei Unterschenkelgeschwüren (Ulcus cruris).

Unverträglichkeiten und Risiken:
Da Ariven Venentropfen und Ariven Venendragees mit dem Oleanderextrakt ein Herzglykosid enthalten, sollte ihre Anwendung unterbleiben, wenn schon andere herzglykosidhaltige Medikamente eingenommen werden. In solchen Fällen ist ärztlicher Rat einzuholen.
Ariven Venentropfen und -dragees sind nicht angezeigt bei bestimmten Herzrhythmus-Störungen (partieller und totaler AV-Block), bereits im Ruhezustand unzureichender Herzleistung (dekompensierte Herzinsuffizienz), frischem Herzmuskelinfarkt, akuten Blutungen sowie in der Schwangerschaft.

Besondere Hinweise:
Ariven Venentropfen enthalten Naturstoffe, die bei Temperaturschwankungen gelegentlich zu Trübungen führen können. Diese Trübungen sind jedoch ohne Einfluß auf die Wirksamkeit und die Güte des Präparates.
Die Behandlung mit Ariven Venentropfen oder Ariven Venendragees ersetzt nicht die Anwendung von Kompressionsstrümpfen oder -verbänden.

Dosierung und Anwendungsweise:
Falls vom Arzt nicht anders verordnet, beträgt die mittlere Tagesdosis 3mal 15–25 Tropfen oder 3mal 1–2 Dragees. Die Einnahme der Tropfen und Dragees soll vor oder während der Mahlzeit mit reichlich Flüssigkeit erfolgen.

Nebenwirkungen, Begleiterscheinungen:
Bei entsprechend empfindlich reagierenden Patienten können Ariven Venentropfen und Ariven Venendragees eine leicht abführende Wirkung entfalten, die im allgemeinen nach Herabsetzung der Dosis wieder verschwindet.
Eventuell auftretende Rötung des Gesichts mit Wärmegefühl beruht auf einer verstärkten Hautdurchblutung, sie ist harmlos und geht rasch zurück.

Weiterhin gibt es einige Fachzeitschriften für den Heilpraktiker, in denen die Adressen der Arzneimittelhersteller aufgeführt sind.

Es existieren ungefähr 20 bis 30 wichtige Arzneimittelfirmen, die ihre Vertreter ein- bis dreimal pro Jahr auf die Praxen loslassen, das heißt im Schnitt besucht Sie pro Woche einmal ein Vertreter, von dem Sie kostenlose Proben erhalten können. Die Pharmahersteller werden entweder über den Heilpraktiker-Verband oder durch Neueröffnungs-Anzeigen in der Tageszeitung auf Sie aufmerksam. Die meisten Produkte stellen die Firmen zunächst kostenlos (als Muster) zur Verfügung. Gewöhnlich können die Muster auch mit einer formlosen Postkarte angefordert werden. Allerdings ist die Menge (vom Gesetzgeber) begrenzt.

Das Gesetz schreibt den Herstellern von homöopathischen Arzneimitteln nur vor, daß die homöopathischen Medikamente beim Bundesgesundheitsamt registriert, nicht aber zugelassen werden müssen. (BGBl. I, S. 401). Diese Verordnung vom 15. 3. 78 beinhaltet Vorschriften über Anzeigepflicht, Neuregistrierung, Löschung, Folgen der Löschung und Verlängerung. Die Pharmareferenten besitzen teilweise ausgezeichnete therapeutische Kenntnisse. Sie können also auch Ihre Problemfälle vortragen. Es gibt sogar Firmen, die Therapeuten beschäftigen, welche speziell auf Heilpraktiker-Probleme eingehen.

Personalfragen

Fangen wir mit dem preiswertesten Angestellten an: dem automatischen Anrufbeantworter. Frage: soll man oder soll man nicht? Antwort:

unter allen Umständen! In den seltensten Fällen kann Ihr Telefon rund um die Uhr besetzt sein. Am Anfang kann der Anrufbeantworter sogar eine Sprechstundenhilfe ersetzen, jedoch nie auf Dauer. Sobald es finanziell machbar ist, kümmern Sie sich umgehend um eine Kraft und sei es, daß sie nur halbtags arbeiten kann.

Es ist nicht nur eine Imagefrage. Ein besetztes Telefon ist immer besser als ein automatischer Anrufbeantworter, denn der persönliche Kontakt ist durch nichts zu ersetzen. Weisen Sie im übrigen Ihre Sprechstundenhilfe an, sich bei einem Anruf immer die Telefonnummer geben zu lassen. Am Telefon kann bereits gefragt werden, worum es sich handelt. Eventuell können Sie sogar veranlassen, daß der Urin (Morgenurin) mitgebracht wird. Und das ist nur ein Aspekt der Arbeitserleichterung. Es ist selbstverständlich, daß Ihre Sprechstundenhilfe auch die Büroarbeiten erledigen sollte. Aber zunächst und vor allem ist es wichtig, daß das Telefon tagsüber immer besetzt ist. Für die übrige Zeit kann man den Telefonanrufbeantworter anschalten. Es empfiehlt sich jedoch wie gesagt nicht, eine Helferin durch einen Telefonanrufbeantworter generell zu ersetzen. Viele Leute legen bei diesem mechanischen Service sofort wieder auf. Natürlich können Sie auch bei der Post eine „Anruf-Weiterschaltung" (160 DM pro Monat) einbauen lassen. Wenn der Patient in der Praxis anruft, hört er in diesem Fall eine Stimme „Anruf wird weitergeschaltet", woraufhin er mit Ihrer Wohnung oder eben zu der Nummer, die vorher eingegeben wurde, verbunden wird. Aber auch das ist im Prinzip keine Lösung. Um es also nochmals zu wiederholen: Anrufbeantworter ja! Aber sobald als möglich ersetzen Sie ihn durch eine Sprechstundenhilfe!

Vielleicht kann Ihre Ehefrau bzw. Ihr Ehemann Sie bei der Arbeit unterstützen. Ihr Ehepartner darf grundsätzlich alles verrichten, gleichgültig ob gelernt oder ungelernt. Allerdings tragen Sie als Heilpraktiker die Verantwortung. Sie dürfen also Ihrem Partner erlauben einem Patienten Injektionen einzuspritzen, ohne Ausbildung - aber wenn etwas passiert, hat man Sie am Schlafittchen. Genauso verhält es sich mit Assistenten. Selbst Heilpraktikerassistenten, die noch nicht die Prüfung bestanden haben, dürfen bei Ihnen praktische Verrichtungen am Patienten ausführen. Aber die Verantwortung liegt wiederum bei Ihnen. Darüber hinaus dürfen Sie sie ebensowenig wie die Ehefrau allein in der Praxis arbeiten lassen. Das bedeutet im Klartext, daß Sie (oder ein anderer ausgelernter Heilpraktiker) immer anwesend sein müssen.

Da das Assistenten-Praktikum schon vor oder während der Ausbildung und Prüfung abgelegt werden kann, ist diese Regelung verständlich. Normalerweise bezahlt man im übrigen Heilpraktiker-Assistenten nichts, allenfalls ein kleines Taschengeld. Begründung: in aller Regel stellt der Assistent eher eine Belastung für den Heilpraktiker dar, zumal die Assistenzzeit gewöhnlich nur ein paar Monate beträgt. Lediglich während einer Urlaubszeit sollten Sie einen Assistenten mit Heilpraktiker-Prüfung nach vorheriger gründlicher Einarbeitungszeit besser entlohnen. Feste Regeln und Vorschriften gibt es hier nicht.

Bisher sind wir also immer noch mit der Kunst beschäftigt herauszufinden, wie man für 20 Pfennig Loge sitzen kann. Assistent und Ehefrau sind wie gesagt sehr preiswert. Eine Halbtagskraft anzuheuern, schlägt einschließlich Arbeitgeberkosten mit circa 1.800 DM im Monat zu Buche. Es empfiehlt sich, eine Arzthelferin einzustellen, die der Naturheilkunde gegenüber aufgeschlossen ist, was durchaus nicht selbstverständlich ist. Die Kraft sollte eine positive Ausstrahlung mitbringen, gut aussehen und bereit sein, für den gesamten Praxisablauf (Büroarbeit, Schreibarbeit, Telefon-Dienst, Therapie-Hilfe) Verantwortung zu übernehmen. Ideal ist eine Person, die daran interessiert ist, sich fortzubilden. Und eine Perle ist jemand, der Experte ist im

- Massieren (Fußreflexzonenmassage- oder Lymphdrainage zum Beispiel)
- Ernährungsberatung
- Krankengymnastik
- Kosmetik oder
- Fußpflege.

Solche Qualifikationen können eine hochwillkommene Ergänzung zu Ihrem Repertoire bilden. Halten Sie also nicht nur nach einer Sprechstundenhilfe Ausschau, sondern auch nach einer

- Arzthelferin
- Krankenschwester
- Krankengymnastin
- Fußpflegerin
- Masseurin oder
- Kosmetikerin
- Ernährungs-Beraterin.

Gutes Personal ausfindig zu machen, ist nicht problematisch. Hier helfen

- Anzeigen (in Fachblättern, Tageszeitungen usw.),
- das Arbeitsamt oder
- Anschläge in Ihrer Praxis oder in Geschäften.

Für eine examinierte Krankenschwester müssen Sie allerdings 2.000 bis 3.000 DM auf den Tisch legen. Dafür versteht sie aber auch etwas von ihrem Fach. Und sie kann Ihnen zu Patienten verhelfen. Letztlich ist dies eine Frage der Finanzlage beim Start. Unter Umständen sind Sie am besten beraten, wenn Sie erst in der zweiten Phase (nach circa drei bis vier Jahren) eine solche Entwicklung in die Wege leiten.

Wie steht es aber zum Beispiel um die Ausbildungssituation von Lehrlingen? Nun, ein Heilpraktiker darf keine Arzthelferinnen ausbilden. Es ist aber möglich, daß Sie eine Sprechstundenhilfe anlernen. „Sprechstundenhilfe" ist ein „Anlernberuf" und gilt nicht als Ausbildung.

Auch die Frage, ob es so etwas wie „Heilpraktiker-Helferin" gibt, ist schnell beantwortet. „Heilpraktiker-Helferin" ist derzeit kein Lehrberuf. Danach hält man also vergebens Ausschau. Aber natürlich können Sie Aushilfskräfte zum Beispiel anstellen.

Bezahlen Sie Ihre Aushilfskräfte auf Stundenbasis, bleiben Sie aber innerhalb des gesetzlich vorgeschriebenen Höchstsatzes von zur Zeit 410 DM pro Monat. Dann sparen Sie die Sozialversicherung und können die Lohn- und Kirchensteuer pauschal mit 10,7 Prozent abgelten. Das ist aber nur erlaubt, wenn Ihre Mitarbeiter weniger als 15 Stunden pro Woche arbeiten und nicht mehr als 12 DM pro Stunde verdienen. Nähere Informationen erhalten Sie bei Ihrem Steuerberater und der Ortskrankenkasse.

Auf jeden Fall brauchen Sie eine *Putzfrau.* Ihre Praxis sollte immer in einem blitzsauberen Zustand sein. Für eine Praxis durchschnittlicher Größenordnung genügt es, wenn einmal oder zweimal in der Woche für etwa drei Stunden eine Raumpflegerin putzt. Die Kosten für eine Putzfrau belaufen sich auf circa 10 DM in der Stunde. Da sie als Aushilfskraft gilt, kann für sie auch die 410-DM-Regelung gelten.

Im übrigen können Sie auch eine Sprechstundenhilfe als Aushilfskraft einsetzen beziehungsweise zwei Helferinnen einstellen, die im Monat pro Nase nicht mehr als 410 DM verdienen. Zumindest in der Anfangszeit können Sie die Sprechstundenhilfe auch veranlassen, die Räumlichkeiten zu reinigen. Das gleiche kann die Ehefrau erledigen oder Verwandte, Freunde oder die Mutter. Auch der Herr Heilpraktiker sollte sich nicht zu schade sein mit anzupacken.

Alles zu seiner Zeit

Wann empfiehlt es sich nun, die Praxis geöffnet zu halten? Welche Sprechzeiten sind optimal? Ein heute sehr erfolgreicher Heilpraktiker erzählte uns, daß er am Anfang Patienten gewann, indem er seine Praxis an Weihnachten und Ostern geöffnet hielt. Heben Sie sich in dieser Frage ruhig von Ihrer Konkurrenz ab. Die meisten Ärzte und Heilpraktiker haben an Feiertagen geschlossen. Natürlich sind die Umsätze zu diesen Zeiten insgesamt bescheidener, aber es spricht sich schneller herum als Sie denken, wenn Sie serviceorientiert operieren. In der Aufbauphase empfiehlt es sich also, die Praxis möglichst durchgehend geöffnet zu haben. Ein anderer Top-Heilpraktiker berichtete uns, daß er am Anfang seiner Karriere mit nicht weniger als drei Telefonen operierte. Für seine Patienten war er Tag und Nacht erreichbar. Selbst Anrufe um drei Uhr nachts nahm er entgegen. Schon nach kurzer Zeit zählte er zu den gefragtesten Heilpraktikern vor Ort.

Eine gute Praxis, soviel als Anhaltspunkt, ist täglich von 9.00 bis 18.00 Uhr besetzt. Dennoch sollten Sie Ihre „Kundschaft" mir Ihnen rechtzeitig darauf hinweisen, Sprechzeiten von Fall zu Fall individuell mit Ihnen abzustimmen. Hierbei empfiehlt es sich, mindestens einen Früh- und einen Spättermin (nachmittags, abends) zu vereinbaren. Vom Patienten nicht eingehaltene Sprechzeiten sollten voll abgerechnet werden. Hängen Sie ein entsprechendes Schild ins Wartezimmer, das Ihre Patienten darauf hinweist. Eine solche Vorgehensweise nimmt auch Ihre „Kundschaft" in die Verantwortung.

Da Sie den Heilpraktikerberuf auch nebenher ausüben können, müssen Sie im übrigen nicht sofort hauptberuflich einsteigen. Unter Umständen ist dies hinsichtlich Ihrer finanziellen Sicherheit von Vorteil, da Sie durch das erste Gehalt abgesichert sind. Dennoch sollten Sie zielstrebig darauf hinarbeiten, voll und ganz in Ihrer Praxis tätig zu sein. Wenn Sie auf Ihrem Praxisschild, den Visitenkarten und dem Briefkopf die Zeiten festschreiben, sollten Sie diese so legen, daß Sie sie immer einhalten können. Kalkulieren Sie aber auch genug Zeit für Besorgungen, Hausbesuche etc. ein. Eine Lösung besteht zum Beispiel darin, Ihre Praxis täglich von 9.00–12.00 Uhr und von 15.00–18.00 Uhr geöffnet zu haben – und beispielsweise mittwochs keine Sprechstunde abzuhalten. Des weiteren sollten Sie darauf achten, das Wartezimmer niemals gähnend leer sein zu lassen. Natürlich können Sie keine Statisten beschäftigen, aber haben Sie speziell am Anfang ein Auge darauf, daß mehrere Patiententermine zusammengelegt werden, so daß sie *warten müssen.* Vermitteln Sie den Eindruck eines regen Betriebes, dies ist Ihrem Image zuträglich.

Und noch ein Wort zu dem Praxisschild: es sollte gut sichtbar an der Seite des Gebäudes angebracht werden, die am häufigsten gesehen wird. Gut leserlich sollten die Sprechzeiten, Ihr Beruf „Heilpraktiker“ und Ihr Name angegeben sein. Darüber hinaus dürfen (und sollten) Sie drei Therapieformen auf dem Schild angeben. Sie können also etwa für die Neuraltherapie, die Ozontherapie und die Homöopathie „werben“, aber keinesfalls für mehr als drei Methoden. Dies ist gesetzlich untersagt. In diesem Zusammenhang noch ein Tip: wählen Sie unter den verschiedenen Farbangeboten ein weißes Schild mit versilbertem Rahmen. Dies weiße Schild mit schwarzen Buchstaben suggeriert bewußt oder unbewußt den Arzt. Es ist so etwas wie Ihr Marken- oder Erkennungszeichen.

Und noch ein Spezialproblem: Ein Dr. jur. oder Dr. phil., der gleichzeitig Heilpraktiker ist, darf sich *nicht* Dr. Heilpraktiker Fritz Meyer nennen. Das könnte irreführend wirken und einen Dr. med. vortäuschen. Er darf sich aber nennen:

Dr. jur. Fritz Meyer
Heilpraktiker

oder

Fritz Meyer
Heilpraktiker

Aber zurück zu unserem ursprünglichen Thema Zeit: Hausbesuche müssen nicht, sollten aber durchgeführt werden. Gruppen von Heilpraktikern können sich wie gesagt zu einem Notdienst zusammenschließen. Wenn Sie die Gelegenheit haben, entweder selbst eine solche Crew zu organisieren oder sich einer bestehenden Mannschaft anzuschließen – tun Sie es! Im Laufe der Zeit wird es für Sie eine Selbstverständlichkeit sein, Hausbesuche durchzuführen. Im übrigen können Sie dafür höhere Gebühren berechnen, ein Thema, auf das wir noch zu sprechen kommen werden. Wenn es sich um einen kritischen Fall handelt und Sie sich der Situation nicht gewachsen fühlen oder auch nur unsicher sind, veranlassen Sie unbedingt, daß vor beziehungsweise nach Ihrem Besuch der Hausarzt oder der Notdienst benachrichtigt wird. Damit sind Sie auf jeden Fall aus dem Schneider, können gegebenenfalls sogar noch parallel zur Schulmedizin behandeln und tragen zur Verbesserung Ihres Rufes bei. Hausbesuche sind allgemein gesprochen eine ausgezeichnete Methode, um an neue Patienten zu kommen.

Dazu ein konkreter Fall aus der Praxis: Patientin: eine 45jährige Angestellte, die bereits vom Hausarzt behandelt worden war. Diagnose: Bandscheibenvorfall. Patientin konnte die gesamten linken Extremitäten nicht mehr bewegen. Schmerzen beim Sprechen und Atmen. Der (später) hinzugerufene Heilpraktiker therapierte mit homöopathischen Mitteln. Die Schmerzmittel vermochten nach einem Tag abgesetzt werden, die Patientin konnte nach zwei Tagen wieder sitzen, nach drei Tagen kleine Schritte machen und nach vier Tagen die Hausarbeit verrichten. Als sie danach den ursprünglich behandelnden Arzt noch einmal aufsuchte, konnte beim Röntgen kein Bandscheibenvorfall mehr diagnostiziert werden. Reflexe an Bein und Fuß waren völlig normal. Der Kostenpunkt für eine Bandscheibenoperation hätte sich auf circa 3.500 DM inklusive Medikamente und Korsett, belaufen. Gar nicht zu sprechen von dem Verdienstausfall und den Problemen nach der Operation. Der Heilpraktiker berechnete 250 DM.

An diesem Beispiel sehen Sie: Hausbesuche sind eine hervorragende Methode, Patienten zu gewinnen. Unser Rat aus der Kenntnis der intimsten Praxis sozusagen: machen Sie rund um die Uhr Hausbesuche, auch wenn Sie eine Party absagen müssen. Es zahlt sich aus.

Vielleicht haben Sie jetzt die Idee, daß Ihnen nun gewiß keine Zeit mehr für den Notfalldienst bleibt. Soviel vorab: dies stimmt mit Gewißheit nicht. Erkundigen Sie sich zunächst, ob es Heilpraktikerzusammenschlüsse gibt, die sich unter Umständen bereiterklären, ähnlich wie die Ärzte, einen Heilpraktiker-Bereitschaftsdienst aufzubauen. Danach können Sie in den entsprechenden Zeitungen sogar damit inserieren. Diese Sache ist erfahrungsgemäß außerordentlich erfolgreich. Allerdings ist die Absprache mit den Heilpraktikerkollegen unabdingbar.

Puh, werden Sie vielleicht jetzt stöhnen. Bleibt denn wenigstens auch mal Zeit für einen schönen Urlaub? Natürlich. Normalerweise plätschert während der Schulferien in dem jeweiligen Bundesgebiet die Praxis mehr oder minder vor sich hin. Erkundigen Sie sich also rechtzeitig nach den offiziellen Ferienzeiten. Auf der anderen Seite ist es nicht ungünstig, auch während dieser Periode die Praxis offen zu lassen, weil andere Heilpraktiker und Ärzte ihre Praxen schließen. Und Hilfesuchende gibt es immer! Wenn Sie auf diesem Weg den einen oder anderen Patienten gewinnen können, so kann das auf Dauer interessant sein. Vom unmittelbaren Umsatz her argumentiert, lohnt es sich kaum, in der Ferienzeit am Ball zu bleiben. Ein Kompromiß besteht unter Umständen darin, in der Urlaubszeit einen Assistenten in der Praxis arbeiten zu lassen, den Sie vorher eingearbeitet haben. Der Assistent muß jedoch die Heilpraktiker-Prüfung absolviert haben, um selbständig praktizieren zu dürfen. Ansonsten empfiehlt es sich, am Anfang vielleicht die Zähne zusammenzubeißen und rundum, zu jeder Tages-, Nacht- und Jahreszeit Service zu bieten, bis die Praxis nach zwei, drei Jahren so gut läuft, daß Sie sich vor Patienten nicht mehr retten können.

IX. Wie Sie Patienten gewinnen

Beginnen wir mit einem Beispiel aus der Praxis: ein junges Ehepaar suchte eines schönen Tages einen Heilpraktiker in M. auf. Beide wünschten sich sehnsüchtig ein Kind. Beide waren von „Medizinmännern“ untersucht worden, also von approbierten Ärzten mit sieben Jahren Studium. Sie hatten herausfinden wollen, warum er kein Kind zeugen und sie keines empfangen konnte. Das schulmedizinische Untersuchungsergebnis: negativer Befund, das heißt die Ärzte konnten die Ursache nicht entdecken. Der Heilpraktiker führte bei beiden zunächst eine Irisdiagnose durch. Befund: der Mann litt unter einer Schwäche des linken Hodens. Nach einer Behandlungsdauer von sieben Monaten war der Mann in der Lage, ein Kind zu zeugen. Der Nebeneffekt: der Heilpraktiker konnte nun eine dritte Karteikarte anlegen . . .

Eine Anekdote zum Schmunzeln? Ja, natürlich. Aber es gibt auch einen wahren Kern, eine „Moral von der Geschicht'“: wenn Sie Ihren Patienten wirklich und effizient helfen, wird Ihre Praxis überquellen. Der echte Service und die daraus resultierende Mund-zu-Mund-Propaganda sorgen für den besten Werbeeffekt. Erfahrungswerte besagen, daß 80 Prozent aller Patienten auf Empfehlung kommen. Aber natürlich müssen Sie sich dennoch bekannt machen, speziell am Anfang. Keine Sorge, es gibt Mittel und Methoden, Patienten aktiv zu rekrutieren, wenn dieser Ausdruck aus dem Militärwesen einmal erlaubt ist. Falls Sie die folgenden Tips konsequent anwenden, sollten Sie eigentlich niemals einen Mangel an Patienten erleben.

Start von Stunde Null an

Stellen wir uns vor, Sie haben dem entsprechenden (für den Praxisort zuständigen) Gesundheitsamt Mitteilung gemacht, daß Sie nun durchstarten werden (gesetzlich vorgeschrieben!). Sie haben brav

- den Praxisort,
- die Adresse,

- die Praxissprechzeiten und
- den Nachweis über die bestandene Heilpraktikerprüfung vor dem Amtsarzt vorgelegt und also Ihrer Pflicht Genüge getan.

Wie geht es jetzt weiter? Zunächst einmal sollten Sie sich wie gesagt bei den niedergelassenen Ärzten vorstellen, zumindest in der näheren Umgebung. Es ist durchaus denkbar und sogar wahrscheinlich, daß Sie im Laufe Ihrer Tätigkeit einen Arzt einmal gebrauchen werden, sei es für einen Notfall oder zwecks späterer Zusammenarbeit. Bemühen Sie sich um eine gute Zusammenarbeit mit dem traditionellen Mediziner. Sicher gibt es auch einen Optiker oder ein Sanitätshaus in der Nähe. Pilgern Sie auf jeden Fall dorthin und stellen Sie sich vor. Desgleichen beim Zahn- und Facharzt. Wenn man sich kennt, kann das nur von Vorteil sein. Zur untersten Stufe gehört des weiteren der Eintrag ins örtliche Telefonbuch. Desgleichen sollten Sie im Branchen-Fernsprechbuch zu finden sein. Im örtlichen Telefonbuch ist im übrigen nur der Terminus „Heilpraktiker" als Fettdruck erlaubt. Bei der Eintragung in Verzeichnisse wie zum Beispiel amtliche Fernsprechbücher, Gelbe Seiten, Branchenverzeichnisse und so weiter ist nur der kostenfreie Eindruck möglich. Fettdruck oder sonstige Hervorhebungen sind nicht zulässig, ebenso keinerlei Hinweise auf Heil- oder Diagnoseverfahren. Bei diesen Vorschriften handelt es sich um einen Teil des kodifizierten Standesrechtes. Bei Verstößen sind Verbände so gut wie nicht in der Lage, Hilfestellung zu leisten. Versuchen Sie hier keine Extratour, es zahlt sich nicht aus, denn die Konkurrenz wacht mit Argusaugen über Ihre Schritte.

Wie nun weiter? Was ist die billigste Werbung? Und welche Aktivitäten lohnen sich speziell am Anfang? Es gibt unter Verlegern eine stehende Redewendung: „Der billigste Werberaum ist auf dem Rücken eines Buches!" Normalerweise muß man Werberaum teuer bezahlen. Das Buch (und der Buchrücken) steht dem Verleger jedoch kostenlos zur Verfügung.

Ähnlich verhält es sich mit der Praxis des Heilpraktikers. Nutzen Sie vor allem den Warteraum konsequent dazu aus, für sich zu werben! Das ist „Werberaum", den Sie nicht eigens bezahlen müssen. Sie können zum Beispiel Tips und Ratschläge für Patienten zusammenstellen („Für nervöse Menschen", „Was tun bei Schlafstörungen?", „Säfte zur Abwehrsteigerung", „Geschwollene Beine?" usw.) und diese im Warteraum gut lesbar auslegen.

Anbei zwei Beispiele für solche Ratschläge; diese Methode bringt Ihnen nachweislich mehr Patienten und intensiviert die Kommunikation mit dem Heilpraktiker.

Naturheilpraxis
Hermann Keppler
Heilpraktiker

Homöopathie
Akupunktur
sämtl. Naturheilverfahren

Bahnhofstraße 96
Postfach 1313
7130 Mühlacker
Telefon 07041/42233
Bankverbindung
Landesgirokasse Mühlacker
(BLZ 600 501 01)
Kto. 610 17 07
Postscheckkto. 1657 46-759
Postscheckamt Karlsruhe

S Ä F T E Z U R A B W E H R S T E I G E R U N G

I M W I N T E R

SANDDORNSAFT:	**Infektanfälligkeit, enthält viel Vitamin C**
ZITRONEN/APFELSINEN: (biologisch)	**Zur Abwehrsteigerung des Organismus**
HAGEBUTTEN:	**Als Tee oder Marmelade helfen sie, Infektionskrankheiten schnell zu überwinden.**
HIMBEEREN:	**Sind reich an Vitamin C; sie enthalten auch verschiedene andere Vitamine.**
SCHWARZER HOLUNDER:	**Ein hervorragendes Getränk bei Erkältungskrankheiten. Zur Vorbeugung gut geeignet.**
SCHWARZE JOHANNISBEEREN:	**Bei Erkältungskrankheiten und beginnender Grippe als Heißgetränk.**

Gripppe-Schutz-Impfung ?

Ich empfehle sie nicht !
Die Grippeschutzimpfung schwächt die Abwehrreaktion des Organismus. Viele Geimpfte werden dennoch krank und erholen sich dann oft nur schwer.

Naturheilpraxis
Hermann Keppler
Heilpraktiker

Homöopathie
Akupunktur
sämtl. Naturheilverfahren

Bahnhofstraße 96
Postfach 1313
7130 Mühlacker
Telefon 0 70 41/4 22 33
Bankverbindung
Landesgirokasse Mühlacker
(BLZ 600 501 01)
Kto. 610 17 07
Postscheckkto. 1657 46-759
Postscheckamt Karlsruhe

Fit durch Wasser

Wasser steht in unbegrenzter Menge zur Verfügung. Richtig angewandt bewirkt es kleine Revolutionen. Es regt den Kreislauf und die Durchblutung an, beeinflußt die Funktion der Organe günstig und stimuliert das gesamte Nervensystem.
Hier einige Beispiele:

<u>Für nervöse Menschen</u> wirkt eine kalte Waschung am Morgen sehr entspannend. Der Körper wird von unten nach oben mit einem nassen, kalten Handtuch abgewaschen und anschließend wenig abgetrocknet. Zieht man ein Hemd über und geht wieder ins Bett, beginnt schon nach kurzer Zeit die Haut angenehm zu prickeln. Man fühlt sich herrlich entspannt.

<u>Schlafstörungen:</u>
Hier helfen kalte Wadenwickel oder ein kalter Unterschenkelguß. Auch Wassertreten nach Pfarrer Kneipp und ein zehnminütiges warmes Fußbad (ca. 38 Grad) sind gute Schlafmittel. Lauwarme Bäder mit Kräuterauszügen, wie Hopfen und Melisse machen besonders schläfrig.

<u>Kreislauf und niederer Blutdruck:</u>
Knie-, Schenkel-, Arm- und Gesichtsgüsse härten ab und trainieren den Kreislauf. Mit der Handbrause läßt man im Wechsel kaltes und warmes Wasser über den Arm, das Bein oder das Gesicht ablaufen.
Ein kühles Armbad ermuntert schnell und stärkt den Herzmuskel. Der Arm wird dabei ca. 1/2 Minute in kühles Wasser getaucht bzw. mit kühlem Wasser abgebraust.

Richten Sie also speziell Ihr Wartezimmer so ein, daß Ihre Patienten fühlen: dieser Mann oder diese Frau ist wirklich daran interessiert zu helfen - und ist ein Profi.

Am Anfang wird es in Ihrer Praxis noch ruhig zugehen. Nutzen Sie diese Zeit, um Berichte und Informationsblätter zu schreiben, die Sie im Wartezimmer auslegen. Aufwendige Informationsblätter sollten Sie gegen einen geringen Obulus verkaufen. Sie können später auch bei Vorträgen Verwendung finden.

Versuchen Sie darüber hinaus in jedem Fall, in lokalen oder überregionalen Zeitungen Ihren Namen zu etablieren, indem Sie Berichte, Artikel oder Leserbriefe schreiben. Verfassen Sie Artikel, von denen Sie wissen, daß die Redakteure einer Zeitung oder eines Magazins an solchen Informationen interessiert sind. Gehen Sie folgendermaßen vor:

1. Finden Sie heraus, welche regionalen Tageszeitungen in Ihrer Gegend gelesen werden.
2. Kaufen Sie solche Zeitungen und rufen Sie dort an.
3. Bieten Sie Ihre Dienste an, sei es für die Medizinseite oder den Lokalteil.
4. Recherchieren Sie, welche überregionalen Magazine für Ihr Fachgebiet von Interesse sind („Neuform-Kurier", „Naturheilpraxis" und so weiter).
5. Gehen Sie auf die gleiche Weise vor wie oben (Punkt 2.–3.) und publizieren Sie Artikel.
6. Stellen Sie die publizierten Artikel in einer „Patienteninformationsmappe" zusammen und legen Sie diese im Wartezimmer aus.

Anzumerken ist im übrigen, daß solche Veröffentlichungen sehr viel leichter zu erreichen sind, als gemeinhin angenommen wird. Die Zeitungen und Zeitschriften lechzen nach solchen Artikeln. Auch Redakteure haben ihre faulen Tage und freuen sich, wenn sie nicht selbst den Griffel führen müssen. Das ist Ihre Chance. Auf der nächsten Seite zwei Beispiele.

Mit solchen Artikeln erzielen Sie oft mehrere Werbeeffekte:

- Patienten werden auf Sie aufmerksam.
- Sie etablieren sich als kompetener Gesprächspartner.
- Da Zeitungsartikel oft als „Nachlese" in Folge eines Vortrages erscheinen, schlagen Sie manchmal zwei Fliegen mit einer Klappe. Denn auch als Vortragsredner gewinnen Sie Patienten.
- Diese Zeitungsartikel können Sie in der „Patienteninformationsmappe" nochmals zusammenfassen. Damit erzielen Sie gleichzeitig eine Langzeitwerbewirkung.

Tips zur Säuglingspflege

Die Geburt und die ersten Lebenswochen

Nachdem Ihr Kind geboren ist, lassen Sie es sich auf den Bauch legen. In den darauffolgenden Tagen sollten Sie viel ruhen und nicht so viel Besuch empfangen. Beginnen Sie mit einer leichten Gymnastik und steigern Sie Ihre Gehversuche langsam, beginnend mit 10 Schritten.

Zum Essen empfiehlt sich an den ersten beiden Tagen leichte Kost, Suppen, gedämpftes Gemüse und in Molke gekochte Kartoffeln. Ab dem 3. Tag ist eine Ernährungsumstellung der Mutter auf Obst, viel Suppen und Milch, stärke-, eiweiß- und fetthaltige Speisen als Grundnahrungsmittel notwendig. Von Zwiebeln, Knoblauch, Kohl, Kaffee, Alkohol und frischem Brot bekommt der Säugling in den ersten 8 Wochen Blähungen oder erbricht die Muttermilch. Rohkost, saure oder säurehaltige Speisen empfehle ich nicht. Steinobst (außer Pfirsichen) macht Babies wund. Am besten in dieser Zeit ist gekochtes Gemüse. Achten Sie auf eine abwechslungsreiche, chemisch unbehandelte Kost. Sie kann durch industriell zubereitete Nahrungsmittel nicht ersetzt werden.

Damit sich die durch die Schwangerschaft überdehnte Haut wieder zurückbildet, massieren Sie den Bauch eine Woche lang, 1 – 2 mal täglich, mit Öl oder Fettsalbe. Ich empfehle folgende Ölmischung: 4 Teile Olivenöl, 3 Teile Erdnußöl, 2 Teile Mandelöl, 1 Teil Senföl, 1 Schuß Ringelblumenöl, Urtinktur. Verwenden Sie reichlich Öl und massieren Sie besonders um den Nabel herum. Die Massage kann auf den Rücken und den ganzen Körper ausgedehnt werden. Sie wird als besonders wohltuend empfunden. Wenn Sie sich mit dieser Ölmischung schon ab dem 3. Monat der Schwangerschaft massieren, beugen Sie späteren Schwangerschaftsstreifen vor. Auch Massagen mit Weizenkeimöl haben sich bewährt.

Nach der Geburt wird das Baby gebadet (es ist dann wieder im „Fluidum"). Damit die wärmeschützende Käseschmiere erhalten bleibt, soll es so lange nicht mit Seife gewaschen werden, bis sich nach 3 Tagen sein Wärmeregulationsmechanismus aufgebaut hat. Aus diesem Grund muß der Säugling am Anfang stets warm eingepackt sein. Auch im Sommer. Zur Körperpflege Ihres Säuglings verwenden Sie ein gutes Sonnenblumenöl oder Olivenöl. Bei Wundsein im Genitalbereich oder am Po hat sich Ringelblumensalbe sehr gut bewährt. Massieren Sie Ihren Säugling 4 – 5 Wochen nach der Geburt täglich sanft mit Oliven- oder Sonnenblumenöl. Das Öl nimmt den Schmutz auf und wird durch ein nachfolgendes Bad entfernt.

Die bequemste Lage für den Säugling ist die Rückenlage. In dieser Lage kann er sich am besten entspannen. Natürlich muß er nicht immer diese Haltung einnehmen. Um eine Kopfschiefstellung zu vermeiden, achten Sie besonders in den ersten Wochen darauf, daß das Baby nicht immer auf einer Seite liegt.

Empfehlenswert sind Höschen aus Heidschnuckenwolle. Sie enthalten das hautfreundliche Lanolin. Diese Höschen müssen nicht gewaschen, sondern nur an der Luft getrocknet werden. Darunter kommt eine Stoffwindel, eventuell mit Einlage. Diese Kombination läßt, im Gegensatz zu anderen Windeln, eine Belüftung zu. Es entsteht kein Hitzestau, in dem sich krankmachende Bakterien bilden. Auf chemische Hautpflegemittel und Duftstoffe in den Windeln kann deshalb verzichtet werden. Beim Reinigen des Po's genügt es, ihn mit Olivenöl oder Sonnenblumenöl abzuwischen. Ist der Po wund, cremen Sie ihn mit Ringelblumensalbe ein. Verwenden Sie keine Creme, bei der die Zusammensetzung nicht angegeben ist. Sie enthalten meist chemische Bestandteile, die sich ungünstig auf den jungen Organismus auswirken.

Zur Anregung des Milchflusses wird das Kind gleich nach der Geburt angelegt. Dadurch erfolgt eine Anregung des Gebärmutterausflusses. Die Nachwehen verlaufen gründlicher und kürzer. Sofort nach der Geburt tritt aus der Mutterbrust das gelblich dicke Kolostrum. Es ist besonders eiweißhaltig und enthält wichtige Abwehrstoffe und Vitamine. Das Kolostrum führt aus dem Darm des Neugeborenen das sogenannte Kindspech ab.

Nach einigen Tagen entsteht die eigentliche Muttermilch. Sie enthält weniger Eiweiß, dafür aber mehr Milchzukker als das Kolostrum. Der folgende Milcheinschuß ist nicht so schmerzhaft, wenn das Kind gleich nach der Geburt angelegt wurde.

Ist zu viel Milch vorhanden und die Brust geschwollen, läuft durch Auflegen einer heißen Kompresse etwas Milch ab. Genügt das nicht, kann die Brust hochgebunden werden. Das vielfach angewandte Abpumpen der Milch empfiehlt sich nicht. Durch das Abpumpen werden die Milchdrüsen noch stärker angeregt. Ein wiederholtes Abpumpen ist dann unvermeidlich.

Achten Sie beim Stillen darauf, daß beide Brüste gleichmäßig entleert werden. So vermeiden Sie ein Anschwellen der Brust. Babies, die müde werden zu saugen, können Sie durch eine sanfte Massage der Wangen wieder ermuntern. Die Brustwarze muß beim Stillen ganz im Mund sein. Wenn der Säugling mit der Warze spielt, besteht die Gefahr einer Brustentzündung. Damit sich die Brustwarzen nicht so schnell entzünden, können sie vor der Geburt abgehärtet werden, indem man sie mit einer weichen Bürste und normal temperiertem Wasser bürstet.

Bei der Erziehung fahren Sie am besten, wenn Sie einfach versuchen, der Freund des Kindes zu sein. Versuchen Sie herauszufinden, wo die Probleme des Kindes wirklich liegen. Helfen Sie ihm, Lösungen zu finden, ohne Ihre eigenen Lösungen zu unterdrücken.

Hermann Keppler, Heilpraktiker

Quelle: „neuform-Kurier", November 1984

Naturheilkunde

WIE KRAMPFADERN BEHANDELN?

Unter Krampfadern versteht man geschlängelte Venen, die besonders an den Beinen auftreten. Sie entstehen aufgrund einer Stauung des Blutrücklaufs aus den unteren Gliedmaßen und treten bevorzugt auf bei:

- Bindegewebsschwäche (Vene kann sich leicht ausdehnen);
- dünnen Venenwänden (Vene kann sich leicht ausdehnen;
- Tragen zu enger Strümpfe (mangelhafter Blutrückfluß);
- Schwangerschaft (die Vergrößerung der Gebärmutter verhindert den Blutabfluß);
- Anhaltendes Stehen oder Sitzen (z.B. im Beruf);
- Unterleibs- und Lebererkrankungen (mangelhafter Blutrückfluß).

Die ersten Zeichen von Krampfadern sind ziehende oder krampfartige Schmerzen im Unterschenkel (Wadenkrämpfe). Durch die Stauung von Blut und Lymphflüssigkeit sind die Fesseln und Gelenke, speziell abends, häufig angeschwollen. Die Beine sind müde und schwer, besonders nach längerem Stehen.

Als Folge von Krampfadern können Blutungen, Geschwüre und Venenentzündungen entstehen.

Krampfader-Blutungen:

Hervorgerufen durch Stauung und Verletzung der Gefäßwände. Es entstehen Hautverfärbungen mit Farbwechsel von rotbraun bis gelblich-grau.

Krampfader-Geschwür:

Entsteht durch die mit dem Blutstrom zusammenhängende, schlechtere Ernährung und Sauerstoffversorgung des Gewebes. Eine zufällige Verletzung der Krampfader kann genauso wie enge Strümpfe zum Geschwür führen. Bei längerem Bestehen können sich die Geschwüre ausdehen und ein fleischwasserähnliches Sekret absondern.

Durch die Blutstauung kann sich ein Blutpfropf (Thrombus) bilden. Reißt sich ein Pfropf los und wird im Blut weitergeschwemmt, besteht die Gefahr, daß er in Organen (Herz, Lunge, Gehirn) einen Gefäßbezirkt verstopft. Man spricht dann von einem Infarkt.

Venenentzündung:

(Thrombophlebitis). Wird hervorgerufen durch Eiterungen, die sich nach Verletzungen und Quetschungen an den Innenwänden der Krampfadern ansammeln. Das Krankheitsbild beginnt mit Hautjucken und Hautschuppen. Durch Kratzen kommt es zu oberflächlichen Abschürfungen und meist auch zu Infektionen. Akut entzündliche Prozesse zeigen sich durch Nässen, eitrige Absonderungen und Verkrustungen. Die Haut schuppt sich und bildet lederartige Verdickungen.

BEHANDLUNG

Nach meiner Erfahrung haben sich folgende Behandlungen zur Pflege und Kräftigung des gesamten Venensystems und zur Vorbeugung gegen Venenschwäche gut bewährt. Sie können einzeln, besser aber zusammen erfolgen, und von Ihnen zu Hause durchgeführt werden.

Venen-Bad:
10 Teile Walnußblätter, 30 Teile Kamille, 10 Teile Kalmußwurzel: 2 Eßlöffel mit ½ Liter siedendem Wasser aufgießen und in das Badewasser zuschütten.

Umschlag:
Mit Ringelblumensalbe, über Nacht und täglich erneuern.

Bei akuten oder chronischen Krankheiten können diese Hausmittel keine naturheilkundliche Behandlung ersetzen. Sie sind aber immer zur Vorbeugung und zur Nachbehandlung angezeigt.

ZUSÄTZLICHE BEHANDLUNGSMÖGLICHKEITEN:

- Berufswahl (ständiges Stehen und Sitzen vermeiden);
- Strümpfe (sollen nicht abschnüren);
- Spaziergänge, Schwimmen, Radfahren (Massage der Beine);
- Trockenbürsten der Beine;
- Zwerchfellatmung;
- Wassertreten (Badewanne mit etwas kaltem Wasser füllen und 1 Minute lang darin auf einer Stelle treten). Von Tag zu Tag bis auf 4 Minuten steigern. Jedesmal Füße nur abschütteln und feucht unter warme Decke stecken;
- Barfußlaufen (Schneelaufen – nur mit warmen Füßen);
- Füße nachts 10 cm höher lagern;
- keine erhöhten Absätze tragen;
- Beine speziell im Winter warmhalten. Lange Hosen, Wollstrümpfe, Pelzstiefel.
- Gymnastik 10 × Beine hochstrecken und wieder senken. 5 × Knie bis Brustkorb ziehen und dann wieder strecken. Arme weit über die Füße beugen, danach wieder zurücklegen. 10 x Beine hochstrekken, Knie anwinkeln, wieder strecken und zurückbringen.

STRÜMPFE ODER BINDEN

Binden: Wenn die Ursache keine Bindegewebsschwäche ist.

Strümpfe: Sie sind bis auf Ausnahmen nicht zu empfehlen:
1) Einer bestehenden Bindegewebsschwäche wird dadurch Vorschub geleistet.
2) Eventuelle Geschwüre oder Thrombosen könnten eingeengt werden.
Mit einer Binde läßt sich Lage und Druck bestimmen. Damit der Blutrückfluß nicht behindert wird, soll die Binde nicht zu fest angelegt werden.

BEHANDLUNGSMASSNAHMEN

Umschläge mit verdünnter Arnika-Tinktur: Die Wirkung: Zusammenziehend, antiseptisch; ähnlich der Ringelblumensalbe.

Umschläge mit Roßkastanien: Umschläge mit Roßkastanien-Tinktur, wenn die Krampfader noch nicht stark ausgebildet ist und Beschwerden wie Spannungsgefühl vorliegen.

Umschläge mit Alkohol: Ihm werden einige Tropfen von Arnika, Schafgarbe oder Johanniskraut zugesetzt. Die Beine müssen warmgehalten werden.

Umschläge mit Lehm (Lehmwickel): Ihm können einige Tropfen Arnika-Tinktur zugesetzt werden.

Hermann Keppler
Heilpraktiker

Auch in Ihrem Sortiment gibt es Fertigpräparate, die bei Krampfaderleiden unterstützend wirken. Machen Sie Ihre Kunden darauf aufmerksam! Red.

13

Quelle: „neuform-Echo“, Mai 1984

Alles, was der direkten oder indirekten Werbung dienen kann, sollten Sie im Warteraum aufhängen und einrahmen oder auslegen. Auch hierfür ein Beispiel:

Bürgermeisteramt Bietigheim-Bissingen

Bietigheim-Bissingen, den 08.06.1983

E r l a u b n i s

Herr Hermann Keppler, geb. am 21.05.1950 in Blaustein, wohnhaft in 7146 Tamm, Backnanger Weg 28, erhält hiermit gemäß § 1 Abs. 1 des Gesetzes über die berufsmäßige Ausübung der Heilkunde ohne Bestallung (Heilpraktikergesetz) vom 17.02.1939 (RGBl. I S. 251) die Erlaubnis, die

H e i l k u n d e ohne Bestallung

berufsmäßig auszuüben.
Er hat die Berufsbezeichnung "H e i l p r a k t i k e r" zu führen.

Bürgermeisteramt
Im Auftrag

(Schreiber)

Gebühr: DM 50,-
D/ Gesundheitsamt

Auch Urkunden oder sonstige Auszeichnungen eignen sich hervorragend als werbewirksamer Wandschmuck. Damit haben Sie bereits für eine gute Public Relation gesorgt. Aber es gibt noch mehr des Guten. Gleichgültig, ob Sie Ihre Praxis „von Null“ aufbauen oder eine eingeführte Praxis übernehmen, prinzipiell gilt: schalten Sie Anzeigen! Es ist Ihnen erlaubt, bei einer Praxiseröffnung dreimal in den am Praxisort erscheinenden Zeitungen (nicht in Werbefachblättern) zu werben. Dabei ist es falsch, etwa ausgefallene Therapieverfahren aufzuführen. Im Gegenteil! Die wenigsten Patienten können damit etwas anfangen. Die Kosten für den Druck dieser drei Zeilen können Sie sich sparen, obwohl Sie gesetzlich drei Therapiemethoden vorstellen dürfen. Aber erfahrungsgemäß lohnt es sich nicht. Generell ist es Ihnen im übrigen nicht erlaubt, Anzeigen zu schalten. Nur bei der Neueröffnung, bei längerer Abwesenheit und bei Sprechstundenänderungen dürfen Sie zuschlagen.

Aber wichtig ist für Sie zunächst bekanntzugeben, daß Sie neu eröffnen. Auch hierzu einige Tips und Tricks: Ihre Werbung ist am effektivsten in lokalen, nicht in überregionalen Zeitungen. In Wochenzeitungen sollten Sie ebenfalls keine Anzeigen aufgeben - die Effizienz ist gleich null. Inserieren Sie also nur in Tageszeitungen. Nehmen wir an, Sie eröffnen eine Praxis in Stuttgart. In diesem Fall ist es erstens teuer und zweitens praktisch wirkungslos, in der „Stuttgarter Zeitung“ eine Anzeige zu schalten. Inserieren Sie in der Zeitung, die in dem betreffenden Stadtteil gelesen wird, zum Beispiel in der „Canstatter Zeitung“, „Zeitung Vaihingen“ und so weiter. Wenn drei Zeitungen existieren, die vor Ort gelesen werden, so dürfen Sie in *jeder* Zeitung *dreimal* die Neueröffnung bekanntgeben. Damit Sie über einen längeren Zeitraum diesen Werbeeffekt ausnutzen können, empfehlen wir, abwechselnd in den einzelnen Zeitungen zu inserieren. Also:

Inserat 1 - Zeitung A
Inserat 2 - Zeitung B
Inserat 3 - Zeitung C
Inserat 4 - Zeitung A
Inserat 5 - Zeitung B
Inserat 6 - Zeitung C etc.

Und um es nochmals zu wiederholen: es ist nicht wichtig, die Therapieverfahren anzugeben, vor allem nicht die komplizierten Behandlungsverfahren. Wenn die Leute akupunktiert werden wollen, so werden sie anrufen und fragen, ob Sie darauf eingestellt sind. Auf diese Weise kommt ein Gespräch zwischen Ihnen und dem Patienten zustande. Die Chancen, ihn jetzt zu gewinnen, stehen 80 : 20.

Werbung ist Ihnen abgesehen von den oben angegebenen Möglichkeiten nicht gestattet. Falls Sie dennoch inserieren, schaltet sich der „Verein gegen unlauteren Wettbewerb“ ein. Nach einer Verwarnung können Ihnen im Wiederholungsfalle bis zu vierstellige Strafgebühren auferlegt werden. Immer wieder werden Heilpraktiker abgemahnt, weil sie gegen die Werberegeln der Berufsordnung verstoßen haben. Dazu ist festzustellen, daß die Vereine zur Bekämpfung des unlauteren Wettbewerbes normalerweise von sich aus initiativ werden, und die Berufsverbände in den seltensten Fällen darauf Einfluß nehmen. Nach einem Urteil des OLG Frankfurt vom 9. 12. 1982 gelten für *alle* Heilpraktiker, gleichgültig, in welchem Verband sie organisiert sind, *und* für alle Heilpraktiker, die keinem Verband angehören, folgende Vorschriften:

1. Sie dürfen anläßlich der Praxiseröffnung nur dreimal in jeder für den Niederlassungsort zuständigen Tageszeitung inserieren, nicht aber in Werbezeitungen. Praxiseröffnungsanzeigen dürfen nur enthalten: Name, Berufsbezeichnung „Heilpraktiker“, Adresse der Niederlassung, Sprechstunden, Telefon und allenfalls drei Heilverfahren (gesetzlich erlaubt, aber wir raten davon ab). Selbst die Größe der Anzeige ist festgelegt. Sie darf maximal 40 mm (einspaltig) x 60 mm betragen.

2. Anzeigen bei längerer Abwesenheit: Zulässig nur einmal - in der entsprechenden Tageszeitung vor und nach der Abwesenheit. Maximale Größe: 40 mm x 60 mm. Inhalt: ebenfalls Name, Berufsbezeichnung, Praxisstätte, Sprechzeiten, Unterbrechungsgrund (zum Beispiel Urlaub, Krankheit). Diese Anzeigen dürfen keine weiteren Zusätze enthalten, also keinerlei Heil- oder Diagnoseverfahren, keine Angaben über Krankheiten, die behandelt werden, keinen Hinweis auf Teilnahme an einem Spezial- oder Fachfortbildungslehrgang. Diese Anzeigen dürfen ebenfalls nicht in Werbezeitungen erscheinen.

3. Anzeigen bei Sprechstundenänderung: Solche Anzeigen dürfen nur einmal erscheinen. Die Regelungen unter Punkt 2. finden auch hier Anwendung.

Sie sehen, die Konkurrenz wird ängstlich darauf bedacht sein, daß Sie Ihre Tugend bewahren. Die einzelnen Verbände legen Ihren Mitgliedern mitunter strengere Bestimmungen auf, die zum Teil noch mehr ins Detail gehen.

Abgesehen von einigen Tips und Tricks, die wir aufgelistet haben, können Sie bei der Werbung keinen Blumentopf gewinnen. Gottseidank gibt es allerdings noch zahlreiche weitere Möglichkeiten. Lassen Sie sich Ihren Aktionsradius also nicht einschränken, aber seien Sie darauf gefaßt, daß die Herren Kollegen natürlich nicht erbaut sind, wenn Sie eine gute Werbeschiene entdecken. Und, wie gesagt, es gibt Mittel und Wege!

Wie und wo können Sie Kontakte knüpfen?

Obwohl einige Verbände (nicht alle!) ausdrücklich darauf hinweisen, Vorträge nicht mit einer Werbung für die eigene Praxis zu verbinden, ist es natürlich unumgänglich, daß sich Ihr Bekanntheitsgrad erhöht, wenn Sie coram publico sprechen. Sie können im Rahmen solcher Vorträge nicht nur Vorurteile (gegenüber der Naturheilkunde und dem Heilpraktikerberuf) abbauen, sondern auch mit potentiellen Patienten ins Gespräch kommen. Vorträge, Seminare und Gesprächskreise sind eine excellente Methode, sich bekanntzumachen. Sie können über die eigenen Behandlungsmethoden sprechen und über andere Therapieverfahren. Wenn Sie mit einer Ernährungsberaterin kooperieren (sofern Sie nicht selbst Ernährungsberatung praktizieren), können Sie Ernährungsdiäten oder Gewichtsabnahme-Kuren anbieten. Klären Sie Ihr Publikum in solchen Vorträgen darüber auf, warum wir immer kränker werden. Nehmen Sie kein Blatt vor den Mund und attackieren Sie getrost auch einmal die Schulmedizin mit ihren ‚harten' Medikamenten, die wie Drogen wirken. Einige Sünden können heute nicht mehr unter den Tisch gekehrt werden.

Besorgen Sie sich die Adressen von Vereinen, die für Vorträge über Naturheilkunde geeignet erscheinen. Unserer Erfahrung nach sind am effektivsten

- Landfrauenvereine,
- Altenclubs,
- Altenheime,
- Sport- und Turnvereine,
- Krankenpflegevereine und
- Reformhäuser.

Der Inhaber eines Reformhauses ist meistens bereit, auch Schriften von Ihnen auszulegen und gestattet oft sogar, über seine Adresse Vorträge in die Wege zu leiten. Leute, die sich gesund ernähren und bereit sind, mehr Geld für ihr Wohlbefinden auszugeben, sind ein gutes Patientenreservoir für Sie. Speziell die Mitgliedschaft im Turnverein oder der häufige Besuch von Fußballspielen ist von Vorteil. Wenn Sie „zufällig“ einen Tennisarm oder eine Beinprellung schnell kurieren, werden Ihnen bald die Sportverletzten die Praxistür einrennen.

Sie werden feststellen, daß die meisten Patienten in Ihrer Praxis über 50 Jahre alt sind. Teilnahmen an einem Altennachmittag sind deshalb sehr zu empfehlen. Darüber hinaus bieten sich an:

- Naturheilvereine
- Volkshochschulen
- Gymnastikgruppen
- Alternativ-Gruppen
- Säuglingspflegegruppen und
- Mutter und Kind-Gruppen

Eine Übersicht über die existierenden Vereine erhalten Sie im Rathaus Ihres Wohnortes, ebenso die dazugehörigen Adressen. Auch durch intensives Studium der örtlichen Tagespresse erfahren Sie, welche Vereine rege sind. Empfehlenswert ist es, in einigen Vereinen aktives Mitglied zu werden, zum Beispiel im Naturheilverein oder im Krankenpflegeverein. Dadurch können Sie problemlos Gesprächskreise und Vortragsreihen anbieten. Und das erfreulichste: die Presse wird gern darüber berichten, sofern sie eingeladen oder informiert wurde ist. Anbei drei Beispiele:

Vortrag beim Naturheilverein: Das „Schröpfen“ erläutert

PFORZHEIM (nh). Zum letzten Vortrag vor der Sommerpause konnte die zweite Vorsitzende des Naturheilvereins Pforzheim, Helena Grimmer, den Heilpraktiker Hermann Keppler aus Mühlacker begrüßen. Helena Grimmer wies in ihren einführenden Worten darauf hin, daß trotz des „Fortschritts“ in der Medizin 20 Millionen Bundesbürger chronisch krank seien. Die Schulmedizin heile nicht nur zu wenig Krankheiten aus, sie sei auch so giftig geworden, daß sie immer neue Krankheiten erzeugen würde, sagte Grimmer.

Hermann Keppler brachte keinen theoretischen Vortrag, sondern er demonstrierte anhand praktischer Beispiele, wie in einer Naturheilpraxis gearbeitet wird. Zuerst ging er auf das „Schröpfen“, eine sehr alte Methode des Heilens, ein. Schon die Ägypter und Griechen des Altertums wußten hierüber Bescheid. Heute sei diese Methode beinahe in Vergessenheit geraten. Das Schröpfen findet meist auf dem Rücken statt und spricht dort reflektorisch die entsprechenden Stellen des kranken Körpers an. Mit speziellen Schröpfgläsern wird die Haut gereizt.

Als zweite Möglichkeit der Behandlung in der Naturheilpraxis zeigte und erklärte der Referent das „Baunscheidtieren“. Dabei wird mit Nadeln die Haut an entsprechenden Stellen leicht gereizt und anschließend mit bestimmten Ölen eingerieben, so daß sich kleine Pusteln bilden. Das Baunscheidtieren sei besonders bei rheumatischen Beschwerden sehr wirkungsvoll. Außerdem setzt der Heilpraktiker diese Methode gerne bei Kopfschmerzen und Verspannungen ein.

Der Redner ging im Anschluß daran auf die Irisdiagnose ein und machte anhand von Dias dieses Diagnoseverfahren für den Laien verständlicher. Zum Schluß verwies er noch auf die Möglichkeit der Behandlung mit der von Samuel Hahnemann entdeckten klassischen Homöopathie. Die Homöopathie sei eine Heilmethode, die ohne Nebenwirkungen den kranken Menschen von Grunde auf heilt.

Quelle: „Mühlacker Tageblatt“, Juli 1984

Vortrag beim Altenclub:

Füße nachts höher legen

MÜHLACKER (fn). Beim Altenclub Sankt Johannes im Heidenwäldle, Mühlacker, war der Heilpraktiker Hermann Keppler aus Mühlacker zu Gast. Das Vortragsthema war die Entstehung und Behandlung von Krampfadern; ein Zustand an welchem überwiegend Frauen leiden.

Einleitend erörterte der Fachmann, was man unter Krampfadern versteht. Es sind geschlängelte Venen, die besonders an den Beinen auftreten – durch eine Stauung des Blutrücklaufs aus den unteren Gliedmaßnahmen und bevorzugt bei bindegewebeschwäche, dünnen Venenwänden, durch Tragen zu enger Strümpfe, bei Schwangerschaft, anhaltendem Stehen oder Sitzen, Unterleibs- oder Lebererkrankungen.

Der Redner sprach über die ersten Zeichen der Krampfadern: dies seien ziehende oder krampfartige Schmerzen im Unterschenkel, und die Fesseln und Gelenke seien abends häufig angeschwollen. Die Beine seien müde und schwer, besonders nach längerem Stehen. Als Folge von Krampfadern könnten Blutungen, Geschwüre und Venenentzündungen entstehen.

Zur Pflege und Kräftigung des gesamten Venensystems und zur Vorbeugung gegen Venenschwäche hat sich nach Ausführungen des Heilpraktikers Keppler ein Venenbad bewährt. Bei akuten oder chronischen Krankheiten könnten diese Hausmittel keine naturheilkundliche Behandlung ersetzen. Sie seien aber immer zur Vorbeugung und zur Nachbehandlung angezeigt.

Zusätzliche Behandlungsmethoden wären noch: ständiges Stehen oder Sitzen vermeiden, Strümpfe sollten nicht abschnüren, Massage der Beine durch Spazierengehen, Schwimmen, Radfahren, des weiteren Trockenbürsten, etwa eine Minute kaltes Wasser treten, später bis auf vier Minuten steigern, danach die Füße nicht abtrocknen, sondern unter warme Decke stecken, Füße nachts zehn Zentimeter höher lagern, Beine speziell im Winter warmhalten, lange Hosen, Wollstrümpfe, Pelzstiefel tragen.

Zu einer anderen Behandlung von Krampfadern empfahl der Vortragende, wenn die Ursache keine Bindegewebsschwäche sei, sollte man eine Binde tragen, mit der sich die Lage und Druck bestimmen läßt.

Aus seiner Praxis empfahl der Heilpraktiker Keppler noch sonstige Behandlungsmethoden: Umschläge mit verdünnter Arnika-Tinktur mit Ringelblumensalbe, mit Roßkastanien, mit Alkohol, dem einige Tropfen von Arnika, Scharfgarbe oder Johanniskraut zugesetzt werden, und mit Lehm (Lehmwickel), dem ebenfalls einige Tropfen Arnika-Tinktur beigefügt werden.

Quelle: „Mühlacker Tageblatt“, Juni 1984

Naturheilverein Mühlacker

Wir laden ein zu den **3 Vorträgen** von Herrn Hermann **Keppler**, Heilpraktiker in Mühlacker in der **Volkshochschule.** Theodor-Heuss-Gymnasium, Donnerstag, **25. Oktober** 1984, um 20 Uhr

„Naturheilmittel – Anwendung und Wirkung"

Donnerstag, 29. November 1984, um 20 Uhr

„Die Möglichkeiten und Grenzen der Homöopathie".

Donnerstag, 13. Dezember 1984, um 20 Uhr

„Aus der Arbeit eines Heilpraktikers"

Quelle: „Mühlacker Tageblatt", Oktober 1984

Eine weitere Werbemöglichkeit besteht darin, sich bei den wichtigsten Personen vor Ort vorzustellen. Nicht immer sind die Vorsitzenden von Vereinen oder Parteien die „Macher", die die Zügel in der Hand haben. Oft haben „graue Eminenzen", die im Hintergrund agieren, mehr Einfluß als die allenthalben sichtbaren Gallionsfiguren. Achten Sie im übrigen bei einer Versammlung immer darauf, möglichst vielen Personen die Hand zu schütteln. Leute sind beleidigt, wenn der Nachbar anders begrüßt wird, gründlicher oder länger. Vergessen Sie nicht, daß Sie einen bestimmten Platz in der Gesellschaft einnehmen, den Sie ausfüllen müssen. Enttäuschen Sie diese Erwartungshaltung der Bevölkerung nicht. Auch der jährliche Scheck an den Tierschutzverein zum Beispiel sollte in diesem Zusammenhang nicht fehlen.

Organisieren Sie eine Ausstellung in Ihrer Praxis und lassen Sie die Kunstwerke im Wartezimmer eine Zeitlang hängen. Der Arzt und auch der Heilpraktiker sind normalerweise angesehene Persönlichkeiten. Engagieren Sie sich in konstruktiven, positiven Gruppen und fördern Sie auch andere Menschen. In Reformhäusern, Klubs und Kirchen können Sie Schriften auslegen. Caritative Vereine und Sozialhilfestellen sind Ihre Ansprechpartner. Sie können Teeklubs gründen und spezielle Teerezepte vermitteln. Sorgen Sie dafür, daß Aufklärungsbroschüren und (schriftliche) Ratschläge in die Hände der Leute gelangen, mit denen Sie zusammentreffen. Umfangreichere Schriften lassen Sie sich honorieren. Verlangen Sie getrost ein paar Mark. Anbei ein Beispiel einer solchen Aufklärungsbroschüre, die absichtlich handgeschrieben ist, um den Eindruck des Persönlichen zu unterstreichen.

Naturheilpraxis
Hermann Keppler
Heilpraktiker

DM 3.-

Homöopathie
Akupunktur
sämtl. Naturheilverfahren
Bahnhofstraße 96
Postfach 1313
7130 Mühlacker
Telefon 0 70 41/4 22 33

Erkältungskrankheiten

Unter Erkältungskrankheiten versteht man fieberhafte Allgemein-Erkrankungen der oberen Luftwege. Sie treten unmittelbar nach Kälteeinwirkung oder bei Wetterwechsel auf.
Bei einem abwehrgeschwächten Körper können dann Viren in die Schleimhäute der oberen Luftwege gelangen.
Um sich dieser Eindringlinge zu entledigen, reagiert der Körper mit Husten und Schnupfen.
Es gilt demnach, die Ausscheidungs-Reaktionen zu unterstützen.
Dies wird durch Hausmittel und durch homöopathische Medikamente erreicht.

Viele in der Schulmedizin verwendeten Medikamente hemmen die Ausscheidungs-Reaktionen des Körpers. Die Krankheitserreger werden in den Körper zurückgedrängt und können sich in den Organen ablagern. Das ebnet den Weg für eine chronische Erkrankung.

-2-

Diät:

Durch die Erkältungskrankheit ist der Körper geschwächt. Er braucht viel Energie zur Überwindung der Krankheit. Deshalb ist es vernünftig, die Nahrungsaufnahme zu reduzieren.

Zum Essen empfehle ich Müsli, Obst und Gemüse. Fleisch ist schwer verdaulich und sollte gemieden werden. Rote Beete als Salat oder Saft, helfen die Krankheit schnell zu überwinden.

Als Getränke sind Fruchtsäfte und Tees gut. Milch und Milchprodukte verschleimen und sollten nur bei trockenem Mund getrunken werden.

Lüften Sie das Krankenzimmer regelmäßig!

Hausmittel:

Bei den meisten Erkältungskrankheiten handelt es sich um banale Infekte, die zu Hause geheilt werden können. Bei Fieber ist unbedingt Bettruhe notwendig! Es gehört zu den natürlichen Abwehrmechanismen des Körpers. Sofern keine anderen Störungen vorliegen, muß es erst ab 41°C bekämpft werden. (Wadenwickel.)

Die folgenden Hausmittel sollen Ihnen helfen, schnell Ihre Erkältungskrankheit zu überwinden. Wenden Sie das an, was Ihnen bekommt und für Sie durchführbar ist.

Schwitzbad:

Ein Schwitzbad ist sehr gut geeignet, die Ausscheidungen des Körpers zu fördern und sich damit schnell der krankmachenden Stoffe zu entledigen.

-3-

Verfahren: Man übergießt 500g Heublumen mit soviel kochendem Wasser, daß sie gut bedeckt sind, läßt sie 15 Minuten ziehen und schüttet dann das Wasser ab. Die gleichen Heublumen werden nochmals mit kochendem Wasser übergossen. Nach 10-minütigem Kochen wird dieser Abguß mit dem ersten Absud vermischt.
In einem zweiten Topf bringt man jetzt 1 Liter Wasser für das folgende schweißtreibende Teegemisch zum Kochen.

Schweißtreibendes Teegemisch:

Lindenblüten 10g
Holunderblüten 10g
Kamillenblüten 10g

von diesem Gemisch überbrüht man pro Tasse 1 gehäuften Teelöffel mit Wasser. Der Tee muß gut ziehen und soll 10 Minuten vor dem Schwitzbad getrunken werden.

Nun wird der Heublumenabsud dem Badewasser zugegeben. (Temperatur nach Verträglichkeit). Bei Herzkranken darf das Badewasser nur bis unterhalb des Herzens reichen. Während des Badens trinkt man 1 Glas heißes Wasser, in das man den Saft einer halben Zitrone gibt und 1 Teelöffel Honig umgerührt hat.

Das Bad sollte etwa 20 Minuten dauern, bis reichlich Schweiß vom Kopf rinnt. Nach dem Verlassen der Badewanne trocknet man sich nur oberflächlich ab, umwickelt den Körper mit einem großen Laken oder Badetuch und legt sich dann in das vorgewärmte Bett. Im Bett trinkt man nochmals heißes Zitronenwasser. Je nach Verträglichkeit kann man 20 bis 60 Minuten schwitzen. Nach dem Auspacken und Abtrocknen sollte man 1/2 Stunde liegen bleiben und Flüssigkeit zu sich nehmen.
Temperaturwechsel sind zu meiden.

-4-

Schnupfen:

Ein beginnender Schnupfen läßt sich auf sehr wirksame Art und Weise mit einem abendlichen **Fußbad** kurieren. Zur Verstärkung des Reizes gibt man eine Hand voll Kochsalz (besser Meersalz oder Emsersalz) in eine Schüssel heißes Wasser. Das Wasser soll bis unter den Knöchel reichen. Sobald es abgekühlt ist, wird heißes Wasser nachgegossen. Das Bein sollte mit einem Tuch warmgehalten werden. Nach 10 Minuten wird der Fuß herausgenommen und oberflächlich abgetrocknet. Die Fußsohle reibt man mit der Schnittfläche einer halbierten Zwiebel kräftig ein. Nachdem man einen Wollstrumpf übergezogen hat, wird mit dem anderen Fuß genau so verfahren. Danach trinkt man ein Schnapsgläschen **Zwiebelweingeist**.

Zwiebelweingeist:

Man schneidet 600 Gramm geschälte Zwiebeln klein, quetscht sie zu Brei und reibt sie durch ein Sieb. Dann werden 100 g echter Bienenhonig und 600 Gramm guter Weißwein hinzugegeben und gut vermischt.
Die Flasche muß kühl und dunkel aufbewahrt werden.
Bei akuter Erkrankung nimmt man stündlich, nach Besserung täglich einen Eßlöffel davon.

Verstopfte Nase:

Verstopfte Nasen können wieder zum Laufen gebracht werden, wenn man sie mehrmals täglich mit Schwedenbitter befeuchtet. Auch Spülungen mit Zitronenwasser haben sich bewährt. Wenige Körner Salz in einer Tasse lauwarmen Wassers aufgelöst, durch beide Nasenlöcher hochgezogen und wieder kräftig ausgestoßen, schaffen schnell Erleichterung. Bei den beiden letzten Anwendungen müssen nachfolgend die Nasenlöcher mit Vaseline eingefettet werden.

- 5 -

Dampfinhalationen:

Dampfbäder sind einfache und wirkungsvolle Mittel bei Erkrankungen der oberen Luftwege.
Vielfach angepriesene Inhalationsgeräte aus Kunststoff sind nicht notwendig. Ein einfacher Topf tut genau so seine Dienste.
Während der Inhalation müssen Kopf und Gefäß mit einem großen Tuch gut verhüllt sein. Nach der Dampfinhalation wischt man Gesicht und Nacken mit kaltem Wasser ab. Die Inhalationsdauer wird jedesmal um 5 Minuten verlängert. Die Dämpfe dürfen nicht zu heiß sein, weil sonst die Schleimhäute angegriffen werden.

Kamillendämpfe:

Der in der Kamille enthaltene Stoff Azulen wirkt entzündungswidrig. Daneben wirken vor allem Mineralien und Bitterstoffe.

Zwiebeldämpfe:

Die scharfen Öle der Zwiebel wirken durchblutungssteigernd und damit heilsam auf die Atemwege.
Eine mittelgroße Zwiebel wird zerschnitten, zerhackt, etwas gequetscht und in kochendes Wasser gegeben. Aufquellen lassen und den Dampf inhalieren.

Salzinhalationen:

Kochsalz wird in kochendes Wasser gegeben und die Dämpfe davon inhaliert. Dadurch werden festsitzende Schleime gelöst, der Reizhusten gehindert und die Atemwege desinfiziert.

-6-

Husten:

Vielfach verwendete Hustensäfte wirken hustenunterdrückend. Die schädlichen Stoffe können dadurch nicht ausgehustet werden. Bei trockenem Husten empfehlen sich oben beschriebene Dampfinhalationen. Als Getränk eignet sich dann heiße Milch mit Honig.

Quälender Hustenreiz:

Eine gut gewaschene Zitrone (mit Schale) wird auf kleinem Feuer 10 Minuten lang gekocht. Nach Abkühlung wird sie in 2 Hälften geteilt und mit einer Zitronenpresse kräftig ausgedrückt. Den Saft gibt man in ein Trinkglas und fügt 2 Eßlöffel Glycerin hinzu. Nachdem beides vermischt wurde, gibt man 1 Teelöffel Honig dazu und verrührt alles gut. Vor jedem Gebrauch muß der Sirup kräftig angerührt werden.
Bei Hustenanfällen am Tag genügt meist ein Teelöffel voll. Wird man nachts von Reizhusten geplagt, nimmt man 1 Teelöffel vor dem Schlafengehen und in der Nacht ein. Tritt der Husten in einer schweren Form auf, wird morgens nüchtern, vormittags, nach dem Mittagessen und am Nachmittag, sowie kurz vor dem Schlafengehen je 1 Teelöffel eingenommen. Nach Besserung reduziert man auf 1 Teelöffel. Bei stärker Verschleimung und bei schmerzenden Bronchien empfiehlt sich zusätzlich **Zwiebelsirup.**

Zwiebelsirup:

2 große Zwiebeln in Scheiben schneiden und mit 3 Eßlöffel gutem, kristallisiertem Honig vermischen.
24 Stunden stehen lassen und öfters umrühren. Den ent-

-7-

standenen Sirup in einer verschlossenen Flasche im Kühlschrank aufbewahren. Mehrmals täglich 1 Eßlöffel einnehmen – Bei empfindlichem Magen ist er nicht zu empfehlen.

Kamillensirup für Kinder:

Eine Hand voll Kamillenblüten mit 250 Gramm Stangenkandiszucker in 1/4 Liter Wasser aufkochen. Bei leichter Hitze etwa zur Hälfte einkochen lassen. Nach dem Abkochen abseihen und mehrmals täglich einige Kaffeelöffel dieses Sirups einnehmen.

Gurgelwasser:

Der Salbeitee ist ein unvergleichliches Gurgelwasser bei Entzündungen des Halses, bei Husten und Katarrhen, bei wunden und geschwollenem Zäpfchen und bei trockenem Husten. Man übergießt 1 Teelöffel Salbei mit kochendem Wasser und läßt ihn 5 Minuten ziehen. Mit dieser Flüssigkeit gurgelt man mehrmals täglich. Außerdem sollten jedesmal einige Schlucke getrunken werden. Der Salbei-Tee kann zu gleichen Teilen mit Kamille gemischt und mit Honig gesüßt werden.

Bronchial-Husten-Tee:

Schafgarbe	30,0 g	Eibischwurzel	10,0 g
Thymian	20,0 g	Salbei	10,0 g
Spitzwegerich	15,0 g	Fenchel	5,0 g
Lungenkraut	15,0 g	Anis	5,0 g
Süßholz	10,0 g		

4x täglich einen gehäuften Teelöffel pro Tasse aufgießen und 5 Minuten ziehen lassen. Zu jeder Tasse nach Abkühlung auf Mundwärme einen Teelöffel Honig einrühren und schluckweise trinken.

Halsentzündung:

Bei Halsentzündungen sind nächtliche Umschläge mit Quark, Öl, Heilerde oder Kartoffelbrei sehr nützlich.

-8-

Tips zur Vorsorge:

Halten Sie im Winter die Füße warm und trocken. Kopf und Hals sollten nicht zu fest eingepackt sein.
Personen, die sich im Sommer an's kalte Wasser gewöhnt haben (Ganzwaschungen) und bei offenem Fenster zu schlafen pflegen, sind lange nicht so empfindlich für Wetterveränderungen, wie wasserscheue und "luftdicht verpackte" Menschen.

Kinder:

Wer im Sommer viel Barfuß läuft (nicht auf Beton), verträgt Kälte und Wetterwechsel besser.

Kleinkinder:

Brustkorb morgens und abends mit Sonnenblumenöl oder Olivenöl einreiben, schützt gegen äußere Temperatureinwirkungen.

Sauna:

Die Sauna fördert den Stoffwechsel und sorgt durch das starke Schwitzen für ein kräftiges Entschlacken des Körpers. Durch den wechselnden Hitze- und Kältereiz gewöhnt sich der Organismus an extrem schwankende Temperaturverhältnisse. Sie ist ein vorzügliches Mittel zur Verhütung von Erkältungskrankheiten
- Verboten ist die Sauna bei Kreislauferkrankungen, akuten Nierenleiden, Lungentuberkulose und Venenthrombosen.

-9-

Naturheilkunde:

Sämtliche Erkältungskrankheiten lassen sich durch naturheilkundliche Methoden ohne Nebenwirkungen behandeln.
Vor allen Dingen chronische Erkrankungen oder die Folgen von nicht ausgeheilten Erkältungskrankheiten sind ein dankbares Gebiet der Naturheilkunde.
Vielfach ist es notwendig, den Körper durch bestimmte Ausleitungsverfahren von seinen Giften zu befreien, um ihm dann durch ein homöopathisches Medikament die ursprüngliche Vitalität zurückzugeben.
Andere körperliche Beschwerden können mit zum Verschwinden gebracht werden.

Es gehört zu den grundlegenden Einsichten der Naturheilverfahren, daß jedes Unterdrücken eines Krankheitsvorganges einen chronischen Verlauf unterstützt.

Ich wünsche Ihnen viel Erfolg und freue mich über jede Zuschrift oder Anregung von Ihnen.

Weitere Werbeaktionen

Es gibt noch weitere Kanäle, durch die Sie ‚durchsickern' lassen können, daß Sie praktizieren. Wie sieht es zum Beispiel mit Visitenkarten aus? Nun, hier gibt es zunächst einmal keine Vorschriften. Auf der Visitenkarte sollten Name, Adresse und Sprechzeiten aufgedruckt sein. Auf der Rückseite, beziehungsweise bei aufklappbaren Visitenkarten auf der Innenseite, können Termine eingetragen werden, also etwa „Bitte kommen Sie zur Behandlung am … (Tag, Datum, Zeit)". Im übrigen können Sie auch hier drei Therapieverfahren angeben. Achten Sie jedoch darauf, bekannte Behandlungsmethoden zu nennen, sonst verfehlt dies seinen Werbezweck. Nutzen Sie jede Gelegenheit aus, Ihre gut aufgemachten Visitenkarten an den Mann zu bringen. Jeder Hausmitbewohner und alle Hausnachbarn sollten ein Kärtchen erhalten. Geben Sie Ihre Visitenkarten überall ab: im Bäckerladen, Schuhgeschäft, beim Hausmeister, Metzger, in der Stadtverwaltung, beim Einkaufen und im Café.

Freunde, die Ihre Praxis besichtigen wollen, sollten sich nach dem Weg erkundigen. Mit anderen Worten, sie sollten die Leute auf der Straße nach dem „guten, bekannten, hervorragenden Heilpraktiker, der hier irgendwo seine Praxis haben muß", fragen. Sie können sogar in das nächstgelegene Friseurgeschäft pilgern und sich danach erkundigen, wo die Naturheilpraxis XY ist. Auch Rezeptblöcke zum Beispiel müssen Sie drucken lassen. Gehen Sie tunlichst zu einer ortsansässigen Druckerei, selbst wenn sie etwas teurer sein sollte. Das sind Ihre Kunden. Sprechen Sie mit dem Druckereibesitzer, seiner Frau und den Mitarbeitern. Und lassen Sie Ihre Visitenkarte wie bei einer Schnitzeljagd überall hinter sich zurück. Als Anregung anbei ein Beispiel für die Gestaltung:

Vorderseite

Rückseite

Bitte kommen Sie zur Behandlung am:

Tag	Datum	Zeit

Falls verhindert bitte rechtzeitig absagen !

Weitere Werbemöglichkeiten bestehen darin, zu Weihnachten und zum Geburtstag Glückwunschkarten zu schreiben. Bei älteren Patienten können Sie an einem Geburtstag durchaus auch mit einem Blumenstrauß persönlich gratulieren. Desgleichen ist es vorteilhaft, zu Feierlichkeiten sich mit einem Kärtchen in Erinnerung zu rufen. Diese „Kunden“ erinnern sich Ihrer, wenn Sie wieder einmal das Zipperlein plagt.

Über all dem darf man nicht vergessen, daß Kompetenz die beste Werbung ist. Wenn Sie Resultate erzielen, steht Ihrem Erfolg nichts im Wege. Aber am Anfang können Sie auf Werbung nicht verzichten. Gründen Sie Tee-Clubs, geben Sie Ernährungsratschläge, initiieren Sie einen Gewichtsabnahme-Wettbewerb. Und ersetzen Sie zum frühestmöglichen Zeitpunkt den automatischen Anrufbeantworter zumindest durch eine Aushilfskraft. Vom Werbeaspekt her ist der Anrufbeantworter eher kritisch zu beurteilen. Der Patient braucht den direkten Kontakt zu seinem Heilpraktiker.

Alle genannten Werbeaktionen sind wichtig, um einen hohen Bekanntheitsgrad zu erlangen. Erfahrungsgemäß gewinnen Sie pro Anzeige ein bis zwei Patienten. Pro Vortrag (vor circa 30 Personen) können Sie ebenfalls mit ein bis zwei Patienten rechnen. Das effektivste ist jedoch immer noch der Erfolg! 80 Prozent aller Neuzugänge kommen auf Grund der Mundpropaganda, weil Patienten mit Ihnen zufrieden waren. Die „Tante-Emma-Laden-Atmosphäre“ im positiven Sinn, das heißt der persönliche Kontakt zum Patienten, spielt ebenfalls eine wichtige Rolle. Zuneigung, Hinwendung und das Ausstrahlen von Sicherheit und Ruhe sind bedeutsam, aber das allein macht noch nicht den erfolgreichen Heilpraktiker. Dennoch: zeigen Sie dem Patienten, daß Sie sich für ihn und sein Leiden interessieren - das tun viele Ärzte heute nicht. Befragen Sie den Patienten gründlich, und geben Sie am besten Therapievorschläge für die Oma und den Schwiegervater mit. Sie können auch eigene Kuren entwickeln, wie einen Gesundheits-TÜV zum Beispiel. Ihrer Initiative sind grundsätzlich keine Grenzen gesetzt.

X. Rund ums liebe Geld

Jetzt geht es endlich ans Eingemachte! – könnte man denken. Nun, obwohl das Geldverdienen beileibe keine unangenehme Sache ist, sollte man doch eines laut und deutlich sagen: das schnelle Geld kann man als Heilpraktiker nicht verdienen. Wenn Sie bienenfleißig und kompetent sind, können Sie zwar auf lange Sicht gesehen wirklich nicht schlecht verdienen, aber Sie müssen auch darauf gefaßt sein, Rückschläge einzustecken. Wenn nur der pralle Geldbeutel Ihr Ziel ist, können wir Ihnen schon jetzt prophezeien, daß Sie scheitern werden. Sie müssen ohne alles falsche und aufgesetzte Pathos eine gewisse Liebe zum Menschen und zu dem Metier besitzen. Und dann *können* Sie auch einmal 1.000 DM am Tag verdienen.

Wieviel darf eine Behandlung kosten?

Schauen wir uns zunächst einmal die bürgerlich-rechtlichen Grundlagen an. Formaljuristisch betrachtet geht der Heilpraktiker einen Dienstvertrag mit dem Patienten ein. Ein Hilfsversprechen können und dürfen Sie grundsätzlich nicht geben, aber sie sind verpflichtet, gewissenhaft zu (be)handeln. Die Höhe der dem Heilpraktiker zustehenden Vergütung bleibt nach § 611 BGB (Bürgerliches Gesetzbuch) der Vereinbarung zwischen dem Heilpraktiker und dem Patienten überlassen. Ist über die Höhe der Vergütung bei Vertragsabschluß keine Verabredung getroffen worden, werden automatisch die Sätze des „Gebührenverzeichnisses für Heilpraktiker" zugrunde gelegt. Das „Gebührenverzeichnis für Heilpraktiker", abgekürzt GebüH, wird von den Heilpraktikerverbänden der Bundesrepublik Deutschland (Kooperation Deutscher Heilpraktikerverbände e. V., Heilsbachstr. 30, 53123 Bonn, Tel. 0228/641083) herausgegeben. Laut § 145 BGB ist die Gebühr im übrigen nicht an eine Form gebunden und kann auch ohne ausdrückliche Vereinbarung durch schlüssige Handlungen zustande kommen (durch Therapie zum Beispiel; Sie müssen also nicht etwa zuerst einen Vertrag aufsetzen).

Die Höhe des durchschnittlich festgestellten Honorarrahmens wurde nebenbei bemerkt durch eine Umfrage unter den bei uns niedergelassenen Heilpraktikern ermittelt. Die Auswertung der ermittelten Honorare fand ihren Niederschlag in dem genannten Gebührenverzeichnis für Heilpraktiker. Das GebüH ist also keine fixe Gebührentaxe, sondern ein Verzeichnis der durchschnittlich üblichen Vergütungen, welches als Berechnungshilfe dienen kann. Sofern die Höhe des Honorars vor der Behandlung aber nicht ausdrücklich vereinbart wurde, muß Ihr Patient davon ausgehen, daß sie sich im Rahmen dieser Gebührenordnung für Heilpraktiker bewegt.

Sie sehen schon jetzt, dieses Heftchen ist unverzichtbarer Bestandteil Ihrer Ausrüstung. Wenn Sie eine korrekte Rechnung stellen wollen, müssen Sie laut GebüH außerdem angeben:
a) Name und Wohnort des Patienten
b) die vollständige Diagnose
c) das Datum der Leistungserbringung
d) jede Einzelleistung mit der entsprechenden GebüH-Ziffer
e) jeden Einzelbetrag der entsprechenden Leistung
f) Injektions- und Infusionspräparate, bei homöopathischen Mitteln jeweils mit Angabe der Potenz. Sie sollten nach Art, Menge und Einzelpreis angegeben werden, falls die Ampullen nicht auf Rezept vom Patienten aus der Apotheke bezogen wurden. (GebüH, S. 2) Falls Sie Mitglied eines Berufsverbandes sind, sollten Sie die Rechnung zusätzlich mit dem Verbandsstempel versehen. Natürlich gibt es auch (einige wenige) Leistungen, welche nicht in der GebüH enthalten sind. Sie werden entsprechend einer gleichwertigen oder ähnlichen Leistung berechnet.

Fehlt eine vergleichbare Leistung, können Sie das Honorar nach Ihrem Ermessen festlegen. In der GebüH finden Sie vom Aderlaß bis zur Wundversorgung, von der Aknepustelnbehandlung bis zur Urinuntersuchung aber praktisch alle Leistungen aufgeführt, die in einer Heilpraktiker-Praxis üblich sind. Eine Untersuchung (Ziffer 1) kostet zum Beispiel durchschnittlich zwischen 24 und 40 DM, eine Beratung (Ziffer 5) 16 bis 40 DM. Ein Hausbesuch einschließlich Beratung kostet bei Tag 42 bis 57 DM (Ziffer 9.1), in dringenden Fällen (Eilbesuche) 47 bis 62 DM (Ziffer 9.2), bei Nacht, an Sonn- und Feiertagen 53 bis 71 DM (Ziffer 9.3). Nebengebühren wie Wegegeld werden gesondert berechnet. Von den „allgemeinen Leistungen" abgesehen finden Sie in der

GebüH alles andere nach Sachgebieten geordnet. Ein alphabetisches Stichwortverzeichnis erleichtert das Auffinden bestimmter Gebiete. Anbei ein Beispiel einer Rechnung, wie Sie sie stellen könnten.

Naturheilpraxis
Hermann Keppler
Heilpraktiker

Homöopathie
Akupunktur
sämtl. Naturheilverfahren

Bahnhofstraße 96
Postfach 1313
7130 Mühlacker
Telefon 0 70 41/4 22 33
Bankverbindung
Landesgirokasse Mühlacker
(BLZ 600 501 01) Kto. 610 17 07
Postscheckkt. 1657 46 - 759
Postscheckamt Karlsruhe

Herrn
Wolfgang Stock
Auf dem Sand 15

5463 Unkel

Liquidation
v. 03.10.85

Für Ihre Behandlung berechne ich DM 9.-

Diagnose

Diabetis mellitus

nach Gebührenordnung für Heilpraktiker

Ziff. 12.4 am 03.10.85

Union Deutscher Heilpraktiker
Mitgl. Nr. 7737
behördlich zugelassen

Die Rechnung sollte für den Patienten immer so klar geschrieben sein, daß sie für ihn kein spanisches Dorf ist. Sie können sogar ein übriges tun und einzelne Ziffern und Preise zusätzlich erklären. Einige Heilpraktiker hängen sogar (zur Information und Werbung) die Preise für die Diagnose- und Therapieverfahren im Wartezimmer aus. Auf diese Weise kann sich der Patient mit Ihrem Serviceangebot bereits vertraut machen. Natürlich können Sie nur die wichtigsten Behandlungsarten - und jene, die Sie überhaupt praktizieren - aufführen. Und vergessen Sie nicht: die angegebenen Preise sind nicht bindend. Anbei also ein Beispiel für eine solche Gebührenübersicht für Ihr Wartezimmer:

Ziff. 1 + 2 Erste Behandlung u. Repertorisation Ziff. 23	*DM 80.--*
Ziff 5 jede weitere Behandlung	*ca. DM 30.--*
Ziff. 24.1 Eigenblut (potenziertes EB DM 50,--)	*DM 40.--*
Ziff. 27.11 Baunscheidtieren	*DM 30,--*
Ziff. 25.4 Quaddeln	*DM 30,--*
Ziff. 21.1 Akupunktur	*DM 30,--*
Ziff. 25.1 Injektion subkutan	
Ziff. 25.2 Injektion intramuskulär/intragluteal	*DM 30,--*
Ziff. 25.3 Injektion intravenös	
Ziff. 25.11 Hot (Blutwäsche mit Ozon)	*DM 80,--*
Ziff. 27.1 Blutegelbehandlung	*DM 40,--*
Ziff. 27.3 Schröpfen, unblutig	*DM 30.--*
Ziff. 27.4 Schröpfen, blutig	*DM 60,--*
Ziff. 27.5 Schröpfkopfmassage	*DM 15,--*
Ziff. 14.1 Mikroskop. Untersuchung des Augenvordergr.	*DM 15,--*
Ziff. 9.1 Hausbesuch	*DM 60,--*
Ziff. 3+5 telefonische Beratung	*DM 10,--*
	DM 30,--

Für Kinder, Schüler, Studenten, Auszubildende, Arbeitslose, finanziell Schwache billiger.

Abrechnungsweisen

Sie haben also einen Patienten diagnostiziert, akupunktiert und therapiert. Und jetzt bitten Sie ihn zur Kasse und fordern Ihren Obulus. Er ist auch willens zu zahlen. Nur: wie rechnet er mit seiner Krankenkasse ab?

Grundsätzlich gilt: die gesetzlichen Krankenkassen dürfen Heilpraktikerkosten nicht zurückerstatten. Ausschließlich private Krankenkassen dürfen (ganz oder teilweise) auch in Ihren Topf Geld tun. Aber selbst die Privaten Krankenkassen zahlen in der Regel keine Akupunktur und Ozontherapie. Selbst Baunscheidtieren wird oft nicht bezahlt. Hier existiert ein Freiraum, den die einzelnen Privaten Krankenkassen unterschiedlich handhaben. Die Gründe hierfür wollen wir nicht diskutieren. Bei allen Methoden, die wissenschaftlich nicht anerkannt sind, können sich die Krankenversicherungen sperren. Daß diese „wissenschaftliche Anerkennung“ ein Hohn ist, steht auf einem anderen Blatt. Der Akupunktur, die von China bis Indien, von Japan bis Frankreich angewendet wird und möglicherweise die weitverbreiteste Heilmethode auf diesem Planeten ist, hat man eben hierzulande die „wissenschaftliche Anerkennung“ verwehrt. Zunächst müssen wir das akzeptieren. Wenn eine Krankenkasse Ihnen also zum Beispiel eine Zelltherapie nicht anerkennt - wundern Sie sich nicht. Aber noch eine gute Nachricht: Zuschüsse gibt es immerhin für Post-, Bahn- und Staatsbeamten wie Lehrer zum Beispiel. Die Postbediensteten erhalten einen Zuschuß von circa 50 Prozent. Abhängig von der jeweiligen Versicherung werden also den Beamten zum Teil die Heilpraktikerkosten ersetzt. Auch Stadtbedienstete erhalten ähnlich wie die Postbeamten die Kosten teilweise zurückerstattet. So weit so gut!

Private Krankenversicherungen und die Beamtenbeihilfe erkennen also in der Regel die von ihren Mitgliedern vorgelegten Honorar-Rechnungen und Verschreibungen (zum Teil) an. Zu Ihren Stamm-Patienten zählen deshalb in erster Linie auch leitende Angestellte, Selbständige, Freiberufler und Beamte sowie deren Angehörige. Allein vom Verhalten der Krankenkassen kann man also zum Teil auch auf das Publikum schließen. Wiewohl die meisten Privatkassen sich nicht querstellen, legen sie doch Wert auf einige Formalien. Achten Sie darauf, daß auf den Rechnungen der Patienten, denen ein bestimmter (größerer) Betrag ersetzt wird, die Diagnose nicht fehlt.

Honorarrechnungen werden heute nur noch erstattet, wenn sie sehr detailliert erstellt werden: an jedem Behandlungstag ist *jede* Gebührenziffer und *jeder* Einzelgebührenbetrag anzugeben. Injektionspräparate sind ebenfalls detailliert mit Preisangabe zu nennen. Investieren Sie in die Administration gegebenenfalls also etwas mehr Zeit. Privatversicherer vergüten nur noch Honorarsätze, die nicht höher als die einer vergleichbaren ärztlichen Leistung liegen. Die ärztliche Leistung wird nach der GOÄ berechnet, der Gebührenordnung für Ärzte. Wegen der Kostendämpfungsvorschriften werden die Rechnungen genauer als je geprüft. Im Interesse Ihrer Patienten sollten Sie darauf achten, daß Ihnen möglichst wenig Beanstandungen ins Haus flattern. So wird auch bei Rezepten nur noch gezahlt, wenn der Name des Patienten darauf erscheint.

Aber, was sollte und was muß überhaupt auf einem Rezept stehen? „Man nehme“ ... folgende Punkte zur Kenntnis:

1. Datum ...
2. Medikament, Packungsgröße und Dosis. Folgende Abkürzungen sind üblich:

dil., ml.	=	flüssig
Kps.	=	Kapseln
Tbl.	=	Tabletten
OP	=	kleinste Packungsgröße (Originalpackung)
Trp.	=	Tropfen

3. Name und Adresse des Patienten
4. Unterschrift des Heilpraktikers

Medikamente dürfen von Heilpraktikern selbst allerdings nicht verkauft werden.

In diesem Zusammenhang noch ein Tip. Den Ärzten ist es untersagt, räumlich mit Heilpraktikern zusammenzuarbeiten. Allerdings ist es möglich, daß sie in speziellen Fällen mit ihnen kooperieren. Wenn zum Beispiel eine Irisdiagnose entsprechend ausfällt, können Sie den Patienten zum Arzt überweisen zwecks einer eingehenderen Untersuchung beziehungsweise Bestätigung Ihres Befundes. Kostenintensive Untersuchungen sollten Sie den Arzt anstellen lassen (Blutuntersuchungen zum Beispiel). Wenn der Arzt diese durchführt, bezahlt die Krankenkasse ohne mit der Wimper zu zucken. Das gleiche gilt für teure Medikamente. Wenn diese verordnet werden müssen, können Sie diese auch vom Arzt verschreiben lassen. In der klassischen Homöopathie ist dies allerdings nicht notwendig. Medikamente kosten hier zwischen 10 und 20 DM im Monat. Im Sinne Ihrer Patienten können Sie jedoch auf diese Weise Geld sparen helfen.

Achten Sie auch darauf, nicht immer die gleiche Diagnose zu stellen. Das hört sich im ersten Moment vielleicht etwas seltsam an, aber die Praxis zeigt, daß die Zeitnot Heilpraktiker (und Ärzte) oft seltsame Wege beschreiten läßt. Notieren Sie also immer die tatsächliche Diagnose.

So, nach diesen Ausflügen in die (notwendige) Bürokratie sollte der Patient jetzt endlich bezahlen. Grundsätzlich kann er
- bar
- per Scheck oder
- auf Rechnung zahlen.

Barzahlung ist vorzuziehen, und viele Patienten haben damit nicht die geringsten Probleme. Ihre Sprechstundenhilfe fragt den Patienten am besten, welche Zahlungsweise er vorzieht, und handelt entsprechend.

Und ein letzter Tip: drücken Sie dem Patienten bei der Verabreichung eines Medikamentes einen kleinen Zettel in die Hand, der ihm den nächsten Behandlungstermin angibt. Sehr gut! Jetzt können Sie die Tür hinter diesem Patienten schließen und den nächsten hereinbitten, denn Sie wollen, Sie müssen schließlich auch etwas verdienen …

Was können Sie als Heilpraktiker verdienen?

Über dieses Thema geistern natürlich abenteuerliche Vorstellungen durch die Lande. Immer wieder liest man von dem „Schweinegeld", das Ärzte verdienen, hört von immens hohen Steuerbeträgen, die Doktoren und Heilpraktiker gleichermaßen zu zahlen haben, und wenn man den Versprechen verschiedener Heilpraktiker-Schulen glauben darf, wartet am Schluß der Ausbildung nicht weniger als das Paradies auf den Heilpraktiker-Aspiranten. Nun, um es gleich vorwegzunehmen, natürlich können Sie 10.000 DM pro Monat verdienen, und manche können auch 30.000 DM einstecken. Hier eine allgemeine Angabe machen zu wollen, die genau auf Sie zutrifft, ist jedoch unseriös. Zu viele Faktoren spielen eine Rolle, obwohl wir versucht haben, einige dieser Variablen hier aufzulisten und einen geraden, begehbaren Weg aufzuzeigen.

Die Einkommensprognosen für Heilpraktiker sind gut bis sehr gut. Je nach fachlichem Können, Erfahrung und persönlichem Geschick sind Einkommen von mehr als 100.000 DM per annum keine Seltenheit. Immerhin können Sie die Gebühren im Prinzip mit dem Patienten frei aushandeln. Die Verdienstmöglichkeiten für Heilpraktiker liegen nach Angaben des Ministeriums für Arbeit, Gesundheit und Soziales des Landes Nordrhein-Westfalen bei monatlich 8.000 DM bis 9.000 DM und mehr. Der Verdienst ist letztlich jedoch nicht von der amtsärztlichen Überprüfung abhängig, sondern von den Erfolgen in der Praxis. Wenn man einen kleinen Umsatzspiegel aufstellen wollte, so könnte er etwa folgendermaßen aussehen:

Heilpraktiker-Assistent (Vergütung):	*bis 1.000 DM*
Heilpraktiker in eigener Praxis:	
Anfang:	*um 2.000 DM*
Durchschnitt:	*3.000–5.000 DM*
Gutverdiener:	*bis 10.000 DM*
Spitzenumsätze:	*über 30.000 DM*

Sie sehen, Sie können eine Menge verdienen. Vergessen Sie aber nicht, daß die meisten Heilpraktiker sich nicht jedes Jahr zum Beispiel eine neue Immobilie leisten können! Spitzenverdiener liegen bei circa 300.000 DM Jahresumsatz, und warum sollten Sie nicht anstreben, zu den Gefragtesten Ihrer Branche zu gehören? Allgemein können wir sagen: wenn Sie die Tips dieses Buches hier anwenden - verdienen Sie mehr! Sie werden darüber vielleicht schmunzeln, aber diese Behauptung können wir mit Fug und Recht vertreten.

Auf der anderen Seite sollten Sie jedoch auch nicht die Praxiskosten vernachlässigen, denn bislang haben wir von *Umsatz* gesprochen. Addieren Sie einmal folgende Punkte zusammen, indem Sie *selbst* Zahlen einsetzen, die *Sie* für realistisch erachten!

	Ihre Planwerte
Miete (Praxis)	________
Heizung	________
Strom	________
Putzfrau	________
Zeitungen für Wartezimmer	________
Pflanzen für Wartezimmer	________
Versicherung für Praxis	________
Anzeigen	________
Mitgliedsbeitrag für Heilpraktiker-Verband	________
Telefon	________
Praxisbedarf	________
Büromaterial (Visitenkarten, Schreibpapier usw.)	________
Helferin	________
Kredit	________
Steuerberaterin	________
Kfz-Versicherung, Steuern, Unterhalt usw.	________
Summe	________

Nicht darin enthalten sind Ihre persönlichen Kosten wie

Krankenversicherung	___________
private Haftpflichtversicherung	___________
Altersversorgung-Versicherung	___________
Miete für private Wohnung	___________
monatliche Lebenshaltungskosten	___________
Summe	___________

Wir wollen diese privaten Kosten außer acht lassen, weil sie nicht unmittelbar Thema dieses Buches sind. Aber die laufenden Kosten für eine Praxis sind nicht eben niedrig. Kalkulieren Sie für eine halbwegs gut eingerichtete Praxis inklusive Miete etwa 2.500 DM und für eine Helferin circa 2.500 DM ein, so liegen Sie bereits bei 5.000 DM Fixkosten. Rechnen Sie also nicht damit, daß Sie in den ersten beiden Jahren in Saus und Braus leben können. Andererseits ist es korrekt, daß der Beruf „Heilpraktiker" enorme Perspektiven bietet. Aber man muß eine längerfristige Entwicklung einkalkulieren und darf nicht auf das große Geld heute und morgen pokern. Davon abgesehen ist eine reine Geldmotivation nicht ausreichend. Wenn mehrere Faktoren zusammentreffen (1. echtes Interesse am Menschen und am Heilen, 2. Ausdauer, Hartnäckigkeit und Durchhaltevermögen sowie 3. Kompetenz), sind die besten Voraussetzungen auch für einen (wirtschaftlich) interessanten Beruf gegeben.

Sie sehen, man kann also verschiedene Rechnungen aufmachen. Die Erfahrung zeigt, daß eine Praxis sich erst nach zwei bis drei Jahren selbst trägt, wenn Sie von Null anfangen. Setzen wir voraus, daß die laufenden Praxiskosten 3.000 DM monatlich betragen und keine Helferin Ihnen zur Seite steht oder „nur" der Ehepartner mithilft, müssen Sie also die laufenden Praxiskosten (3.000 DM) und die privaten Unkosten (inklusive Lebenshaltungskosten: circa 2000 DM) addieren. Sie müssen im Monat also mindestens 5.000 DM Umsatz haben. Realistisch ist, zwei Jahre einzukalkulieren, bis Sie dieses Geld einnehmen können. Weitere ein bis zwei Jahre sind notwendig, um den Umsatz zu verdoppeln. Über 10.000 DM pro Monat verdienen nur sehr gute Heilpraktiker. Jahresumsätze über 250.000 DM sind nicht an der Tagesordnung und relativ selten. Grob geschätzt kann man sagen, daß 20 von 100 Heilpraktiker-Schülern die Prüfung bestehen, daß von diesen 20 etwa 10 eine Praxis eröffnen, und von diesen 10 es 5 „schaffen". Aber: vielleicht ein Heilpraktiker von diesen 5 verdient über 20.000 DM im Monat!

Nur, so wird immer wieder gefragt, wie verdient man als Heilpraktiker 250.000 oder 300.000 DM im Jahr? Dieses Geld wird doch verdient, von einigen wenigen. Oder? Ja, das ist richtig! Wir haben uns die Mühe gemacht, einige dieser Spitzenverdiener anzurufen und zu besuchen, um Auskünfte einzuholen. Wir fragten, worauf sie selbst ihren Erfolg zurückführten. Die Antworten waren mehr als interessant.

1. Die Antwort, die immer wieder auftauchte, war selbstverständlich die der Kompetenz und Qualifikation. Fast einhellig bestätigten diese Spitzenverdiener, daß sie eine Ausbildung bei wirklich erfahrenen und guten Meistern absolviert hatten, sowohl was Diagnoseverfahren als auch was Behandlungsmethoden anbelangt. Beste Ausbildung und kontinuierliche Weiterbildung kombiniert mit einer langen Praktikantenzeit bei erfahrenen und erfolgreichen Heilpraktikern - mindestens ein halbes Jahr, noch besser ein bis zwei Jahre - legten den Grundstein für den eigenen Erfolg. Suchen Sie sich also sehr genau Ihre Lehrer aus, sowohl während der Ausbildungszeit als auch als Assistent.

2. Alle befragten erfolgreichen Heilpraktiker befürworten ein eingehendes Studium der Begründer der Naturheilverfahren. Immer wieder fielen Namen wie Hahnemann (klassische Homöopathie), Huneke (Neuraltherapie), Deck (Irisdiagnose), Aschner (Ausleitungsverfahren). Die interviewten Spitzenverdiener unter den Heilpraktikern waren des weiteren samt und sonders ständig bemüht, Informationen und Knowhow zusammenzutragen, wo immer es ging.

3. Auch auf das Atmosphärische wurde hingewiesen:
Wichtig sind

- die persönliche Ausstrahlung des Heilpraktikers (zum Beispiel zu erhöhen durch Kommunikations- und Rhetorikkurse)
- eine angenehme Praxisatmosphäre
- eine sympathische, hübsche Hilfe

4. Und nun noch eine kleine Überraschung! Wie verdient man wirklich viel Geld? Wie erreicht man, daß man fürstlich honoriert wird? Und wie schafft man es, sich ein Vermögen zu erwirtschaften? Alle diese Fragen kann man tatsächlich beantworten! Im Rentrop-Verlag ist ein „heißes“ Buch mit dem Titel: Die Erfolgreichen - Deutschlands junge Unternehmer - erschienen. 20 Millionäre, die ein gewisses Alter noch nicht überschritten hatten und ausschließlich selbst das Vermögen erwirtschaftet (und nicht geerbt) hatten, wurden ausführlich befragt - mit der Absicht, den gemeinsamen Nenner herauszufinden. Warum konnten ausgerechnet sie zu Geld kommen? Abgesehen von der Kompetenz, die bei den meisten absolut atemberaubend war, existierte noch

eine zweite Antwort, die auch auf die von uns interviewten Heilpraktiker zutrifft. Sie waren fleißig, oder besser gesagt: sie arbeiteten rund um die Uhr ohne Samstag und Sonntag, ohne Urlaub, wie besessen. Ein Heilpraktiker, der die stolze Summe von 20.000 DM im Monat verdient, wird nicht nur in Windeseile seine Zyklen erledigen, sondern auch sehr, sehr viel arbeiten. Das Operationsniveau, das heißt die Geschwindigkeit der von uns beobachteten Spitzenverdiener war ausnahmslos außergewöhnlich. Allein die Schnelligkeit ihrer Bewegungen wies darauf hin, daß diese Leute pro Zeiteinheit im Vergleich zu anderen Zeitgenossen das x-fache bewältigen. Für sie besaß der Tag 28 Stunden, die Sie mit Arbeit ausfüllten. Auch bei dem oben zitierten Buch, das die gemeinsamen Charakteristika der jungen Millionäre auslotet, wird klar, daß Arbeit und Fleiß die Hauptkriterien für den Erfolg dieser Leute sind. Nach dem Motto: Ruhm = 10 Prozent Inspiration und 90 Prozent Transpiration.

Darüber hinaus fanden die Autoren noch andere Merkmale, die aufzuzählen den Rahmen dieses Buches sprengen würde. Natürlich existieren (unseriöse) Anzeigen, die versprechen, daß man ohne Arbeit zum Millionär avancieren könne. Nichts ist unwahrer und irreführender. Wenn Sie wirklich viel Geld verdienen wollen, sollten Sie

- wie besessen arbeiten und
- ein Top-Profi in Ihrem Fachgebiet sein, dem niemand das Wasser reichen kann.

Schauen wir uns aber noch einmal im Detail an, wie ein Heilpraktiker vorgehen müßte, wenn er zu den Spitzenverdienern zählen will: 20.000 DM im Monat bedeutet 5.000 DM pro Woche. Wenn jede Behandlung 50 DM kostet, müßten Sie in der Woche also 100 Behandlungen durchführen. Hierbei wäre zu berücksichtigen, daß einige Patienten öfter und regelmäßig behandelt werden, andere selten. In der Regel ist der Erstbesuch teurer als die Folgebehandlungen. Die genannten Zahlen können also nur als durchschnittliche Werte angesehen werden. Die Anzahl der Behandlungen ist somit nicht identisch mit der Anzahl der Patienten.

Beim Aufbau der Praxis ist es speziell am Anfang wenig empfehlenswert, an die obere Grenze der GebüH (Gebührenordnung für Heilpraktiker) zu gehen. Erhöhen Sie statt dessen mit zunehmendem Erfolg die Preise. Allerdings sollten Sie den Patienten bei der Erstbehandlung über Behandlungsdauer, Kosten und Ihr Vorgehen aufklären. Die Gebühren-Erhöhung können Sie zum Beispiel mit mehr Repertorisationsarbeit begründen. Bei Kur-Behandlungen und Hausbesuchen können Sie im übrigen höhere Gebühren ansetzen. Auch dies sollte in eine Vorkalkulation einbezogen werden.

1000 ganz legale Steuertips

... können wir Ihnen natürlich nicht geben. Immerhin sollten Sie aber einiges Grundsätzliches über Steuern wissen, wenn Sie sich an das Abenteuer Heilpraktiker heranwagen.

Zunächst: wenn Sie sich niederlassen, müssen Sie Ihre selbständige Tätigkeit beim zuständigen Finanzamt anmelden. Der Heilpraktikerberuf zählt steuerlich zu den freien Berufen. Er ist also kein Gewerbebetrieb und unterliegt damit nicht der Gewerbesteuer. Die Einkünfte aus der Heilpraktiker-Tätigkeit wären eigentlich grundsätzlich umsatzsteuerpflichtig, aber da er zu den „Heilberufen" zählt, ist der Heilpraktiker von der Umsatzsteuer befreit (UStG § 4 Nr. 14).

Sie müssen an das Finanzamt also nur Einkommensteuer bezahlen. Wie bei allen freien Berufen brauchen Sie fünf Prozent der Einnahmen, maximal aber 1.200 DM jährlich nicht zu versteuern - sofern die Einkünfte aus Ihrer Heilpraktikertätigkeit andere Einkünfte übersteigen. Wie alle Selbständigen sind Sie zur Buchhaltung verpflichtet. Nur mit einer ordnungsgemäßen Buchhaltung sind Sie berechtigt, steuerliche Vorteile in Anspruch zu nehmen. Absetzen können Sie grundsätzlich alles, was mittelbar und unmittelbar zu Ihrem Beruf gehört, die Einrichtung, Medikamente, Fortbildungskosten, Reisen, Personalkosten und anderes mehr. Hier ins Detail zu gehen, empfiehlt sich in diesem Zusammenhang nicht. Ein Steuerberater ist jedenfalls unerläßlich. Auch die entsprechende Literatur ist empfehlenswert, wie zum Beispiel: „So gründe ich ein Geschäft oder mache mich selbständig" (Heyne Verlag, München) „Tips zur Unternehmensgründung" (Verlag Norman Rentrop, Bonn) oder das Buch von Franz Konz: „1000 ganz legale Steuertricks", erschienen im Droemer Knaur Verlag, München.

XI. Fragen und Antworten

Mit den Ratschlägen rund ums liebe Geld sind wir vorläufig am Ende dieses Buches angelangt. Aber, wie Sie sehen, noch nicht ganz: immer wieder tauchen bei angehenden Heilpraktikern spezielle Fragen auf, die wir deshalb hier in einem eigenen Kapitel beantworten wollen.

Die häufigsten Fragen, die Heilpraktiker-Aspiranten stellen, beschäftigen sich mit der Ausbildung. Sie wollen erfahren, ob eine bestimmte Schule seriös ist oder nicht. Ebenso oft taucht die Frage nach den Ausbildungskosten auf. In den vorangegangenen Kapiteln haben wir uns bemüht, bei diesen Problemen Hilfestellung zu leisten. Darüber hinaus gibt es aber noch eine Menge anderer Fragen. Diese wollen wir im folgenden zu beantworten versuchen - und zwar in Form eines Frage-Antwort-Katalogs.

Frage: Lohnt sich als Heilpraktiker eine Spezialisierung?

Antwort: Nein! Die Spezialisierung eines Heilpraktikers auf krankheitsspezifische Erscheinungen, wie zum Beispiel Asthma oder Hautkrankheiten, empfiehlt sich auf keinen Fall. Wenn sich jemand auf ein bestimmtes Fachgebiet eingrenzt (wie dies zum Beispiel Dermatologen oder Hals-Nasen-Ohren-Ärzte tun), so greift er willkürlich einen *Teil* des Menschen heraus. Der ganz andere therapeutische Ansatz der Heilpraktiker, nämlich ganzheitlich zu heilen, wird dadurch verletzt.

Die Naturheilkunde lehrt, daß der Mensch nicht organbezogen erkrankt, sondern als körperlich-seelische Einheit. Von einer Spezialisierung auf Erkrankungsarten ist deshalb abzuraten, denn die Heilpraktiker-Therapien basieren auf ganzheitlicher Betrachtungsweise. Es kann aber durchaus sein, daß eine Spezialisierung auf ein (naturkundliches) Therapieverfahren besonders erfolgreich ist. Wenn Sie sich zum Beispiel auf die Akupunktur spezialisieren, so sind Sie etwa in der Lage, auch diffizile Krankheiten mit dieser asiatischen Technik anzugehen und zu heilen. Aber auch der Akupunkteur arbeitet ‚ganzheitlich', genauso wie der Homöopath.

Frage: Gibt es so etwas wie Tierheilpraktiker?
Antwort: Ja! Unser Tip, auch bei Tieren einmal ein Wörtchen mitzureden, darf natürlich nicht so weit gehen, daß Sie nun Ihre Praxis in eine Tierheilpraxis umwandeln.

Aber was ist denn ein Tierheilpraktiker? Der Tierheilpraktiker ist neben dem Tierarzt derjenige, der beispielsweise den Katzen- oder Hundefreund in naturgemäßer Tierhaltung berät. Er hilft dem erkrankten oder in seinem Benehmen gestörten Tier. Es handelt sich also um einen gänzlich anderen Beruf. Wie beim Menschen hat auch die schulmedizinische Tierheilkunde den Weg natürlicher Tierhaltung und Tierheilung zum Teil verlassen. Unnatürliche Lebensbedingungen der Haustiere in Stadt und Land führen zur Beeinträchtigung natürlicher Abwehrkräfte und hoher Krankheitsanfälligkeit. Mit überhöhten Mengen chemischer Arzneimittel versuchen einige Tierärzte, die Auswüchse wieder in den Griff zu bekommen. Mittels einer umfassenden Kenntnis der organischen und tierpsychischen Zusammenhänge, erworben in einer fundierten und verantwortungsbewußten Ausbildung, behandelt der Tierheilpraktiker mit altbewährten, milden und unschädlichen Methoden. Auch hier wird – wie beim Heilpraktiker in der Humanmedizin – das Lebewesen als Ganzes gesehen und als Ganzes behandelt: nicht die Symptome sollen überdeckt, sondern die Ursachen von Störungen und Krankheiten erkannt und für immer überwunden werden.

Der Beruf des Tierheilpraktikers ist gesetzlich nicht an einen bestimmten Ausbildungsgang geknüpft. Voraussetzung ist jedoch die Liebe zu der dem Menschen anvertrauten Kreatur und das Einfühlungsvermögen in die Psyche des Tieres. Weitere Voraussetzungen sind eine profunde Ausbildung und die Bereitschaft, in der Berufsausübung auch einmal „zuzupacken“. Nach der Statistik wird heute in jedem zweiten (!) Haushalt in der Bundesrepublik mindestens ein Haustier gehalten. In der Stadt versuchen damit immer mehr Menschen, ihrer Vereinsamung zu entfliehen. Auch auf dem Lande nimmt die Bereitschaft zu natürlicher Tierhaltung immer mehr zu. Daraus resultiert in Stadt und Land ein weites Feld für die Arbeit des Tierheilpraktikers. Stichworte für seine Arbeit auf dem Land sind: Ratschläge und Ausarbeitung von Programmen für natürliche Tierhaltung; Behandlung von Leistungsstörungen und Erkrankungen beim Nutzvieh mit natürlichen Mitteln ohne Chemieerzeugnisse; Besamungstechnik und Geburtshilfe. Bei der Kleintierhaltung und in der Stadt: Überwachung und Leitung von Tierkliniken und Tierheimen; Überprüfung und Hilfestellung in Tierpensionen und Tierausbildungsstätten; Zusammenarbeit mit Tierzüchtern und Tierzüchter-Vereinen; Behandlung von Tiererkrankungen und Verhaltensstörungen in einer eigenen Tierheilpraxis.

Wie wird man nun Tierheilpraktiker? Erste Voraussetzung ist die Liebe zum Tier, die Geduld und das Verständnis für richtige, naturgemäße Tierhaltung sowie der Wunsch, erkrankten oder zivilisationsgestörten Tieren zu helfen. Diese Einstellung müssen Sie mitbringen. Obwohl Tierheilpraktiker derzeit noch kein staatlich regulierter Beruf ist, muß der angehende Tierheilpraktiker umfassende Kenntnisse in Biologie, Anatomie, Physiologie und Pathologie (Krankheitslehre) der Tiere vorweisen können. Unabdingbar sind ferner gute Kenntnisse in natürlicher Tierhaltung, schonenden Behandlungsmethoden und natürlichen Heilmethoden – von der Beherrschung naturgemäßer Heilverfahren wie der Ernährung bis hin zur Akupunktur. Eine Adresse zur Ausbildung als Tierheilpraktiker: Deutsche Gesellschaft für Tierheilpraktiker (DGT), Bahnhofstr. 74–76, 45879 Gelsenkirchen, Tel. 0209/201313. Die Ausbildung erfolgt nebenberuflich und dauert inklusive Praktika circa 18 Monate. Über den Besuch der Studienveranstaltungen wird ein Zertifikat erstellt. Am Schluß des Studiums steht eine Prüfung, nach deren Bestehen dem Studierenden ein Tierheilpraktiker-Diplom verliehen wird – die Grundlage für eine selbständige Tätigkeit.

Wie erfolgt die Ausbildung? Die nebenberufliche Ausbildung der DGT z.B. stellt eine Kombination von Praktika, Wochenendseminaren, Lehrbriefen und Videolehrfilmen dar. 18 Lehrabschnitte mit Wochenendseminaren, ein mindestens dreiwöchiges Praktikum und die Abschlußprüfung gehören dazu. Die Direkt-Unterrichtsveranstaltungen werden zur Zeit in den DGT-Studienzentren für Tierheilkunde in München, Stuttgart, Frankfurt, Hamburg, Düsseldorf und Berlin durchgeführt. Auch Kleintier-Praktika und Nutztier-Praktika sind im Lehrprogramm enthalten. Tierheilpraktiker gibt es seit Menschengedenken, jedoch heute deutlich zu wenig. Nur etwa 50 Tierheilpraktiker in der Bundesrepublik Deutschland bemühen sich um das kranke Tier. Dies sind nicht viele, zumal die Nachfrage kräftig wächst. Auch hier bietet sich also eine hervorragende Chance für Menschen, die sich in einem Heilberuf selbständig machen wollen.

Aber Vorsicht! Der Heilpraktiker darf seine Praxis nicht in ein Terrarium verwandeln oder in einen Platz, wo Hunde und Katzen umherstreunen. Auf eine entsprechende Anfrage hin argumentiert das Amt für öffentliche Ordnung der Landeshauptstadt Stuttgart wie folgt:

„Nach der hier zwischenzeitlich vorliegenden Stellungnahme des Gesundheitsamtes der Stadt Stuttgart kann einer Behandlung von Tieren in Ihrer Lehrpraxis nicht zugestimmt werden. Es besteht die Gefahr, daß verschiedene Tierkrankheiten auch auf Menschen übertragen werden können und hier zu lebensbedrohlichen Krankheitsbildern führen. Nach Ansicht des Gesundheitsamtes ist es nicht zu verantworten, daß kranke und dadurch auch abwehrgeschwächte Menschen zusätzlich gefährdet werden, dadurch daß sie in der Praxis des Heilpraktikers mit kranken Tieren und den von diesen ausgehenden Erregern zusammenkommen. Dies gilt auch unabhängig davon, ob die Tiere in einem getrennten Raum oder zu unterschiedlichen Zeiten behandelt werden. Es ist in der Praxis nicht möglich, durch Schutzkleidung oder Desinfektionsmaßnahmen eine Gefährdung der Patienten auszuschließen".

Diese Stellungnahme läßt an Klarheit nichts zu wünschen übrig. Wenn Sie als Heilpraktiker tatsächlich einmal dem kranken Tier eines Patienten helfen, so sollten Sie genau wissen, wo Sie den Pfad der Tugend verlassen. Sie müssen wissen, was Sie (gerade noch) dürfen und was nicht mehr.

Frage: Da der Heilpraktiker für eine gesunde Lebensweise plädiert, kommt er manchmal auch in die Versuchung Nahrungsmittelzusätze zu verkaufen. Wie sehen hier die Bestimmungen aus?

Antwort: Hinsichtlich des Vorhabens, Nahrungsmittelzusätze in Form von Vitaminen und Mineralstoffen zu verkaufen, bestehen zwar aus lebensmittelrechtlicher Hinsicht keine Bedenken. Jedoch enthält das Heilpraktikergesetz selbst die Beschränkung, daß ein Heilpraktiker neben der Heilkunde grundsätzlich keinen anderen Beruf ausüben darf (§ 2 Abs. 1 Ziff. h Heilpraktikergesetz). Die Eröffnung eines Einzelhandels mit Nahrungsmittelzusätzen wäre nur statthaft, wenn Sie diesen Handel organisatorisch und räumlich völlig von Ihrer Heilpraktiker-Praxis getrennt betreiben.

Frage: Mit welchen Berufen kann man den Heilpraktiker-Beruf kombinieren?

Antwort: Als Heilpraktiker dürfen Sie parallel auch Ihren früheren Beruf ausüben. Berufe wie Masseur, Krankengymnast, Psychotherapeut, Fußpflege-Spezialist oder Ernährungsberater eignen sich besonders gut, davon abgesehen, daß Sie mit einem ‚zweiten Bein' immer besser gehen können. Empfehlenswert ist die Heilpraktiker-Ausbildung auch für Psychologen. Ein Psychologe zum Beispiel darf *keine* Diagnose stellen! Er ist immer auf die Zusammenarbeit mit einem Arzt angewiesen. Demzufolge kann er auch keine Therapieverfahren festlegen. Als Heilpraktiker sind ihm all diese Beschränkungen nicht auferlegt.

Frage: Was passiert bei einem Kunstfehler?

Antwort: Wenn Ihnen ein Kunstfehler unterläuft, so sind Sie gut beraten, wenn Sie den Vorfall umgehend Ihrem Heilpraktiker-Verband und Ihrer Haftpflichtversicherung melden. Der Abschluß einer Haftpflichtversicherung ist also unbedingt notwendig. Gegen Kunstfehler sind Sie finanziell weitgehend abgesichert, wenn Ihnen nicht nachgewiesen werden kann, daß Sie grob fahrlässig gehandelt haben. Bei grober Fahrlässigkeit haften Sie selbst. Im Extremfall kann Ihnen vom Gesundheitsamt die Bestallung entzogen werden.

Unterläuft Ihnen ein Kunstfehler, der von der Presse aufgekocht wird oder großes Aufsehen vor Ort erregt, ist es in der Regel sehr schwierig, das verlorene Terrain wiederzugewinnen. Wenn ein solcher Vorfall in Form einer Flüsterkampagne die Runde macht, sollten Sie Ihre Patienten in Form eines Rundschreibens über den tatsächlichen Verlauf aufklären. Wenn heute einem Arzt ein Kunstfehler unterläuft, so ist dies normalerweise weniger tragisch. Notfallwagen, Notarzt und Leichenwagen sind keine ungewohnte Assoziationskette. Den Heilpraktiker kann ein Kunstfehler vor den Kadi bringen. Deshalb sollten Sie sehr genau wissen, wo Ihre Grenzen sind. Im Zweifelsfall schicken Sie einen Patienten immer zum Arzt.

Frage: Empfiehlt es sich, Mitglied in einem Heilpraktiker-Verband zu werden?

Antwort: Ja! Sie müssen zwar nicht Mitglied in einem Verband sein, aber es bringt Vorteile mit sich, denn:

1. Dort werden Möglichkeiten für Ihre Weiterbildung offeriert.
2. Wenn Sie sehr spezielle Fragen in puncto Heilpraktiker haben, werden Sie von den Heilpraktiker-Verbänden unterstützt.
3. Die Heilpraktiker-Verbände vertreten die Heilpraktiker-Interessen auf der politischen Ebene.
4. Hier ist ein kollegialer Erfahrungsaustausch möglich.
5. Die meisten privaten Krankenkassen verlangen einen Verbandsstempel.

In welchen Verband trete ich ein? - werden Sie nun fragen. Folgende Kriterien können als Entscheidungshilfe dienen:

- Welche Weiterbildungen führt der ins Auge gefaßte Verband durch?
- Wo werden regional gesehen die Weiterbildungen durchgeführt? Ein Verband, der bevorzugt Weiterbildungen zum Beispiel in Norddeutschland durchführt, ist für einen in München lebenden Heilpraktiker uninteressant.

- Gibt der Verband eine Zeitschrift heraus? Wie ist ihr qualitativer Inhalt?
- Wie hoch ist der zu leistende Beitrag?
- Wie intensiv sind seine berufspolitischen Aktivitäten?

Auch die Größe des Verbandes, die Mitgliederzahl der praktizierenden Heilpraktiker ist von Bedeutung. Ein kleiner Verband hat oft einen geringeren Wirkungskreis.

Darüber hinaus ist es auch möglich und erlaubt, in mehreren Verbänden gleichzeitig Mitglied zu werden.

Frage: Darf man als Heilpraktiker Atteste ausstellen?

Antwort: Ja! Atteste und Krankmeldungen können Sie ausstellen, aber sie werden nicht von allen Arbeitgebern anerkannt. Bei langanhaltenden Beschwerden muß sich der Patient ohnehin vom Arzt krankschreiben lassen, weil die gesetzlichen Krankenkassen die Kosten für die Arbeitsunfähigkeit übernehmen müssen.

Frage: Empfiehlt es sich, einen Computer anzuschaffen?

Antwort: Auf Dauer, ja! Zur Vereinfachung der Buchführung kann ein Computer sehr dienlich sein. Adressen werden fixer geschrieben, Geburtstagskarten und Ergänzungen über Krampfadern zum Beispiel „automatisch" zugeschickt, ein Ernährungsberatungs-Mail-Out ist über den Computer leichter in die Wege zu leiten, und auch Telefonnummern können einfacher abgerufen werden. Ist ein Drucker angeschlossen, können in Sekundenschnelle fehlerfrei Rechnungen geschrieben werden. Gute Anlagen kosten circa 8.000 DM, die erst einmal verdient werden müssen.

Frage: Wieviele Heilpraktiker gibt es? Wieviele ausübende Ärzte?

Antwort: Vor dem Krieg gab es in Deutschland circa 25.000 Naturheilkundige. Die Nationalsozialisten standen den Heilpraktikern mehr als skeptisch gegenüber - ein Kompliment für den Berufsstand. Zur Zeit praktizieren rund 9.000 Heilpraktiker in der Bundesrepublik. Die Tendenz ist steigend. Neben rund 150.000 ausübenden Ärzten gibt es derzeit zwar nur rund 9.000 Heilpraktiker, aber die Zahl der Heilpraktiker wird sich in den nächsten 15 Jahren voraussichtlich mehr als verdoppeln - ein deutliches Zeichen für die immer stärkere Hinwendung der Öffentlichkeit zu den naturbezogenen Heilmethoden. Die Graphik mag die Entwicklung des Heilpraktikerberufes verdeutlichen.

Frage: Kann man gewisse Trends auf dem „Markt" der Krankheiten konstatieren?

Antwort: Ja! Im Zuge der Umweltverschmutzung, nicht zuletzt gekennzeichnet durch giftige Nahrungsmittel und giftige Medikamente, fällt

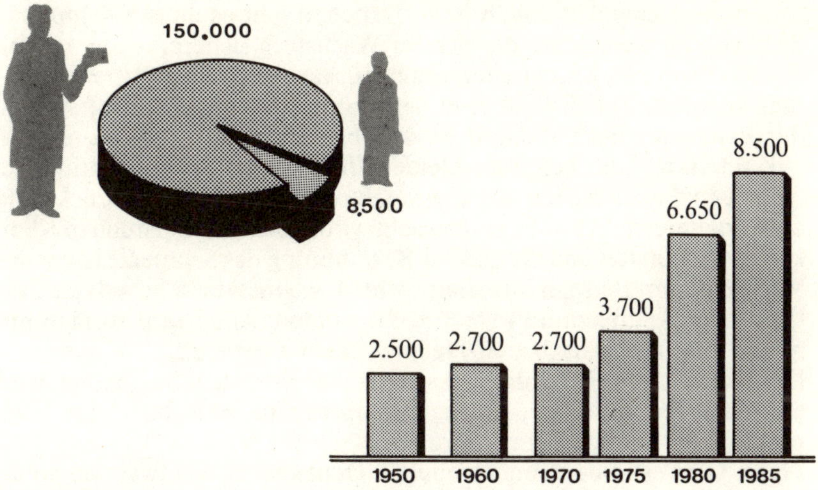

der von den Heilpraktikern vertretenen Naturmedizin eine besondere Bedeutung zu. Außerdem greifen bestimmte Krankheiten zur Zeit immer mehr um sich, zum Beispiel:

- Allergien und Hauterkrankungen
- Krebs
- Multiple Sklerose
- Rheumatische Erkrankungen
- Drogen-Alkoholprobleme
- Streß, Streßfolgen
- Erkrankungen des Herz-Kreislaufsystems
- Krankheiten im Kindesalter

Zusammenfassend kann man ganz nüchtern feststellen:

- eine Zunahme der Krankheiten
- eine Zunahme der Hilflosigkeit der Schulmedizin und Wissenschaft
- einen Vertrauensschwund in die Schulmedizin
- eine Zunahme der Umweltvergiftung und Umweltskandale

Hier eröffnet sich ein großes Betätigungsfeld für Heilpraktiker.

Frage: Auf welchen Gebieten versagt die Schulmedizin offensichtlich?

Antwort: Auf vielen Gebieten. Im Rahmen der Schulmedizin werden Millionen in die Forschung investiert, um zum Beispiel einen ‚Krebsvirus' zu finden. Gegen die obengenannten Krankheiten gibt es jedoch kein einziges schulmedizinisches Medikament, das wirklich auf Dauer und ohne Nebenwirkungen heilt. Daneben gibt es eine zunehmende Zahl von Nervenärzten, die sich ihr Wachstum sichern, indem sie mit Psychopharmaka Krankheiten unterdrücken, so daß der Patient in immer kürzeren Zeitabständen in der Praxis erscheint. Der Ruf speziell der Psychiater bei Patienten ist denkbar schlecht.

Kinderärzte, die bei jeder kleinen Infektion sofort mit Antibiotika „schießen", verursachen ebenfalls, daß die Krankheit unterdrückt und die körpereigene Abwehr geschwächt wird. Solange Milliarden in Kliniken, Forschungen und Geräte zur Bekämpfung des Schmerzes oder des Rheumas zum Beispiel investiert werden, wo im wesentlichen nur Cortison oder Schmerzmittel verabreicht werden, so lange wird eine immense Nachfrage nach den Heilpraktikern existieren.
Der Heiler, der sich mit den Ursachen einer Krankheit beschäftigt, wird auf jeden Fall bestehen, gleichgültig ob es eine Arzt- oder eine Heilpraktikerschwemme geben wird.
Frage: Gibt es in der Bundesrepublik Deutschland so etwas wie politische Stellungnahmen?
Antwort: Bei uns ist der Beruf des Heilpraktikers schon so fest verwurzelt, daß er per Gesetz nicht mehr verboten werden kann. Möglich ist, daß es Therapieeinschränkungen geben wird oder die Ausbildungszeiten verlängert werden können. Im Anschluß an eine Umfrage des Demoskopischen Institutes Allensbach, derzufolge 36 Przent der erwachsenen Bevölkerung biologische Arznei bevorzugen, schrieb das Bundesministerium für Jugend, Familie und Gesundheit: „Das Bundesministerium wird, wie in der Vergangenheit so auch in der Zukunft, bei seinen Bemühungen um die Reform des Arzneimittelrechtes den Interessen derjenigen Menschen Rechnung tragen, die sich mit Naturheilmitteln und mit Naturheilverfahren behandeln lassen wollen."

Im Namen des damaligen Vorsitzenden der CDU/CSU-Fraktion, Prof. Dr. Carstens, erklärte 1976 der Bundestagsabgeordnete Prinz zu Sayn-Wittgenstein, die CDU Bundestagsfraktion werde sich entschieden für die berechtigten Interessen der Patienten einsetzen, die eine Therapie mit Naturheilmitteln der mit synthetischen Arzneimitteln vorziehen.

Der Vorsitzende der FDP-Fraktion, W. Mischnick, schrieb unter anderem: „Das deutliche Eintreten unserer Fraktion für eine liberale Fassung der Zulassungsvorschriften hat mittlerweile eine Reihe von Erfolgen gebracht ..."

Auch seitens der SPD bestehen keine (zur Zeit sichtbaren) Anstrengungen, die Naturmedizin und die Heilpraktiker in eine Außenseiter-

position abzudrängen. Und die Politik der Grünen richtet sich uneingeschränkt gegen Umweltverschmutzung und Chemie. Konzernriesen, die massiv für eine weitere Chemisierung der Umwelt eintreten, verlieren an einigen Fronten bereits Terrain oder stellen sich flexibel auf neue Trends ein, indem sie etwa Vitamine in ihr Angebot aufnehmen.
Frage: Gibt es in Europa gesetzliche Regelungen, die die eigenverantwortliche Heilkunde am Menschen bestimmten Berufen vorbehalten?
Antwort:

Belgien	Es gibt einen Erlaß über die Ausübung der Heilkunde, der Krankenpflege und der Heilhilfsberufe
Dänemark	Ja, für Ärzte Es wird darauf aufmerksam gemacht, daß in Dänemark keine besondere Genehmigung zur Behandlung von Kranken erforderlich ist, aber im Ärztegesetz Kapitel VI sind nähere Beschränkungen über die Tätigkeit von Quacksalbern festgesetzt.
Frankreich	Ja, Gesundheitsgesetzbuch
Griechenland	Ja, für Ärzte
Großbritannien	Ja, für Ärzte
Irland	Nein
Italien	Ja, für Ärzte
Luxemburg	Ja, für Ärzte
Niederlande	Ja, für Ärzte
Österreich	Ja, für Ärzte
Schweiz	Die ärztliche Tätigkeit wird von einem Arztdiplom, das auf Grund von akademischen Studien erworben wurde, abhängig gemacht.

Frage: Gibt es neben dem Beruf des Arztes den Beruf des Heilpraktikers oder eines anderen Heilbehandlers (gesetzliche Regelung)?
Antwort:

Belgien	Nach den Bestimmungen des Königlichen Erlasses Nr. 78 vom 10. November 1967 über die Ausübung der Heilkunde, der Krankenpflege, der Heilhilfsberufe und nach den Bestimmungen der Ärztekommissionen dürfen nur die Inhaber folgender Diplome die Heilkunde ausüben: rechtmäßiges Diplom eines Doktors der Medizin, Chirurgie und Geburtshilfe;

- rechtmäßiges Diplom eines Apothekers;
- rechtmäßiges Diplom eines Licencié der Zahnheilkunde;
- Diplom einer Geburtshelferin.

Die Ausübung des Heilpraktikerberufes ist nicht zugelassen; man kann es auch nicht werden. Verstöße gegen das Verbot der unbefugten Ausübung von Heilkunde sind strafbar (Artikel 38 ff des o. a. Erlasses).

Dänemark

Die Beschränkungen in der Berufsausübung gemäß § 24 des Ärztegesetzes und den dänischen „Quacksalberbestimmungen" sind im großen und ganzen die gleichen wie die, die in der Bundesrepublik Deutschland für Heilpraktiker bestehen. Das Heilpraktikerrecht in der Bundesrepublik Deutschland enthält aber verschiedene Voraussetzungen für die Zulassung zur Berufsausübung, die es in Dänemark nicht gibt.
Die autorisierten Medizinpersonen in Dänemark umfassen z. Z. folgende Gruppen:
Ärzte, Zahnärzte, Krankenschwestern, Hebammen, Physio- und Beschäftigungstherapeuten sowie Fußtherapeuten. Für die betreffenden Gruppen bestehen nach dem Gesetz über Krankensicherung Regeln über die Leistung von Krankensicherungszuschüssen bei Behandlung. Auch was die Chiropraktiker betrifft, die keiner gesetzlichen Zulassungsordnung unterworfen sind, ist mit der Krankensicherung eine Vereinbarung über Gewährung von Zuschüssen zur Behandlung getroffen worden.

Frankreich

keine Regelung

Griechenland

Heilpraktiker sind nicht zugelassen

Großbritannien

Heilpraktiker in dem umfassenden Sinne des deutschen Begriffs gibt es nach Auskunft des britischen Sozial- und Gesundheitsministeriums

nicht. Dementsprechend existiert auch keine das Heilpraktikerwesen regelnde Gesetzgebung.
Gleichwohl gibt es, vor allem unter den asiatischen und westindischen Minderheiten, Heilkundige, die – auf private Rechnung – Mittel und Methoden der Naturmedizin oder des Aberglaubens anwenden.

Irland

Es gibt für „Heiler" und „Heilpraktiker" keine gesetzlichen Regelungen.

Italien

Der Beruf des Heilpraktikers ist in Italien nicht gesetzlich geregelt; es ist Heilpraktikern nicht gestattet, den Arztberuf auszuüben.

Luxemburg

Der Beruf des Heilpraktikers wird nicht anerkannt.
Die Betätigung als Heilpraktiker ist gesetzlich verboten und mit Strafe bedroht.

Niederlande

Das niederländische Gesundheitsrecht kennt keine gesetzliche Regelung für die Tätigkeit von Heilpraktikern.

Österreich

Die eigenverantwortliche Ausübung der Heilkunde am Menschen oder mittelbar für den Menschen durch Heilpraktiker oder andere Heilbehandler ist ausdrücklich verboten.
Zuwiderhandlungen sind gemäß §62 Abs. 1 des Ärztegesetzes, sofern die Handlung nicht gerichtlich (§ 184 StGB) strafbar ist, als Verwaltungsübertretungen mit Geldstrafen bis zu 30.000 ÖS zu bestrafen.

§184 (Kurpfuscherei) des Strafgesetzbuches lautet:
„Wer, ohne die zur Ausübung des ärztlichen Berufes erforderliche Ausbildung erhalten zu haben, eine Tätigkeit, die den Ärzten vorbehalten ist, in bezug auf eine größere Zahl von Menschen ge-

werbsmäßig ausübt, ist mit Freiheitsstrafe bis zu drei Monaten oder mit Geldstrafe bis zu 180 Tagessätzen zu bestrafen.“

Schweden

Die Ausübung einer heilpraktischen Tätigkeit in Schweden ist durch Gesetz vom 1. Januar 1961 geregelt (Lag om förbud i vissa fall mot verksamhet pa hälsooch sjukvardens område, Svensk författningssamling Nr. 409/1960), allgemein „Quacksalbereigesetz“ genannt.

§1 beschreibt das Gesetz als für den Personenkreis zutreffend, der ohne berufsmedizinische Qualifikation - und somit der staatlichen Kontrolle entzogen - eine Tätigkeit „auf dem Gebiet der Gesundheits- und Krankenpflege“ ausübt.

Schweiz

Die Zulassung von Heilpraktikern ist eine kantonale Angelegenheit, also in einzelnen Schweizer Kantonen völlig unterschiedlich geregelt.

In den nachstehend aufgeführten Kantonen ist die Heiltätigkeit von nicht akademisch geschulten Personen geregelt:

Appenzell-A.Rh., nämlich von Naturärzten,

Basel-Landschaft, nämlich von Heilpraktikern.

Der Kanton Graubünden kennt die „giftfreie Kräuterheilkunde“.

Im Rahmen der sozialen Krankenversicherung sind in der Schweiz keine Heilpraktiker zugelassen. Es ist auch nicht beabsichtigt, im Sinne einer eigenverantwortlichen Ausübung der Heilkunde solche Heilpraktiker zuzulassen.

Gemäß Verordnung VI über die Krankenversicherung werden medizinische Hilfspersonen (Physiotherapeuten, Masseure und Heilgymnasten) nur insofern zur selbständigen Berufsausübung zugelassen, als sie auf Anordnung eines Arztes bestimmte Heilanwendungen vornehmen können.

Personen, denen ein Kanton auf Grund eines durch besondere Fachausbildung erworbenen und vom Bundesrat anerkannten Befähigungsnachweises die Bewilligung zur Ausübung der Chiropraktik erteilt hat, sind berechtigt, innerhalb der Schranken dieser kantonalen Bewilligung für die Krankenversicherung tätig zu sein.

Frage: Falls es keine einschlägigen gesetzlichen Regelungen gibt, sind solche beabsichtigt, und wie ist der Stand der Vorbereitungen dazu?

Antwort:

Belgien	Die Ausübung des Heilpraktikerberufs ist nicht zugelassen und kann es auch nicht werden.
Italien	Bestimmungen zur rechtlichen Anerkennung der Tätigkeit des Heilpraktikers bestehen nicht und sind auch nicht beabsichtigt.
Niederlande	Der vorliegende Gesetzentwurf über die Neufassung des Gesetzes zur Ausübung der Heilkunde sieht keine gesetzliche Regelung über die Tätigkeit von Heilpraktikern vor.
Österreich	Eine Änderung der Rechtslage, wonach die eigenverantwortliche Ausübung der Heilkunde ausschließlich dem Arzt vorbehalten ist, ist nicht beabsichtigt.

Bemerkung: Für die Beantwortung der letzten drei Fragen bedanken sich die Autoren beim Bundesministerium für Jugend, Familie und Gesundheit. Die Antworten basieren auf einer Umfrage, die im Jahre 1982 durchgeführt wurde. Aktuellere Informationen seitens des Ministeriums stehen zur Zeit nicht zur Verfügung.

Frage: Wie ist es um das Ansehen der Heilpraktiker in der Gesellschaft bestellt?

Antwort: Gut bis sehr gut, je nach Therapieerfolgen. Der Heilpraktiker besitzt ein gutes Ansehen in der Gesellschaft, auch wenn nicht alle Leute von der Naturheilkunde überzeugt sind. Der Trend zur Natur und weg von der Chemie spricht für die Therapieformen des Heilpraktikers. Die Tatsache, daß Ärzte mehr und mehr Naturheilverfahren übernehmen, beweist, daß Heilpraktiker die interessanteren, vielleicht die besseren Verfahren anzubieten haben.

Das Ansehen des Heilpraktikers in der Gesellschaft ist gut. Dies läßt sich dann erkennen, wenn ein Heilpraktiker in einem Verein einen Vortrag hält. Es erscheinen dort wesentlich mehr Leute, als wenn ein Arzt oder anderer Referent angesagt ist. Laut Umfragen ist der Bekanntheitsgrad des Heilpraktikers im Steigen begriffen.

Frage: Wie steht es um die Übernahme von früheren Domänen der Heilpraktiker durch die Ärzte, wie zum Beispiel der Akupunktur, Homöopathie oder Pflanzenheilkunde?

Antwort: Dieser Trend ist sichtbar, aber unproblematisch für den Heilpraktiker. Im Prinzip bestätigt die Entwicklung die Richtigkeit der Heilpraktiker-Methoden. Einerseits wenden sich also immer mehr Patienten der Naturheilkunde und den Heilpraktikerverfahren zu, andererseits stellen sich mehr und mehr Ärzte auf naturheilkundliche Verfahren um. Aber: ein Patient, der einmal einen Arzt aufgesucht hat, der ihn „ganzheitlich" behandelt, ist in Zukunft dem Heilpraktiker gegenüber aufgeschlossen.

Frage: Welches sind die Gefahren und Probleme des Heilpraktiker-Berufes in der Zukunft?

Antwort: Auch im Heilpraktiker-Beruf wird es, wie in vielen anderen Branchen, nicht leichter werden. Arbeitslosigkeit und schlechtes Einkommen sind auch hier möglich. Fast in jeder Branche wird es derzeit „eng". Ein schlechter Heilpraktiker wird sicherlich kaum existieren können. Anders als einige andere Berufe ist der Heilpraktiker sehr stark vom Erfolg abhängig. Eine Heilpraktiker-Schwemme zu prognostizieren ist gefährlich, aber die Nachfrage nach dieser Berufsausbildung wird sicherlich steigen. Letztlich wird nur der Heilpraktiker bestehen können, der

- ursächlich therapiert
- Leistungen (Heilungen) produziert und
- für seine Leistungen das entsprechende Honorar verlangt.

Eine andere Gefahr besteht darin, daß der Berufsstand der Heilpraktiker immer mehr in Richtung Schulmedizin zu tendieren droht, je mehr man sich in den Heilpraktikerschulen mit Physiologie, Anatomie und Pathologie beschäftigt, und das bei immer längeren Ausbildungszeiten. Auch der Heilpraktiker läuft in diesem Fall Gefahr, zum „Wissenschaftler" (Spezialisten) zu werden. Ein drittes Problem besteht schließlich in den Abrechnungsmodalitäten. Solange Ärzte mit den Krankenkassen abrechnen, solange müssen sie zu den Krankenkassensätzen arbeiten und solange können sie kaum gut fundierte Therapien liefern. Auch für die Heilpraktikerschaft liegt hier eine Gefahr – nämlich daß der Berufsstand sich ähnlich wie der der Ärzte von den Krankenkassen (gesetzlich) eines Tages die Abrechnungs-Sätze vorschreiben läßt.

Frage: Wann liege ich im Trend?

Antwort: Genauso gut könnte man fragen: Welcher Heilpraktiker wird bestehen? Es wird der Heilpraktiker Erfolg haben, der seine Materie sehr genau kennt. Im „Organon der Heilkunst" von Samuel Hahnemann steht: „Des Arztes höchster und einziger Beruf ist, kranke Menschen gesund zu machen, was man heilen nennt." Deutlicher und einfacher kann man es nicht formulieren. Der Heilpraktiker, der wirklich heilen will, der helfen kann, wird gewinnen. Die Zukunft eines Heilpraktikers sieht gut aus, wenn er

- selbst ein wirklicher Experte ist,
- mit Patienten umgehen kann und sie versteht,
- Sinn für das Geschäft hat und nicht unter Preis behandelt,
- sich voll in das Gesellschaftsleben integriert,
- bereit ist, sich außerhalb der Sprechzeit für seine Patienten zu engagieren, speziell am Anfang.

Außerdem muß er willens sein, sich ständig weiterzubilden.

Es empfiehlt sich, weiterhin auf einem oder mehreren Gebieten sehr gründlich Fortbildung zu treiben. Dies wird mehrere Jahre beanspruchen und sicher nochmals soviel Geld kosten wie die Heilpraktiker-Ausbildung. Unabhängig von Heilpraktiker-Verbänden gibt es eine ganze Reihe von Institutionen, die sehr qualifizierte Weiterbildungen anbieten. Eine gute Ausbildung in Homöopathie und Akupunktur dauert zum Beispiel circa drei Jahre, wenn Sie ein Wochenende pro Monat aufwenden. Dennoch ist diese Weiterbildung gut investiertes „Kapital".

XII. Information, Beratung, Aus- und Weiterbildung

Bundesinstitut für Berufsbildung, Fehrbelliner Platz 3, 10707 Berlin, Tel. 030/86831, Telex 308057 bibb d

Bundesgesundheitsamt, Thielallee 88–92, 14195 Berlin, Tel. 030/83080, Telex 184016 bgesa d

Heilpraktikerverband Deutschland, HVD, Bahnhofstr. 96, 75417 Mühlacker, Tel. 07041/85559

Deutsche Gesellschaft der Tierheilpraktiker e.V., Bahnhofstr. 74–76, 45879 Gelsenkirchen, Tel. 0209/201313

Staatliche Zentralstelle für Fernunterricht der Länder der Bundesrepublik Deutschland (ZFU), Peter-Welter-Platz 2, 50676 Köln, Tel. 0221/235538

Bundesärztekammer, Herbert-Lewin-Str. 1, 50931 Köln, Tel. 0221/40041, Telex 8882161 baek d

Bundeszentrale für gesundheitliche Aufklärung, Ostmerheimer Str. 200, 51109 Köln, Tel. 0221/89921, Telex 8873658 bzga d

Wo kaufen Sie Ihre Praxisausstattung am günstigsten ein?

Diese Frage können nur und ausschließlich Sie beantworten. Grundsätzlich lohnt es sich, die verschiedenen Angebote genau unter die Lupe zu nehmen und zu vergleichen. Kaufen Sie nicht bei dem ersten besten Hersteller und lassen Sie sich zunächst Prospektmaterial zusenden. Unter Umständen können Sie einige Hersteller auch auf gebrauchte, also preiswertere Ausstattungsgegenstände ansprechen. Obwohl mit den folgenden Adressen keine Empfehlung verbunden ist, anbei einige Firmennamen, die Ihnen zumindest die ersten Verbindungen eröffnen können. Ansonsten lohnt es auch, bei Ihren Kollegen nachzuforschen, wer wo welche Utensilien kauft. Anbei also eine kleine Adressenmaterialsammlung mit dem ungefähren Angebot im Überblick:

Akupunktur-Zubehör, Irismikroskope, Ozontherapie-, Schröpf- und Baunscheidtgeräte: Akupunktur System Service, Wingertstr. 20, 61194 Niddatal, Tel. 06034/4554

Akupunktur-Zubehör: Ostasiatische Heilmittel-Import GmbH, Brestlingweg 8, 70619 Stuttgart, Tel. 0711/474986

Baunscheidt-, Schröpfinstrumente, Lebenswecker: Kirchner & Wilhelm, Heusteigstr. 70a, 70180 Stuttgart, Tel. 0711/606375, Telex 721452 kawe d

Baunscheidt-, Schröpfinstrumente, Praxismaterial: Noz GmbH, Heusteigstr. 72, 70180 Stuttgart, Tel. 0711/641822

Behälter, Flaschen, Gläser:

Huttenlocher GmbH, Im Griem, 72666 Neckartailfingen, Tel. 07127/18020, Telex 7266115 hulo d

Rixius GmbH, Industriestr. 41, 68169 Mannheim, Tel. 0621/317081, Telex 462538 rixma d

Blüten-Essenzen: Dr. Bach GmbH, Eppendorfer Landstr. 32, 20249 Hamburg, Tel. 040/461041

Karteikarten: Svigapharm, Industriestr. 11, 82418 Schwaig, Tel. 0911/500185

Ozontherapiegeräte:

Biozon-Ozontechnik GmbH, Robert-Koch-Str. 5, 36251 Bad Hersfeld, Tel. 06621/1680, Telex 493119 clini d

Gottfried Prochazka, Waiblinger Str. 26, 72764 Reutlingen, Tel. 07121/270283

Dr. J. Hänsler GmbH, Nordring 8, 76473 Iffezheim, Tel. 07229/2355

Praxisbedarf:

Fachversand Heiland, Albert-Schweitzer-Ring 5, 22045 Hamburg, Tel. 040/669870, Telex 2174082 fach d

Ärzte- und Laborbedarf GmbH, Albstadtweg 11, 70567 Stuttgart, Tel. 0711/7800678

B.I.T.-Vertrieb, Waidplatzstr. 5, 79331 Teningen, Tel. 07663/3960

pro Praxis GmbH, Schochenwinkel 5, 79353 Bahlingen, Tel. 07663/1004

Methatec GmbH & Co. KG, Gerlenhofer Str. 4, 89233 Neu-Ulm, Tel. 07307/21617

Cedip GmbH, Ingolstädter Str. 172, 80939 München, Tel. 089/318970, Telex 529594 cedip d

Verbrauchsartikel:

Chemikalen, Reagenzien, Teste: Pharmacia GmbH, Meiersberger Str. 39, 40882 Ratingen, Tel. 02102/5981, Telex 858556 cia d

Spritzen, Toilettenartikel, Tupfer: Helabo GmbH, Hauptstr. 19, 67592 Flörsheim, Tel. 06145/8923

Praxiseinrichtung: Schultz KG, Waldbachstr. 74, 33803 Steinhagen, Tel. 05204/3079, Telex 932985 skgi d

Orientierungstafel für Irisdiagnose: Truw GmbH, Tönisberger Str. 67–73, 47839 Krefeld, Tel. 02151/73811

Terminbücher, Formulare, Visitenkarten: Verlag Otto Haase OHG, Blankenseer Str. 11, 23562 Lübeck, Tel. 0451/501011

Literaturverzeichnis

Abele/Stiefvater: Aschner-Fibel, Karl F. Haug-Verlag, Heidelberg

Bachmann/Pecker: Die Schröpfkopfbehandlung, Karl F. Haug-Verlag, Heidelberg

Bircher Benner, Dr.: Gesünder durch weniger Eiweiß, Bircher Benner Verlag, Bad Homburg

J. Bischko: Einführung in die Akupunktur, Karl. F. Haug-Verlag, Heidelberg

J. Bischko: Akupunktur für Fortgeschrittene, Karl F. Haug-Verlag, Heidelberg

Boericke: Homöopathische Mittel und ihre Wirkungen, Verlag Grundlagen und Praxis, Leer

Joachim Broy: Segmental-humorale Reiztherapie, Galmeda GmbH, Düsseldorf

Joachim Broy: Quinta Essentia Medicinae, Vertrieb: Fachverband Deutscher Heilpraktiker, Landesverband Bayern e. V., München

M. O. Bruker, Dr. med.: Leber, Galle, Magen, Darm – Ursachen von Erkrankungen und ihre Heilung, Schnitzer KG Verlag, St. Georgen

David F. Culclasure, Anatomie und Physiologie des Menschen, Band 1–15, Verlag Chemie, Weinheim

Adele Davis: Jeder kann gesund sein, Hörnemann-Verlag, Bonn

Josef Deck: Grundlagen der Irisdiagnostik Bd I u. Bd II, Selbstverlag des Verfassers, Institut für Grundlagenforschung der Irisdiagnostik, Ettlingen

„Diagnostik und Therapie im Bild“, Ausgabe Nr. 2 u. 3, Akademie für Diagnostik und Therapie in der Naturheilkunde, Druckerei Erich Norberg, Worms

„Differential-Diagnose, Beschwerden im Bauchraum“, Herausgeber: Firma Julius Redel, Cesra-Arzneimittelfabrik GmbH & Co., Baden-Baden

Peter Dosch: Lehrbuch der Neuraltherapie nach Huneke, Karl F. Haug-Verlag, Heidelberg

„elementa homoepathica“: Deutsche Homöopathie-Union, Karlsruhe

A. Faller: Der Körper des Menschen, Thieme-Verlag, Stuttgart

F. G. Fleck: Kattwiga-Atlas der Ein-Stich-Akupunktur, Herausgeber: Paul Zittlau, Nordhorn

F. G. Fleck: Pathophysiognomik, Herausgeber: D. Münks-Verlag für Medizin, Krefeld

Y. Fujikawa, Dr. med.: Der Arzt in der japanischen Kultur, Robugen GmbH, Pharmazeutische Fabrik, Esslingen

J.-P. Gallavardin, Dr.: Homöopathische Beeinflussung von Charakter, Trunksucht und Sexualtrieb, Karl F. Haug-Verlag, Heidelberg

Hartwig Gäbler: Arzneipflanzen im Blickpunkt, Herausgeber: Dr. Willmar Schwabe, Karlsruhe

„Gebührenverzeichnis für Heilpraktiker“, Herausgeber: Fachverband Deutscher Heilpraktiker-Verbände e. V., Bonn

Germer: Farbatlas für Infektions-Krankheiten, F. K. Schattauer-Verlag, Stuttgart

Hahnemann, Samuel: Organon der Heilkunst, Hippokrates Verlag, Stuttgart

R. Hänsel/H. Haas: Therapie mit Phytopharmaka, Springer-Verlag, Berlin

„Heilpflanzen Anbau", Kytta-Werk Sauter KG, Alpirsbach/Schwarzbach

K. Herz/Joh. Abele: Die Eigenharnbehandlung, Karl F. Haug-Verlag, Heidelberg

Victor Höveler: Eigenbluttherapie, Karl F. Haug-Verlag, Heidelberg

„Homöopathisches Repertorium", Deutsche Homöopathie-Union, Karlsruhe

Josef H. Kaiser, Dr. med.: Kneippkur richtig durchgeführt, Franz Ehrenwirth-Verlag, München

Josef H. Kaiser, Dr. med.: Kneippsche Hydrotherapie – Allgemeine und spezielle Balneotherapie, Kneipp-Verlag GmbH, Bad Wörishofen

Josef Karl: Therapie-Konzepte für Naturheilkunde, Verlag Tibor Marczell, München

J. T. Kent: Kent's Repertorium Band 1–3, Karl F. Haug-Verlag, Heidelberg

J. T. Kent: Arzneimittellehre – Vorlesungen zur homöopathischen Materia medica, Karl F. Haug-Verlag, Heidelberg

J. T. Kent: „Zur Theorie der Homöopathie", Verlag Grundlagen und Praxis, Leer

Manfred Köhnlechner: Handbuch der Naturheilkunde Band 1 und 2, Wilhelm Heyne-Verlag, München

Manfred Köhnlechner: Vermeidbare Operationen, Dromer Knaur Verlag, München

Manfred Köhnlechner: Gesundheit - eine Utopie?, Droemer Knaur, München

Helmut Kropej, Dr.: Systematik der Ohrakupunktur, Karl F. Haug-Verlag, Heidelberg

Künzli: Zur Theorie der Homöopathie, Verlag Grundlagen und Praxis, Leer

„Lebendige Homöopathie", Herausgeber: Deutsche Homöopathieunion, Karlsruhe

Klaus Mika: Augendiagnose für Anfänger Bd I, II, III, MIKA-Verlag, Hildesheim

„Moderne Universalgeschichte der Geheimwissenschaften - Medizin und Esoterik", Band 5, Econ-Verlag, Düsseldorf

M. B. Panos, Dr. med. / J. Heimlich: Homöopathische Hausapotheke, Zweitausendeins-Versand, Frankfurt

Stephan Pálos: consilium acupuncturae, Cedip-Verlag, München

Pschyrembel: Klinisches Wörterbuch, Verlag Walter de Gruyter, Berlin

Theo Raspe, Dr. med.: Prinzipien der Homöopathie, Lernprogramm für Ärzte und Studenten der Klinischen Medizin, Selbstverlag des Verfassers, Münster

Gerhard Risch: Der sanfte Weg - eine Information über Homöopathie für jedermann, G. E. Schroeder-Verlag, Kleinjörl

Hubert H. Scharl / F. Viehauser: Klinische Untersuchungsmethoden für Heilpraktiker, Karl-F. Haug Verlag, Heidelberg

Hubert H. Scharl/F. Viehauser: Outsider-Diagnoseverfahren für Heilpraktiker, Verlag für alternative Medizin, München, Auslieferung: Otto Spatz, München

Hubert H. Scharl / F. Viehauser: Erfolgsrezepte aus der modernen Medizin, Verlag für alternative Medizin, München, Auslieferung: Otto Spatz, München

Hubert H. Scharl: Die Organsprache als symbolischer Ausdruck für seelische Ursachen und unbewältigte Konflikte, Verlag Tibor Marczell, München

Hubert H. Scharl: Prüfungsfragen für Heilpraktiker, Karl-F.Haug-Verlag, Heidelberg

Mechthild Scheffer: Bach Blütentherapie, Heinrich Hugendubel-Verlag, München

Scheffler: Innere Medizin Band I und II, Thieme-Verlag, Stuttgart – New York

Johann G. Schnitzer, Dr.: Der alternative Weg zur Gesundheit, Mosaik Verlag, München

Schuster: Notfallmedizin, Ferdinand Enke Verlag, Stuttgart

Henry E. Sigerist Prof.: Der Arzt in der griechischen Kultur, Robugen GmbH, Pharmazeutische Fabrik, Esslingen/Neckar

„Similiaplexe", PASCOE-Pharmazeutische Präparate GmbH, Gießen

Günther Speicher: Heilen mit Erfolg, Droemer Knaur Verlag, München

Dieter Stockburger: Ozon-Grundlagen und Technik der Ozonbehandlung, Verlag Stockburger, Böblingen

A. Strobl Dr. med.: Die Zungendiagnostik als Hilfsmittel des praktischen Arztes, Karl F. Haug-Verlag, Heidelberg

Martin Stübler: Homöopathische Propädeutik – das Erlernen der Homöopathie, Deutsche Homöopathie-Union, Wissenschaftliche Abteilung, Karlsruhe

Rolf Stühmer: Das große Buch der Naturheilkunde – der andere Weg zur Gesundheit, Gustav Lübbe Verlag, Bergisch Gladbach (Lizenzausgabe) oder Bertelsmann Club GmbH, Gütersloh

Georg Alfred Tienes: Der Baunscheidtismus, Hippokrates-Verlag, Stuttgart

Christian Ullmann: Das Recht des Heilpraktikers, Vertrieb: Fachverband Deutscher Heilpraktiker, Landesverband Bayern e. V., München

„Umwelt und Gesundheit – Aspekte einer sozialen Medizin 2" Funk-Kolleg. Herausgeber: Hans Schäfer / Christian Birr, Fischer Taschenbuch Verlag, Frankfurt

Erich Unseld, Dr.: Informationsschrift zum Thema Homöopathie, Deutsche Homöopathie-Union, Karlsruhe

Erich Unseld, Dr.: Einführung in das homöopathische Arzneipotenzierungsverfahren, Deutsche Homöopathie-Union, Karlsruhe

„Vitamine", E. Merck, Pharmazeutische Fabrik, Darmstadt

Paul Vogt, Dr. med.: Was leistet die Homöopathie? Deutsche Homöopathie-Union, Karlsruhe

Paul Gerhard Völker, Dr.: Der Arzt und das Heilwesen im Mittelalter, Robugen GmbH, Pharmazeutische Fabrik, Esslingen

Are Waerland: Handbuch der Gesundheit, Humata Verlag, Bern

Are Waerland: Übersäuerung als Grundursache der Krankheiten, Humata Verlag, Bern

Are Waerland: Das Waerlandsystem in einer Nußschale, Humata Verlag, Bern

Wertsch/Schrecke/Kästner: Akupunkturatlas, WBV Biologisch-Medizinische Verlagsgesellschaft mbH & Co KG, Schorndorf

Richart Willfort: Gesundheit durch Heilkräuter, Rudolf Tranner Verlag, Linz

Lise Wurmser: Die Entwicklung der homöopathischen Forschung, Deutsche Homöopathie-Union, Karlsruhe

Prof. Dr. Sorei Yanagiya: Familiengeheime Ein-Stich-Akupunktur, Karl F. Haug-Verlag, Heidelberg

Fachzeitschriften

Das Seminar, Herausgeber: Hessischer Heilpraktikerverband e.V., Bürgermeister-Hottejan-Str. 13, 34369 Hofgeismar, Tel. 05671/2503, Jahresbezugspreis: 36 DM für 4 Ausgaben

Gesundheitspolitische Umschau, Verlag Albert Amann, Richterstr. 2, 63916 Amorbach, Tel. 09373/3031, Jahresbezugspreis: 79 DM für 12 Ausgaben

HP-Heilkunde, Organ des Bundesverbandes Deutscher Heilpraktiker e.V., MSK Verlag GmbH, Schlehenstr. 15, 59063 Hamm, Tel. 02381/25508, Jahresbezugspreis: 75 DM für 10 Ausgaben

HP-Journal, Harry Götte Verlag, Kohlenfelder Str. 49, 31515 Wunstorf, Tel 05031/4065, Jahresbezugspreis: 47 DM für 11 Ausgaben

Naturheilpraxis, Organ des Fachverbandes Deutscher Heilpraktiker e.V., München, Richard Pflaum Verlag, Lazarettstr. 4, 80636 München, Tel. 089/126070, Telex 5216075 pfva d, Jahresbezugspreis: 94,80 DM für 12 Ausgaben

neuform Kurier, Frankfurter Landstr. 23, 61352 Bad Homburg, Tel. 06172/4874, Erscheinungsweise: monatlich, Bezug: kostenlos über neuform-Reformhäuser und neuform-Depots

Reform Rundschau, Basler Str. 2, 61352 Bad Homburg, Tel. 06172/20801, Erscheinungsweise: monatlich, Bezug: kostenlos über neuform-Reformhäuser und neuform-Depots

Zeitschriften für Naturheilkunde, Organ der Union Deutscher Heilpraktiker e.V., Suppenheider Str. 7, 42697 Solingen, Tel. 0212/333489, Jahresbezugspreis: 56,40 DM für 12 Ausgaben

Heilpraxis Magazin – Unabhängige Heilpraktikerzeitung, Medizinische Praxis-Verlagsgesellschaft mbH, Basler Str. 19, 79189 Bad Krozingen, Tel. 07633/14081, Jahresbezugspreis: 72 DM für 12 Ausgaben

Stichwortverzeichnis